Richard Schröder

Geschichte des ehelichen Güterrechts in Deutschland

Zweiter Teil

Richard Schröder

Geschichte des ehelichen Güterrechts in Deutschland
Zweiter Teil

ISBN/EAN: 9783743690240

Hergestellt in Europa, USA, Kanada, Australien, Japan

Cover: Foto ©Suzi / pixelio.de

Weitere Bücher finden Sie auf **www.hansebooks.com**

Geschichte

des ehelichen Güterrechts in Deutschland

von

Dr. Richard Schroeder,

ausserordentl. Professor in Bonn.

Zweiter Theil.

Die Zeit der Rechtsbücher.

Erste Abtheilung Das schwäbisch-bairische Recht.

Stettin und Elbing.

Léon Saunier's Buchhandlung.

1868.

Das

eheliche Güterrecht

in

Süddeutschland und der Schweiz

im Mittelalter.

Von

Dr. Richard Schroeder,

ausserordentl. Professor in Bonn.

Stettin und Elbing.

Léon Saunier's Buchhandlung.

1868.

Den Freunden

F. P. Bremer, Otto Karlowa, K. Wassermeyer

gewidmet.

Vorrede.

Der zweite Band umfasst die Zeit von der Auflösung des
fränkischen Reichs bis zur Reception des römischen Rechts, also
die Zeit der Rechtsbücher, wie man sie mit Rücksicht auf ihre
hervorragendsten Quellen wol nennen darf. Der Band zerfällt in
drei Abtheilungen: das schwäbisch-bairische, das fränkische und
das sächsisch-friesische Recht. Jede Abtheilung bildet für sich
ein Ganzes, nur die Gesamtübersicht über die Entwickelung
dieser Periode muss dem Schluss des Bandes vorbehalten bleiben.

Für jetzt liegt nur die erste Abtheilung vor, die dem ganzen
süddeutschen Rechtsgebiete mit Einschluss der Schweiz und der
sämtlichen österreichischen Lande gewidmet ist. Die zahlreichen
Pflanzstätten des fränkischen Rechts im alemannischen Lande,
besonders in der Schweiz, kommen erst in der zweiten Abtheilung
in Betracht.

Das süddeutsche Recht ist bisher das Stiefkind der Juristen
gewesen, der Boden ist zu dornenvoll, es fehlt an einem bestimmten Mittelpunkte, an den sich, wie im Norden an den Sachsen-
spiegel, die Forschung anlehnen könnte. Denn Deutschen- und
Schwabenspiegel [1]) sind unfähig einen solchen Mittelpunkt abzu-
geben, dazu fehlte ihren Verfassern die nötige Kritik, die jetzt

---

[1]) Ich citiere durchweg nach Lassberg (L.), nur ausnahmsweise nach
Wackernagel (W.)..

in um so höherem Grade von uns verlangt wird; Willkürlich-
keiten und Gedankenlosigkeiten müssen erst beseitigt werden,
und dies kann nur durch sorgfältige Vergleichung mit den übrigen Quellen geschehen. Als solche pflegen in den für ganz
Deutschland bestimmten Schriften einzig das Augsburger Stadtrecht[2]),
das Bair. Landrecht v. 1346[3]) und das Münchener Stadtrecht
v. 1347[4]) zu Rate gezogen zu werden, so dass die hier einschla-
gende Literatur nur in beschränktem Umfange von mir benutzt
werden konnte. Eine wahre Stütze war mir nur Roths bekannter
Aufsatz „über Gütereinheit und Gütergemeinschaft„ (Jahrb. d.
gem. deutsch. Rechts III); daneben konnte ich aus Blumers
Staats- und Rechtsgeschichte der schweizerischen Demokratien,
Bluntschlis zürcherischer Rechtsgeschichte (die mir leider nur in
erster Auflage vorlag) und einer verdienstvollen Abhandlung von
Welti (Argovia IV) manches für meinen Zweck entnehmen.

Für das schwäbische Recht habe ich besonders aus den
Weisthümern[5]) und dem ersten Bande der Rechtsquellen von Basel
geschöpft; von den schweizerischen Landbüchern gehören die
meisten Bestimmungen erst in die folgende Periode. Wichtig
waren auch die von Wächter[6]) trefflich analysierten altwürtembergischen Statutarrechte. Für Baiern lagen einzelne Abweichungen des Freisinger Stadtrechts[7]) vom Bair. Landrecht und das
berühmte Landshuter Erbrechtsprivileg v. 1423[8]) vor; die bairischen Weisthümer gewährten nur geringe Ausbeute. Auch die

---

[2]) Nach Freyberg (Fr.) und Walch (W.).

[3]) Nach Freyberg und Hüllmann.

[4]) Nach Auer.

[5]) Ich citiere in der Regel W. v. NN. und füge Band und Seitenzahl
der grimmschen Sammlung (Gr.) hinzu.

[6]) Würtembergisches Privatrecht I.

[7]) Freyberg, Samml. hist. Schr. u. Urk. V. Das sog. Landrechtsbuch
des Ruprecht von Freising hat nur den Wert einer mehrfach eigenthümlichen Schwabenspiegelhandschrift. Vgl. S. 199 Anm. 16. Die Citate sind
nach v. Maurers Ausgabe.

[8]) Herausg. v. Mittermaier, Zeitschr. f. gesch. RW. 2, 318 ff.

österreichischen Pantaidinge [9]) liessen sich nur in einzelnen Beziehungen, hier aber vortrefflich verwerten. Sonst kamen für
Oesterreich das österreichische Landrecht, von dem neuesten
Herausgeber [10]) in erwünschter Weise mit manchen urkundlichen
Beilagen ausgestattet, und vor allem die zahlreichen österreichischen Stadtrechte in Betracht, welche, obwol einige eine gewisse
Hinneigung zum sächsischen Recht bekunden, doch ohne Ausnahme auf der gemeinsamen Grundlage des bairischen Rechts
beruhen, ja dies häufig reiner wiedergeben als die nicht selten
schwäbisch angehauchten oberbairischen Quellen. Obenan steht
das Brünner Schöffenbuch [11]), eine wahre Fundgrube voll des
trefflichsten Materials für den deutschen Rechtshistoriker. Merk-
würdigerweise ist das Werk fast nur durch seine allerdings
auffallenden Beziehungen zum römischen Recht bekannt, seine
grosse materielle Bedeutung aber ist bisher fast unbeachtet geblieben, denn Rösslers Uebersicht über den Inhalt des Schöffen-
buchs hat geringen Wert und auch Weiskes Bearbeitung kann
nur als ein nicht immer ganz zuverlässiges Repertorium angesehen werden [12]). Von andern Stadtrechten sind zu nennen das
Prager Statutarrecht [13]), das vor dem Prager Rechtsbuche [14]) und
dem sogen. Altprager Stadtrecht [15]) weitaus den Vorzug verdient,
da in den beiden letzteren häufig Ssp. und Schwsp. gedankenlos
nachgeschrieben werden; ferner das Ofener Stadtrecht [16]), das
Stadtr. v. Brixen v. 1380 [17]) und besonders die Wiener Stadt-

---

[9]) Kaltenbäck, österr. Rechtsb. d. MA.
[10]) Hasenöhrl, österr. Landesrecht. 1867.
[11]) Rössler, Rechtsdenkm. aus Böhmen und Mähren II.
[12]) Zeitschr. f. deutsch. Recht 14, 113 ff.
[13]) Rössler, Rechtsdenkm. aus Böhmen und Mähren 1, 1—100.
[14]) Ebd. 1, 103 ff.
[15]) Rössler, über die Bedeutung und Behandlung der Geschichte des
Rechts in Oesterreich. Anhang S. IX ff. Ich citiere diese Abhandlung
schlechtweg unter dem Namen des Verfassers.
[16]) Ausg. v. Michnay und Lichner 1845.
[17]) Beitr. z. tirol. Gesch., Brixen 1867.

rechte, namentlich das von 1340 und das sog. Wiener Weichbildrecht [18]), das mir unschätzbare Dienste geleistet hat, aber freilich nur mit kritischer Sorgfalt benutzt werden darf [19]). Der
Vollständigkeit wegen habe ich auch das Recht der Sachsen in
dem Zips [20]) in die Untersuchung hinein gezogen; bei der Behandlung des sächsischen Rechts in der dritten Abtheilung
werden wir noch einmal auf seine Bestimmungen zurückkommen.

Bei der grossen Verschiedenheit der süddeutschen Rechtsquellen liegt es auf der Hand, dass das Studium der Urkunden
hier von noch grösserer Bedeutung als sonst ist. Reiche Urkun-
denschätze finden sich für Schwaben besonders in Mones Zeit-
schrift f. d. Geschichte des Oberrheins, in Zeerleders Urkunden-
buch z. Geschichte der Stadt Bern und in dem ersten Bande der
Mon. Zollerana; für Baiern in den zahlreichen Bänden der Mon.
Boica (MB.), in Langs Regesta rerum Boicarum (RB.) und in
den Mon. Wittelsbacensia (Quellen u. Erörterungen z. bair. u.
deutsch. Geschichte. V. VI); für Oesterreich in den Fontes rerum
Austriacarum (Abth. Diplomata) und in dem Notizenblatt z. d.
Archiv f. Kunde österr. Geschichtsquellen. Die Formelsammlun-
gen dieser Periode spielen nur eine unbedeutende Rolle, ihr Wert
wird überhaupt vielfach überschätzt. Wichtiger sind die mhd.
Gedichte, für deren Verwendung im einzelnen die Heimat des
Dichters massgebend sein musste; die österreichische Heimat des
Nibelungenliedes (Lachmann) ist bekannt, erhellt übrigens auch
aus den S. 69 beigebrachten Stellen.

Die abgekürzten Citate dieses und des ersten Bandes wer-
den am Schluss der dritten Abtheilung zusammengestellt werden.
Wegen der Citate aus den MB. verweise ich einstweilen auf das
Citatenverzeichniss zu Merkels Ausgabe der Lex Baiuwariorum.

---

[18]) Die beiden letzteren nach Rauch, scriptores rerum Austr. III, das
Stadtr. v. 1278 nach Bischoff, die österr. Stadtr. 1857.

[19]) Vgl. S. 52. 59. 204.

[20]) Im Anhange zu der Ausgabe des Ofener Stadtrechts (Anm. 16).

In der Wiedergabe der Quellen habe ich genau die Grundsätze befolgt, die in der Vorrede zum 5. Bande der Weisthümer von mir dargelegt sind.

Die äussere Eintheilung des Werkes ist im wesentlichen unverändert geblieben, doch findet sich die Lehre von den Schuldverhältnissen der Ehegatten jetzt im dritten Kapitel des zweiten Buches im Zusammenhange dargestellt, während die Verhältnisse bei der Ehescheidung an den betreffenden Stellen des zweiten Kapitels besprochen werden. Die Paragraphen sind durchgezählt, auch findet sich, um das Aufsuchen zu erleichtern, an der Spitze jeder Seite neben der Seitenzahl die betreffende Paragraphenzahl angegeben.

Die für die Fortsetzung des ersten Bandes von mir in Anspruch genommene Frist hat sich um mehr als das doppelte verlängert. Man wird mir diese Verzögerung nicht zur Last legen, wenn man erwägt, dass in die Zwischenzeit die Uebernahme einer umfangreichen akademischen Lehrthätigkeit und die Herausgabe des 5. Bandes der Weisthümer fällt. Die fernere Fortsetzung wird rascher vor sich gehen können, zumal für sie erhebliche literarische Hülfsmittel vorliegen, unter denen ich hier nur die neuesten trefflichen Arbeiten von Hänel, Sandhaas und v. Martitz hervorheben will.

Bonn, im Januar 1868.

Der Verfasser.

Verbesserungen und Nachträge.

S. 2 Z. 19 l. *besundreu*. — S. 7 Z. 17 l. *relicta*. — S. 11 Z. 12 l. 162 st. 164. — S. 15 Z. 15 v. u. l. *tœhtern*. — S. 21 Z. 8 v. u. l. Tr. — S. 22 Z. 17 v. u. *alleu*. — S. 24 Z. 12 v. u. *lieben*. — S. 28 Z. 3 v. u. 20 st. 19. — S. 29 Z. 7 v. u. *rehteu*. — S. 35 Z. 12 v. u. *überlebt, und sol*. — S. 54. Ueber Eigenthum an der Morgengabe vgl. S. 205 Anm. 3. — S. 57 Z. 1 l. 41 st. 11. — S. 61 Z. 16 v. u. *excludere*. — S. 63 Z. 1 v. u. 6 st. 2. — S. 74 Z. 13 *ir* st. *in*. — S. 74 Anm. 15. Das Statut v. 1424 steht Rechtsqu. v. Basel I Nr. 113. — S. 171. Stadtr. v. Feldkirch 135 §. 1 (Mone 21, 165): *Wenn ain man und ain frou elichen ze samen koment, was sú denn varendes guotes zuo enander bringent, des sol der man die zwen tail erben nauch irem tod, und die frou den drittail nach sinem tod.* — S. 174 Z. 14 v. u. l. vor Theilung der Fahrhabe. — S. 175. Auch das Stadtr. v. Feldkirch 135 §. 3 behandelt die Errungenschaft gleich der Fahrhabe. Vgl. den Zusatz zu S. 171. — S. 177. Das Stadtr. v. Feldkirch 133 §. 4 u. 135 §. 2 erkennt gleichfalls den Rückfall der eingebrachten Immobilien an. — S. 180 Z. 16 v. u. Basel I Nr. 40. — S. 208 Z. 3 v. u. 47 st. 46. — S. 209 Z. 2 v. u. *ehafter*. — S. 211 Z. 20 l. 3, 186 st. S. 186. — S. 213 Anm. 29 l. 212 st. 208 und Anm. 30 l. 208 st. 212. — S 216 Z. 17 streiche „sich". — S. 216 Anm. 39. Wenzels Kirchenrecht gehört nicht hierher. — S. 217 Z. 2 v. u. Die Worte „Vgl. S. 224 Anm. 21" gehören in Z. 4 v. u. — S. 218 Z. 8 l. *kinder* st. *hinder*. — S. 219 Z. 4 Kindern. — S. 222 Z. 5 v. u. Bevorzugung. S. 224 Z. 13 *generasset*. Z. 23 l. 19 st. 18.

Inhalt.

Erstes Buch.

Die besondern Bestandtheile des ehelichen Vermögens.

§. 1. Uebersicht. Wir haben in der vorigen Periode als die der Ehe eigenthümlichen Vermögensinstitute den Muntschatz, die Morgengabe und die in beweglichen Sachen bestehende Aussteuer kennen gelernt. Die letztere war uns auch in der Lex Alamannorum wie in der Lex Baiuwariorum begegnet[1]), die Morgengabe nur in der ersteren[2]). Der Muntschatz in seiner ursprünglichen Gestalt, als der für Ablösung der Vormundschaft an den bisherigen Vormund der Frau entrichtete Kaufpreis, lässt sich bei Alemannen und Baiern in historischer Zeit nicht mehr nachweisen, nur in der Volkssitte haben sich vereinzelte Spuren desselben bis in die neuere Zeit erhalten[3]); aber den in eine Zuwendung an die Frau verwandelten Muntschatz haben wir bei den Alemannen in Gestalt der vom Manne gegebenen dos kennen gelernt[4]), und ebenso glaubten wir ihn bei den Baiern in der dos oder iustitia wiederzufinden[5]). In unserer Periode

[1]) Vgl. Bd. 1, 123.
[2]) Vgl. Bd. 1, 106. 109.
[3]) Vgl. Bd. 1, 69 Anm. 1. Schmeller, bair. WB. 2, 146. Quitzmann, älteste Rechtsverf. der Baiwaren 133. Jucker, die Ehe nach dem Privatr. des Kantons Zürich 15 f. Augsb. Stadtr. W. 290 §. 4. Hochzeitsordnung von Konstanz v. 1444 §. 6 (Mone 14, 491): *Item es sol ouch der briutgung, noch die brut, noch nieman anders von ir wegen weder schweher, schwiger, geschwistergit, noch nieman andre dehainer hand erunge noch schenki tuon in kainen wege, als man dann bissher guldin ring und ander klainod geschenkt hat.* Die „guldin ring" erinnern an den fränkischen Reipus. Vgl. Bd. 1, 58.
[4]) Vgl. Bd. 1, 67—69.
[5]) Vgl. Bd. 1, 69 f. Häberlin behauptet die Verschiedenheit von dos und iustitia, weil von der letzteren urkundlich immer nur bei Witwen, nie aber bei Lebzeiten des Mannes die Rede sei. Dem steht entgegen MB.

erscheint er als selbständiges Institut nur noch in einzelnen
Kreisen des schwäbisch-alemannischen Rechts, und zwar nach
Art des fränkischen Witthums in Gestalt eines Leibgedinges.
Dagegen muss er bei den Baiern und Oesterreichern, so wie bei
einem grossen Theil des schwäbischen Stammes theils in der
Widerlegung, theils in der Morgengabe gesucht werden; denn
das Leibgedinge, das auch hier vorkommt, ist nicht ein fest
gefügtes und regelmässiges Institut des ehelichen Güterrechts,
sondern trägt einen rein zufälligen Charakter als eine der verschiedenen unter Ehegatten wie unter andern Personen gebräuch-
lichen Zuwendungen [6]), es kann daher historisch nicht an den so
wichtigen Muntschatz, sondern nur an die schon in der vorigen
Periode üblichen Vergabungen von Todes wegen angeknüpft
werden [7]). Sehr deutlich zeigt sich diese Auffassung im Münchener
Stadtr. 216, indem Heimsteuer, Widerlegung und Morgengabe
als die „besondern“ Rechte der Frau den etwaigen sonstigen
Zuwendungen des Mannes, zu denen auch das Leibgedinge gehört,
gegenübergestellt werden: *ob ir ir wirt durch freuntschaft icht
davon verschafft hiet, oder ob sie besundren recht darzuo hiet von
wegen irer haimsteur und ir widerlegung oder von irer morgengab
wegen.*

Wir werden indessen der besseren Uebersichtlichkeit wegen
das bairisch-österreichische Leibgedinge nicht erst bei den Zuwendungen unter Ehegatten, sondern zusammen mit dem gleichnamigen schwäbischen Institut schon in diesem Buche behandeln,
so dass sich für unsere gegenwärtige Betrachtung folgende Kategorien ergeben: 1. die Heimsteuer, 2. die Morgengabe, 3. das
Leibgedinge, 4. die Widerlegung [8]).

Gerade und Heergewäte kommen in Süddeutschland nur

---

28 b, 31 (818): *H. suam propriam hereditatem cum coniuge sua .., quod
ei ad iustitiam pertinebat, tradidit ad s. Stephanum.*

[6]) Vgl. Gosen, Privatrecht des kl. Kaiserrechts 120. Eckardt, das
Witthum 459.

[7]) Vgl. Bd. 1, 157—165.

[8]) Die Widerlegung würde sich passender unmittelbar an die Heimsteuer anschliessen, wir stellen sie aber an den Schluss, weil sie theils
durch die Morgengabe ersetzt wird, theils nur eine besondere Gestaltung
des Leibgedinges ist.

hier und da als Modificationen des Erbrechts, nicht aber wie im
sächsischen Recht als selbständige Theile des ehelichen Vermögens vor. Wir lassen sie daher hier bei Seite und wenden
uns ihnen erst bei der Betrachtung der Auflösung der Ehe zu.

§. 2. Die Terminologie der Quellen. Schon in der
vorigen Periode hat es sich mehrfach gezeigt, dass bei der Betrachtung der einzelnen Institute des ehelichen Güterrechts die
grösste Vorsicht in Betreff der technischen Ausdrücke in den
lateinischen Quellen geboten ist, namentlich dass das Wort „dos"
in den verschiedensten Bedeutungen vorkommt[1]). Eine grössere
Sicherheit der Untersuchung gewährten nur die zahlreich einge-
streuten deutschen Wörter und vor allem beim angelsächsischen
Recht der häufige Gebrauch der heimischen Sprache. Auch in
unserer Periode sind die deutschen Quellen im allgemeinen in
ihren Ausdrücken correct, einiger Aufmerksamkeit bedarf es
jedoch selbst hier, denn zuweilen werden auch Ausdrücke wie
Heimsteuer, Morgengabe, Widerlegung mit einander vertauscht,
was freilich nicht immer einer Nachlässigkeit des Sprachgebrauchs,
sondern in der Regel innern Gründen zuzuschreiben ist[2]). Diese
Abweichungen von der gewöhnlichen Terminologie verdienen
freilich kaum der Erwähnung neben der heillosen Verwirrung,
welche in den lateinischen Quellen herrscht[3]), und wir würden
den festen Boden unter den Füssen verlieren, wenn wir uns
nicht, bevor wir an die Einzeluntersuchungen gehen, die haupt-
sächlichsten Beziehungen, in denen hier die einzelnen Ausdrücke
vorkommen, klar zu machen suchten.

I. Dos. Dies Wort kommt nur in zwei Bedeutungen vor,
als Heimsteuer und als Morgengabe, niemals als Widerlegung
oder als Leibgedinge. Das Brünner Schöffenbuch bedient sich
des Ausdrucks nach beiden Richtungen hin, aber nicht, wie
andere Quellen, aus Unsicherheit, sondern weil es auch sachlich
die Heimsteuer und die Morgengabe von demselben Gesichtspunkte aus betrachtet.

---

[1]) Vgl. Bd. 1, 24—26. 81. 95. 102. 105. 119 f.

[2]) Vgl. §. 4 Anm. 3. §. 9.

[3]) Vgl. Bd. 1, 102 Anm. 16. Franklin, Beitr. z. Gesch. der Reception
72—74. Merkel, Mon. Germ. Leg. III S. 149 Note 79.

a· Dos 'als Heimsteuer. Die Nummern 1—9 gehören dem bairisch-österreichischen, die übrigen dem schwäbisch-alemannischen Rechtsgebiete an.

1. Cod. Falkenst. S. 477: *in dotem quam vocamus heimstiure.*

2. Meichelb. II b. No. 32 (1256): *curia quam a progenitoribus suis in dotem acceperat.*

3. Fund. Zwetl. 386 (1268): *quatuor . . beneficia . . . sicut ei a socero suo A. ratione dotis libere data fuerant.*

4. Ebd. 344 (1274): *sex . . talentorum redditus ratione dotis ex uxore mea . . assignatos habui.*

5. Mon. Witt. 165 (1287): *promisit . . . 6000 marcarum puri argenti . . nobis in dotem pro ipsa sua filia se daturum.*

6. Fund. Zwetl. 312 (1297): *septem solidos et 20 denarios reddituum . . . quos ab uxore mea M. iure dotalicio possedisse dinoscor . . . . predictos redditus ab uxore mea per dotem possederam.*

7. RB. 4, 676 (1298): eine Frau erhält von ihrem Vater Güter *in dotem designata.*

8. Dipl. Poll. 37 (1305): *ius patronatus . . . cum eiusdem ecclesie iure advocatitio . . . . in personam meam ex dote . . uxoris mee . . . sunt dilapsa.*

9. MB. 36 b, 246 (Anf. des 14. Jh.): *hanc curiam tenet . . pro 30 tt. pro dote sibi data ad uxorem.* (Vgl. ebd. 258: den hof . . hat in . . für 50 tt. ze heimstiwer siner hausfrowen.)

10. Zeerleder No. 328 (1254): der Graf von Kyburg erklärt, dass der Graf und die Gräfin von Burgund, seine Schwiegereltern, *dederunt nobis pro dote seu maritagio . . . . 1000 marcas argenti* und mehrere Herrschaften.

11. Ebd. No. 420a (1261): derselbe bekennt, dass seine Schwiegereltern *in contractu matrimonii mei . . nobis omnem litteram seu dominium, quod in constantiensi diocesi habebant . . ., libere et expresse nomine dotis assignaverint.*

12. Ebd. 430 (1262): derselbe quittiert seiner Schwiegermutter über *1000 marchas argenti, quas nobis pro E. filia sua . ., uxore nostra, in dotem seu maritagium dare promisit.*

13. Mone 1, 373 (1270): *per socerum meum . . nomine dotis tenui.*

14. MB. 33, 135 (1275): *uxori Rudolfi notarii .. pro 100 marcis argenti nomine dotis sive dotalicii .. obligamus.*

15. Zeerleder No. 948 (1275): einem Ritter werden Allodial- und Lehngüter *pro dote .. uxoris sue perpetuo libera possidenda* von seinem Schwiegervater und seinem Schwager überwiesen.

16. Mone 3, 229 (1283): *possessiones suas a R. de H. socero suo sibi in dotem A. uxoris suae assignatas.*

17. Ebd. 2, 251 (1289): *filiam suam . . . dotavit.*

18. RB. 4, 499 (1291): *sibi a patre in dotem assignatum.*

19. Mon. Aug. 1, 206 (1297): *uxor mea legitima, a qua predicte curie mihi fuerunt in dotem sive donacionem propter nupcias assignate.*

20. Ebd. 1, 347 (1320): *cessissent michi pro dotibus .. uxoris mee.*

b) Dos als Morgengabe. No. 21—27 sind bairisch-österreichisch, die übrigen schwäbisch-alemannisch, auch No. 54 und 55.

21. MB. 8, 149 (1224—42): *iure dotali morgingabe.*

22. Font. rer. Austr. 1, 49 (1259): *pro dote quod vulgo morgengabe vocatur.* Mit Beziehung hierauf heisst es S. 121: *ratione dotalicii.*

23. Formelb. König Albrechts No. 35 (um 1275. Arch. f. östr. Gesch. Qu. II): *in dotem seu donationem propter nupcias vel id quod vulgariter morgengabe dicitur.* Vgl. ebd. No. 36—38.

24. Formelb. von Baumgartenberg (um 1300. Qu. u. Erört. 9 b, 759): *est autem dos illa donatio, quam maritus dat uxori sue, et vulgo vocatur morgengab.* Mit Bezug hierauf weiter: *iure dotalicio.*

25. Dipl. Rohr. 49 (1304): *dotem quae vulgariter morgengab dicitur.*

26. Ruodlieb (11. Jh. Grimm u. Schmeller, lat. Ged. des 10. u. 11. Jh. S. 194) fragm. 16 V. 82 f.: *in dotem mihi mundum si daret omnem, nubere nolo sibi.*

27. Mon. Witt. 63 (1256): Herzog Ludwig von Baiern verspricht seiner Braut *nomine dotis* gewisse Güter, die er dann weiter als *bona dotalicia* bezeichnet.

28. Zeerleder No. 133 (1224): Hofgerichtsurtheil, dass die Witwe des Herzogs von Zäringen eingesetzt werde *in possessionem*

castri Burcdorf et omnium bonorum que ... *dux Zeringie in dote contulit eidem.* In Bezug hierauf heisst es No. 202 (1235): *bonis in dotem sibi concessis,* und: *in dotalitium contulit ei.*

29. Mone 3, 341 (1279): *matrone, quando primo contraxerat, pro dote provenerant* (und zwar von ihrem Manne).

30. Ebd. 4, 190 (1290): *collaterali nostre assignavimus nomine dotis.*

31. Ebd. 5, 332 (1303): *collateralem nostram dotavimus supra* . . *villa.*

32. Ebd. 5, 359 (1309): *consorti nostre fuit a nobis dotis nomine deputata.*

II. Dotalitium.

a) Dotalitium als Heimsteuer. Bis auf No. 39 und die oben angeführte No. 14 sämtlich bairisch-österreichisch. Vgl. No. 6.

33. Urk. B. ob der Enns 3, 487 (1276): Rudolf von Habsburg verspricht seinem zukünftigen Schwiegersohne 40000 Mark Silbers *dotalitii nomine.*

34. Fund Zwetl. 449 (1287): *possessiones quas sub optentu dotalicii ab eadem uxore mea possedi.*

35. Tr. Met. 22 (1291): Pfalzgraf Otto verschreibt dem Bräutigam seiner unehelichen Schwester *dotalicii nomine* eine Vogtei, damit er mit seiner Frau *commodius onera matrimonii supportare* könne.

36. MB. 36 b, 226: *hos denarios debebat dux Chnodoni* . . ., *M. recepit filiam Chnodonis, sic devenerunt ad eum pro dotalitio.*

37. Ebd. 364: *hec septem predia dedit* . . *filie sue dotalitii nomine.*

38. Brünner Sch. B. an mehreren Stellen.

39. Zeerleder No. 599 (1273): *quas possessiones* . . . *mihi* .. *pro dotalicio, videlicet 70 marcis, sue filie, mee uxoris dicte, titulo pignoris obligavit.*

b) Dotalitium als Morgengabe. Schwäbisch nur No. 28, alle übrigen Beispiele bairisch-österreichisch. Vgl. No. 22. 24. 27.

40. Arch. f. K. östr. Gesch. 2, 198 (1275): *dotalicium quod morgengabe dicitur in vulgari.*

41. Wiener Stadtr. v. 1278 §. 41: *exceptis bonis dotaliliis suis*, gegenüber der Fassung im Stadtrecht von 1840: *dn ir morgengab*.

42. Brünner Sch. B. an sehr vielen Stellen.

c) Dotalitium als Widerlegung.

43. Mon. Witt. 313 (1345): Ludwig der Baier verspricht der Braut seines Sohnes Ludwig *nomine veri dotalitii* 12000 Schock Groschen, während sie eine gleiche Summe von ihrem Vater mitgegeben erhält.

d) Dotalitium als Leibgeding. No. 44 bairisch, die übrigen aus der Grafschaft Kyburg in der Schweiz.

44. Formelb. v. St. Nicolaus in Passau (14. Jh. Qu. u. Erörter. 9 b, 930): *dotalicium lifghedinge* [1]).

45. Kopp, Urk. 2, 13 (1248): *nomine donationis propter nuptias contulisse, quod alii dotalicium vocant minus proprie, apud nos autem lipgedinge vulgariter appellatur.* Vgl. ebd. No. 8. 16.

46. Zeerleder No. 540 (1270): *domina Elyzabet, relicta quondam (sc. comitis de Kyburg) . . . resignante usufructum, quem habebat in dictis bonis nomine dotalitii quod vulgariter dicitur libgedinge, prestito super hoc iuramento corporali.*

47. Ebd. No. 609 (1274): ein kyburgischer Dienstmann verkauft ein Grundstück: *uxor sua, cui idem duas scoposas tantummodo ex predictis contulerat nomine dotalitii quod vulgo dicitur libgedinge, per manum mariti sui . . . libere dedit et resignavit . . ., renuncians . . . . corporali prestito iuramento.*

III. Donatio propter nuptias.

a) Donatio propter nuptias als Heimsteuer. Ueber diesen eigenthümlichen Sprachgebrauch ist oben No. 19 und unten §. 9 zu vergleichen.

b) Donatio propter nuptias als Morgengabe. Oesterreichisch ist No. 23, alle übrigen Beispiele sind schwäbisch-alemannisch.

48. Zeerleder No. 328 (1254): Graf Hartmann von Kyburg gibt seiner Gemahlin verschiedene Güter *in donationem propter*

---

[1]) Vgl. unten §. 6 Anm. 16.

nuptias seu dotalitium, worunter entweder die Widerlegung, oder ein Leibgeding zu verstehen ist. Er führt dann fort: *Insuper dedimus et contulimus . . uxori nostre curtem in villa B. in donum propter nuptias matutinum, quod vulgariter dicitur morgengabe.*

49. Ebd. No. 666 (1276): Ehegatten verkaufen Grundstücke: *quia vero predicta bona ad me Annam . . iure proprietatis ratione donationis propter nuptias, quod vulgariter morgengabe dicitur, pertinebant, fide data nomine iuramenti promisi . . . dictum contractum ratum et gratum me firmiter habituram.*

50. Mon. August. 1, 128 (1277): *donacionis sibi propter nupcias facte, quod vulgariter dicitur morgengäbe.*

51. Geschichtsfreund 1, 310 (1285): eine Frau verschenkt *de consensu mariti sui . . praedium suum in donationem propter nuptias, quod dicitur morgengabam, pertinens.* Vgl. Merkel, Note 87 zu L. Alam. Karol. 56.

52. Mon. August. 1, 163 (1288): *racione donacionis propter nupcias, que vulgariter morgengabe dicitur.*

53. Mone 3, 238 (1290): fast wörtlich ebenso.

54. Mone 14, 114 (1291): die Pfalzgräfin von Tübingen verzichtet eidlich auf Güter, die ihr *ex donatione propter nuptias* oder, wie es S. 120 heisst, *racione dotis seu donationis propter nupcias* zustehen. Vgl. ebd. 340 (1293): *ex assignatione dotis seu donatione propter nupcias.*

55. Ebd. 14, 360 (um 1294): eine Witwe verkauft Güter, die ihr *ex dote seu donacione propter nupcias* gehören, und leistet Verzicht *adhibitis verborum et gestuum sollempnitatibus debitis et consuetis.*

56. Dipl. Steingad. 87 (1305): eidlicher Verzicht einer Frau auf Güter, die ihr vom Manne *donata fuissent in donacionem propter nuptias.*

57. Kopp, Urk. 2, 140 (1312): *donacionis propter nupcias, que vulgo dicitur morgengabe.*

c) Donatio propter nuptias als Widerlegung.

58. Mon. Witt. 170. 171 (1287. 88): Herzog Ludwig von Baiern schenkt seinem gleichnamigen Sohne mehrere Güter, um seiner Braut damit eine donatio propter nuptias zu bestellen (*ad*

*dandum, donandum et constituendum . . . donationem propter
nuptias in eisdem);* es bedarf aber noch des Verzichts der
Königin, da Ludwig ihr jene Güter *eo tempore, quo eam traduxi-
mus in uxorem,* als Morgengabe gegeben hatte: *ratione donationis
illius quam morgengab vulgo vocant.* Aus dieser Gegenüberstellung
der Morgengabe ergibt sich, dass mit der d. pr. n. nicht diese,
sondern nur die Widerlegung gemeint sein kann. Dazu stimmt
auch der Sprachgebrauch in den deutschen wittelsbachischen
Urkunden und in Mon. Witt. 165 (1287).

d) Donatio propter nuptias als Leibgedinge in schweizerischen
Urkunden. Vgl. No. 45.

59. Kopp, Urk. 2, 1 (1241): *donum propter nuptias. quod
vulgus libgedinge appellare consuevit.* Vgl. ebd. 2, 60 (1261).

60. Zeerleder No. 422 (1261): *Hartmannus comes iunior de
Kiburc . . . uxori sue quedam castra et bona sua . . . donasset
propter nuptias, seu legasset, quod vulgariter dicitur libgedinc.*
Vgl. No. 48.

61. Ebd. No. 497 (1267): Friedensschluss Rudolfs von Habsburg mit der Gräfin von Kyburg *super eis, que iure propter nu-
ptialis (l. nuptias) donacionis et iure proprietatum ad se dicta
domina dicebat pertinere.* Also Gegensatz von Eigenthum und
d. pr. n.

62. Blumer 1, 182 Anm. 97 (1261): Ulrich von Hertenstein
verkauft einen Hof, *habitam propter nuptias quod vulgariter dicitur libgedinge,* mit Zustimmung seiner Söhne, *quibus ipsa curtis
iure proprietario pertinebat.* Wir haben es hier mit einem Leibgedinge zu thun, das die Frau dem Manne eingeräumt hat.

IV. Sponsalia.

63. Font. rer. Austr. 1, 206 (1281): der Graf von Orten-
burg macht seinem Schwiegersohne eine Verschreibung *racione
sponsalium* [5]).

64. Ebd. 1, 146 (1244): *sponsalia quod vulgariter morgengab
appellatur.*

---

[5]) Vgl. §. 4. Anm. 9.

65. Ebd. 1, 142 (1243): *predia que . . occasione sponsalium occupaverat (sc. mulier), . . ius videlicet quod vulgariter leipding appellatur.*

Der Ausdruck „sponsalitia largitas" ist mir in dem eigentlichen Context der Urkunden nicht begegnet, dagegen findet er sich häufig in den Schlussformularen, in denen auf alle möglichen und unmöglichen Einreden verzichtet zu werden pflegt, und die, weil sie zu viel sagen, völlig nichtssagend sind.

Erstes Kapitel. Die Heimsteuer.

§. 3. Die Heimsteuer im schwäbisch-alemannischen Recht. Der Schwabenspiegel*), dessen Bestimmungen
übrigens äusserst dürftig sind, macht bei der Beerbung der
Eltern durch die Kinder einen Unterschied zwischen den *uzgestiurten* und den übrigen, jene können sich nach ihrer Wahl der
Erbschaft enthalten oder unter Einwerfung des Erhaltenen an
derselben theilnehmen: *si habent in mit rehte daz in worden ist,
oder si legent ez an den teil* (148a), vorausgesetzt dass sie nicht
auf ihr Erbrecht verzichtet haben: *unde sint da kint diu uz-
gestiuret sint mit gedinge, das si sich verzigen hant ir vater guotes,
ez si varende guot (oder ander guot), so hant si nüt rehtes dar*
(164). Besteht der Nachlass nur aus fahrender Habe, so gilt die
Aussteuer im Zweifel als völlige Abschichtung: *hat ein man
kint, dannoch so er lebet, und hinstiurt einz oder mer uz mit
vaerndem guote, und er stirbet dar nah, diu kint hant niht an dem
varnden guote daz er lat, er habe ez danne gemeinet mit sinem
lebenden libe* (147b). Dieselben Gesichtspunkte treten auch in
den übrigen Quellen hervor, die einen lassen die ausgesteuerten
Kinder gegen Einwerfung dessen, was sie früher erhalten haben,
zu[1]), die andern (vorzugsweise bäuerliche) betrachten sie als
abgefunden und schliessen sie von jeder Konkurrenz mit gleich
nahen Erben (d. h. bis an den ledigen Anfall) aus[2]).

---

*) Vgl. Beseler, Erbverträge 2b, 318f.

[1]) So das Augsb. Stadtr. (Fr. 94), das die *uzgehistiureten* Kinder
(vgl. Fr. 87), *denen geholfen ist*, zur Collation auffordert. Ebenso das
Memminger Stadtr. 42, das die *uzgestiurten kind* den *unberauten* gegen-
überstellt. Statut von Isny v. 1431 (Anzeiger f. K. d. Vorzeit 1859
S. 134). Gr. 5, 205 (1475), wo aber gewisse Aussteuersachen *(pettgewant
und verschnitten gewant)* von der Collationspflicht befreit sind.

[2]) Landb. d. March v. 1427 §. 5. Gr. 1, 16 §. 59. 47 §. 25. 4, 273 §. 10.
5, 97. 99 f. 200 §. 12. Eigenthümlich ist das Weisthum von Pfeffingen im
Oberelsass (1344. Gr. 5, 373) §. 7: *Versorgt ein biderman sine kinde,*

Einzelne Quellen erkennen eine gewisse Verpflichtung der
Eltern, ihre Kinder, wenn sie sich verheiraten wollen, auszusteuern,
ausdrücklich an [3]), natürlich aber fällt gegenüber solchen Kindern,
die durch Ungehorsam oder durch unzüchtiges Leben ihr Erbrecht verwirkt haben, jede derartige Verbindlichkeit fort [4]). Nach
dem Tode des Vaters trifft die Mutter oder den Vormund die
Verpflichtung, dem heiratenden Kinde seinen Erbtheil herauszugeben, Geschwister, die bis dahin in ungetheilten Gütern gelebt
haben, steuern sich unter einander aus [5]).

---

sünder die tochter, und bleibt ein sun uf der hofstatt, so enmögen dieselben
tochter nit wider zu teil kumen, es sig danne an irer müter heimstür.

[3]) Der Schwsp. nur dem grossjährigen Sohne gegenüber (61 b. 186).
Allgemeiner ist die Verpflichtung Gr. 5, 203 (s. Anm. 4), womit das Landr.
vom Thurthal v. 1487 wörtlich übereinstimmt. Ueber die Höhe der Aussteuer lauten die Aussprüche verschieden. Schwsp. 162: *so git er mit rehte*
einem me danne dem andren, also: er mag einem zwirunt so vil gen so
dem andren, und dar uber nüt me. Gr. 1, 16 §. 58: *ein vater einem kind*
wol mag geben me denn dem andern, nach dem als ein kind verdienet
umb sin vater, aber die muoter mag einem kind nüt me geben denn dem
andern. Gr. 4, 273 §. 10 ebenso. Gr. 1, 47 §. 25: *und mag ein vater*
einem kind gen vil, dem andern lützel, als er dann wil. Gr. 5, 200 §. 9:
wen . . . sich füegt, das ain vater oder die muoter ald bedi aim kind oder
mer ützit geben hetint, und dann die anderen kind ouch guot von inen
haben wöltind, dan so sol der vater oder die muoter denselben kinden aim
ouch als vil geben, als es dann den vordrigen kinden aim geben hat, oder
aber den tail geben, weders dann vater oder muoter wellint ungevarlich.

[4]) Gr. 5, 203: *wan dan die kind zuo iren tagen komend, und sich dan*
begebe, dass fromb lüt nach denselben kinden stallend und iren zuo den
ehren begertend, es were eins oder mer, knaben oder tochtern, dan so mag
der vater mit rat seiner fründen dieselbigen seine kind zuo den ehrn ver-
sorgen mit irem theil guot, ganz unverhindert von den andern kinden, und
ob aber bescheche, dass derselbigen iren kindern eins oder mer, knaben
oder tochtern, ungehorsamb wärend und nit weltend thuon was si vater
oder muoter heisse, denselben ungehorsamen kinden soll ein vater oder ein
muoter nützit ze geben schuldig sein, diewil si beide lebend, wiewol si
joch die gehorsamen kind vor mit irem theil zuo den ehren versorgt
habend. Gr. 1, 314 (1344). Schwsp. 15 §. 14. Statut von Isny v. J. 1397
(Anz. f. K. d. Vorz. 1859 S. 52). Rechtsqu. v. Basel 1, 139. Gottfrieds
Tristan und Isolde V. 1475 ff. Konrads von Würzburg Engelhard V. 3716 ff.

[5]) Gr. 5, 200 §. 13. Landb. d. March 3: *wie ein vater sine kind von*
im richt und uszstürt, oder vogt, da nit väter sind. Augsb. Stadtr. Fr. 102:
Sprichet iemen sinen swecher an oder sine swiger oder sinen swager umbe
histur, diu unverburget ist, oder swen er darumbe anspricht der ims
gelobt habe.

Alle diese Grundsätze gelten sowol bei der Verheiratung von
Söhnen, wie bei der von Töchtern. Aber was der Sohn bei seiner
Verheiratung vom Vater empfängt, hat zunächst nur eine Bedeutung für das Erbrecht; für das eheliche Güterrecht nur insoweit,
als jene Zuwendung in Gestalt der Morgengabe, Leibzucht oder
Widerlegung eine Bestimmung für die Braut erhält. Uns beschäftigt hier nur, was der heiratenden Tochter in die Ehe
gegeben wird, und nur dies wird in technischem Sinne Heimsteuer
genannt. Von den zahlreichen Varianten dieses Ausdrucks [6]) sind
die Formen *hinstiure*, *histiur*, *heistewer* als die ursprünglichen
hervorzuheben, denn sie knüpfen an das altdeutsche *gehien*,
gehiwan, d. i. heiraten, an [7]) und decken sich mit den anderweitig
verbürgten Formen *heiratsteur* und *estiur* [8]); auch konnte, da die
Gabe doch vorzugsweise aus dem Elternhause kam, aus *heistiur*
leicht *heimstiur* entstehen, denn mhd. *heim* ist Haus, und in
Ruprechts Rechtsbuch c. 20 begegnet die Form *haussteur*. Ein
anderer Ausdruck ist *zubringung* (MB. 34 b, 20 v. J. 1462) und
zugelt [9]). Von lateinischen Bezeichnungen findet sich ausser den

---

[6]) heimstiure, haimstiur, hainstiur, hamstur.

[7]) vgl. RA. 418 f. Mittelhochd. WB. 1, 694 f. 2 b, 651.

[8]) Mone 7, 174 (1305). Rechtsqu. v. Basel I No. 45 (1390). Gr. 5,
100 (1488). Mon Zoll. 1, 443 (1397). Haltaus 261.

[9]) Gr. 1, 408. Mone 13, 200 (1335): 350 Mark Silbers *zuo rehter
heimsture und zuogelte zuo der vorg. minre tohter.* Ebd. 16, 90 (1360):
der Graf von Neuenburg verspricht seinem Schwiegersohn 4500 Gulden,
in drei Terminen zahlbar, *ze rechter estiur und ze einem rechten zuogelte;*
die einzelnen Ratenzahlungen sollen „angelegt" werden, und die verpfändeten Grundstücke *och . . miner tochter ligen und sin . . ze irre estiur.*
Mon. Witt. 346 (1362): Ehevertrag Ulrichs von Würtemberg mit der
Tochter Ludwigs des Baiern, die Braut erhält 24000 Gulden zu Heimsteuer und die gleiche Summe *ze rechter widerlegung ires zuogeltz und
irr haimstewer gelobt und geheizzen.* Es heisst dann weiter: *und dieselben
24000 guldin wellen wir mitsampt den vorg. 24000 guldein ires zuogeltz,
die uns von iren wegen gevallen sullen, si . . zuo einem rechten leibgeding,
dieweil si lebt, beweisen auf ettlich unser bürg . ., damit si dann besorgt
werden mag än allez gevar.* Aus den beiden zuletzt angeführten Urkunden
geht hervor, dass Zugeld, Heimsteuer und Ehesteuer identisch sind,
und dass wir es nur mit einer Häufung gleichbedeutender Ausdrücke, wie
sie uns noch oft begegnen wird, zu thun haben. Es ist daher ungerecht-
fertigt, wenn Mone (13, 202) einen Unterschied zwischen Heimsteuer und
Zugeld annimmt und das letztere für unser heutiges Nadelgeld, bloss zu

im §. 2 besprochenen noch *maritagium* (Zeerleder No. 328 v.
1254. 340 v. 1255. 430 v. 1262. Siehe §. 2 No. 10 u. 12.)

Der Charakter der Heimsteuer als Erbabfindung tritt besonders scharf in einer Urkunde des Grafen von Toggenburg v. J.
1387 (Schauberg 2, 105) hervor. Der Graf hat seine Tochter
dem Grafen von Montfort *zu einem rechten ehlichen wib gegeben*;
er bekennt, dass er seiner Tochter *zu ihm gelobt und verheissen
hab ze geben zu rechter heimstür 3000 gulden*; ausserdem sollen
ihr bei seinem Tode aus seinem Nachlass 1000 Gulden, wenn
ihn ein Sohn, dagegen 9000 Gulden, wenn ihn ein Dritter beerbe,
als Abfindung ausgerichtet und ihr dafür Sicherheit bestellt werden *nach haimstür recht*; werde dem nicht nachgekommen, so
solle seine Tochter berechtigt sein *zu gemeinem glichem und
ungevarlichem theil und erb zu gand und zu stand*. Der Graf
bezeichnet als Heimsteuer nicht bloss das, was er seiner Tochter
mit in die Ehe gibt, sondern auch was ihr später zur Ergänzung
ihres Erbtheils noch hinzu gegeben werden soll, eine Auffassung,
die allerdings nur durch die gleichzeitige Festsetzung beider
Beträge ermöglicht wird. Denn in andern Fällen tritt die Unterscheidung zwischen der Heimsteuer und dem Erbgute der Frau
gerade klar hervor [10]); Heimsteuer ist eben nur, was die Frau
zum Zweck der Ehe erhält, und zwar nicht bloss aus dem elterlichen Vermögen, auch dritte Personen können eine Heimsteuer
bestellen [11]), und da kann von der Heimsteuer als einer Erbab-

---

den kleinen Ausgaben des täglichen Lebens bestimmt, erklärt. Vgl.
Schmeller, bair. WB. 2, 44. Haltaus 2169. Siehe auch unten §. 5 Anm. 9b.

[10]) Mon. August. 2, 408 (1371): eine Frau verkauft mehrere Grundstücke, *alz si von . . . minem vater an mich von erbens wegen gevallen
und komen sind, .. und verzich mich auch derselben vorg. guot, der hainstiur, dez erbtails und der aigenschaft daran.* Dipl. s. Ulrican. 94 (1350):
*weder von hainstiur, noch von morgengab, noch von widerlegung, noch von
erbschaft wegen . . ., nach diser stet reht hie ze Auspurg und nach des
laudes reht.* Vgl. ebd. 77 (1344). 85 (1347). Mon. Aug. 1, 375 (1324) wird
das *ius peraffernale* der dos und der *donatio pr. nuptias* gegenübergestellt.
Auch der Umstand spricht für die Trennung von Erbtheil und Heimsteuer,
dass die der Tochter gegebene Heimsteuer wegen Schulden der Eltern
nicht mehr in Anspruch genommen werden kann. Augsb. Stadtr. W. 294.

[11]) MB. 33, 135 (1275): der Herzog von Kärnthen gibt der Frau des
Schreibers Rudolf eine Heimsteuer (s. §. 2 No. 14). Mon. August. 1, 190
(1293): Markgraf Heinrich von Burgau verpfändet dem Augsburger Stadt-

findung doch keine Rede sein. Deutlich zeigt sich das Wesen der Heimsteuer, wenn eine Witwe mit selbständigem Vermögen zur zweiten Ehe schreitet; wenn ihr nicht dritte Freunde eine Heimsteuer geben, bleibt ihr, da das gesamte von ihr in die zweite Ehe eingebrachte Vermögen nicht als Heimsteuer angesehen wird, nichts anderes übrig, als ihrem Manne, wenn sie anders eine Heimsteuer haben will, selbst eine solche zu bestellen. Ein solches Geschäft findet sich in einer Konstanzer Urkunde v. 1369 (Anz. f. K. d. Vorz. 1865 S. 346): Mann und Frau erscheinen vor Gericht, die Frau erklärt, *das si hett dem selben ir elichen wirt Ruodolfen Snewis ze rechter hainstür zuo bracht disiu nachgeschriben güter, diu si im och ze rechtem pfant setzen welt áne alles abniessen der nütz umb drithalb hundert mark. Sie fragt, wie si die selben güter in pfandes wis ze sinen handen bringen solt, als recht wär, und das es kraft hett?* Do ward ertailt, *das da voran umb die sach das gericht die selben vro Adelhailen bevogtoti mit ir elichen wirtes willen, des si danne muototi, und das si der danne ze driu malen uss dem ring fürti und si ze ieglichem mal fragti, ob si das entzihen und versetzen, als vorgeschriben stat, willeklich und gern und unbetwungenlich tuon wolt und tät?* Nachdem dies in angegebener Weise geschehen ist, *do ward mit recht gesamnoter urtail ertailt, das diu vorg. fro A. und ir erkorner vogt . . . dar giengint und da offenlich vor gericht diu obg. güter älliu dem obg. Ruodolf Schnewis an sin hant in*

---

schreiber mehrere Grundstücke, *sinen thetern umb 100 mark silbers ze rehter haimstiwer.* Ebd. 1, 373 (1323): Ludwig der Baier verspricht der Tochter seines Marschalls 60 Pfd. Heller *zu irem wirt.* Die von den Hochzeitsgästen dargebrachten Geschenke werden nicht zur Heimsteuer gerechnet, ihre juristische Eigenschaft bestimmt sich lediglich nach der Absicht des Gebers. Augsb. Stadtr. Fr. 102: *Ist auh, daz sich zwai e gemechide gesament mit der e, werdent diu mit rehte gescheiden von einander . ., so sol der man der frowen ir histiur wider geben án allen schaden, unde swaz si kleinodes zu zim brahte, ez gebe ir vater oder muter, friunt oder lantlute, der ist er ir schuldic gar unde genzlichen wider ze gebene áne allen schaden.* Ueber die Sitte der Hochzeitsgeschenke vgl. Metzen Hochzeit V. 376—406 (Lassbergs Liedersaal 3, 409). In den Städten war die Sitte vielfach so ausgeartet, dass gesetzlich dagegen eingeschritten wurde, z. B. in der Konstanzer Hochzeitsordnung v. 1144 §. 4 (Mone 14, 491). Vgl. Anm. 18.

pfandes wis versaczlint und sich entzigtin ze siner rechten hainstiur umb diu obg. 250 mark silbers.

Die Heimsteuer steht in formeller Beziehung im wesentlichen der römischen dos, und zwar der profecticia wie der adventicia, zur Seite, nur dadurch unterscheidet sie sich von ihr, dass alles, was der Frau in die Ehe mitgegeben wird, als Heimsteuer erscheint, dass es also einer ausdrücklichen Bestellung als Heimsteuer nur dann bedarf, wenn das Vermögen nicht von andern mitgegeben, sondern von der Frau selbst mitgebracht wird [12]); der Hauptunterschied beider Institute beruht aber darin, dass dem deutschen Recht der Gegensatz zwischen Dotal- und Paraphernalgut innerlich fremd ist, die Heimsteuer in materieller Beziehung wesentlich denselben Grundsätzen wie das übrige Frauengut unterliegt. Dass sie gleichwol von dem letzteren unterschieden wird, hat verschiedene Gründe; so pflegen z. B. in Ehepacten häufig besondere Verabredungen in Betreff der Heimsteuer getroffen zu werden [13]), und wenn eine Witwe sich wieder verheiratet, wird das von dem ersten Manne herrührende Vermögen nach besondern Regeln behandelt, muss also von der Heimsteuer unterschieden werden.

Der von den Germanisten vielfach aufgestellte Gegensatz zwischen einer aus beweglichen Sachen bestehenden Aussteuer oder Ausstattung und dem sogenannten Brautschatz oder Frauengut ist für das schwäbisch-alemannische Recht nicht gerechtfertigt, dasselbe hat den Standpunkt des altdeutschen Rechts verlassen und denselben Entwickelungsgang genommen, den wir in der vorigen Periode bei dem Faderfio der Langobarden kennen gelernt haben [14]).

---

[12]) Die von den Quellen gebrauchten Ausdrücke sind dabei freilich nicht massgebend, denn da heisst es bald, die Heimsteuer werde der Frau, bald sie werde dem Manne gegeben oder versprochen, bald sie werde dem Manne von der Frau zugebracht, ohne dass man sich bei den verschiedenen Redewendungen etwas verschiedenes zu denken hätte. Vgl. §. 4 Anm. 4—6.

[13]) So heisst es in dem Ehevertrage des jüngern Grafen Hartmann von Kyburg v. 1254 (Zeerleder No. 325), dass bei unbeerbtem Tode seiner Frau die Hälfte ihrer theils in Geld, theils in Liegenschaften bestehenden Heimsteuer ihm oder seinen Erben zufallen solle.

[14]) Vgl. Bd. 1, 116—125.

Allerdings besteht die Heimsteuer häufig aus beweglichen Sachen, z. B. in dem Gedicht von Metzen Hochzeit (Liederb. der Clara Hätzlerin, ed. Haltaus, S. 260. Lassberg, Liedersaal 3, 400), in welchem dem Bräutigam, Meier Bärschi oder Betzi, eine Reihe von ländlichen Thieren zu seiner Braut gegeben werden [15]):

Lassberg:	Hätzlerin:
45. Da wart Bærschi zu Metzen gen	*41. Da ward dem Betzen*
dri immen guot, und niena tren,	*gegeben zu der Metzen*
noch kein bœser drunder was[16]);	*ain pock und ain kalb,*
und ain mœrch, due was plass,	*auch ain kuo, die was falb,*
und ain bok, und ain kalb,	*45. zwen immen und ain schwein,*
50. und ain ku, due was halb	*auch ain plassetz rösslein,*
(l. falb),	*und tierlen, stertz uf der prait.*
værlins stellen uf dem gebrait[17]).	

In Wittenweilers Ring (herausg. von Bechstein), einer erweiternden Bearbeitung des vorigen Gedichts, erklärt der Vater der Braut (S. 146 V. 21—30):

> „*Euwer eren bin ich fro.*
> *ungelük daz hause scheuch!*
> *dar zuo will ich geben euch*
> *siben hennen und ein hann (l. einn han)*
> *ze haimsteur. da gedenket an!*
> *dar zuo gib ich euch gestrak*
> *einn choczen und ein strosak*
> *und auch einen kittel frisch,*
> *da mit ist sei werait ze tisch*
> *und auch ze pett nach unserm recht.*"

Daran schliessen sich die Geschenke der Hochzeitsgäste, dieselben werden aber nicht als Heimsteuer bezeichnet [18]).

----

[15]) Auffallenderweise sieht Jacob Grimm (RA. 429) hier eine Gabe des Bräutigams an die Braut, die er mit der dos des Tacitus in Verbindung bringt.

[16]) d. h. drei gute Bienenstöcke, unter denen kein schlechter sich befand, namentlich keine Drohnen.

[17]) Diese Zeile ist in beiden Ausgaben entstellt; etwa *værlins stelle*, Schweineställe auf dem Felde?

[18]) In Metzen Hochzeit ist die Bestellung der Heimsteuer und die Uebergabe der Hochzeitsgeschenke auch zeitlich getrennt. Vgl. Anm. 11.

Auch der Schwabenspiegel spricht immer von beweglichen
Heimsteuergegenständen, einmal kommen aber auch eigene Leute
vor, und diese werden im Mittelalter bekanntlich zu den Immobilien gerechnet [19]). Ein späterer Artikel des Augsb. Stadtr.
(W. 294) erkennt ausdrücklich Grundstücke als Gegenstände
der Heimsteuer an [20]), und auch sonst ist es beglaubigt, dass
häufig Lehne und allodiale Grundstücke als Heimsteuer bestellt
werden [21]). Bei weitem der gewöhnlichste Fall ist freilich der,
dass die Heimsteuer aus einer Geldsumme besteht, welche entweder sofort ausgezahlt oder, sei es auf bestimmte oder unbe-
stimmte Zeit, gegen Bürgenstellung oder Versatz von Immobilien
gestundet wird [22]).

----

[19]) Schwsp. 73 b: *Und ist, daz man einr frowen eigen liute git ze*
histiure suo ir man. Vgl. Bd. 1, 128 Anm. 14. Homeyer, Syst. d. Lehnr. 286.

[20]) *Ist aber, dass ein man oder frau seinem kind gehilfet und git ihm*
eigen, lehen, varend gut oder ander gut.

[21]) Gr. 1, 391: *Wölcher seinen kinden der gueter uf ainen brautlof*
zu den eren geben will, dasselb gut bedarf nit empfangen noch ufgeben
werden darzumal, doch soll man dennocht zins und fail darein setzen nach
billigen dingen. Mone 4, 248 (1278): eine Witwe verschenkt Grundstücke
que sibi a patre suo ratione nuptiarum et iure hereditario tradite fuerant.
RB. 4, 499 (1291): eine Mühle *sibi a patre in dotem assignatum.* Mon.
Aug. 1, 347 (1320): zwei Höfe welche *cessissent michi pro dotibus .. uxoris*
mee. Vgl. §. 2 No. 15. 16. 19. Vgl. Blumer 1, 180.

[22]) Augsb. Stadtr. Fr. 102 (s. Anm. 5). Mone 1, 373 (1270): ein Ritter
verkauft unter Mitwirkung seiner Frau Weingärten, *que .. per socerum*
meum .. nomine dotis tenui a primordiali cum uxore mea prefata copu-
latione, et proprietatis titulo, quemadmodum socer meus ante tenuerat ...;
sed ... quendam scrupulum in hoc facto lactitantem nobis placuit aperire,
videlicet quod proprietas vinearum ... et ceterorum bonorum pro pensione
dotis, videlicet 80 marcis argenti, michi obligatorum ad germanos uxoris
mee .. pertinebit, 80 marchis nobis sine diminutione qualibet persolutis;
er beschafft deshalb die Genehmigung seiner Schwäger zu dem Geschäft.
Zeerleder No. 599 (1273): Junker Heinrich von Bucheck verkauft mit
Genehmigung seiner Frau für 70 Pfd. *A universas possessiones meas ze*
W. villa sitas, iure proprietatis mihi adtinentes; diese Besitzungen habe
sein verstorbener Schwiegervater *pro dotalicio, videlicet 70 marcis, sue*
filie, mee uxoris, verpfändet *(titulo pignoris obligavit);* seine Schwäger,
auf die das Eigenthum übergegangen *(iure patrimonii successerunt)* leisten
in einer besondern Urkunde (No. 600) Verzicht. Mone 2, 251 (1289):
filiam suam .. dotavit cum 50 marcis argenti, quas ei super curia sua
libera in O. deputavit; der Enkel des Bestellers erklärt: *cum michi conpetat*
ius redimendi ipsam proprietatem, sicut ad avum meum pertinuit, confero

Der Grund für diese Erweiterung der Heimsteuer ist in dem erweiterten Erbrecht der Weiber zu suchen. Dies zeigt sich in dem W. v. Dornhaim (Gr. 1, 378): *Sint ouch knaben und töhtra under den waisen, so sol man die töhtran beräten mit dem varnden guot, ob so vil da ist, und die knaben mit dem ligenden. ist aber nit da so vil varnds guotz, so sont fründ und genos darczuo farn und die töhtera mit dem ligenden ergetzen ir vater und muoter erbs. kain tohter . . sol kain ligend guot erben, es sol der nehst fründe und genoz billicher erben.* In bäuerlichen Familien besteht die Heimsteuer häufig deshalb aus fahrender Habe, weil der Vater ohne den Herrn über Grund und Boden nicht verfügen kann [22]).

§. 4. Die Heimsteuer im bairisch-österreichischen Recht. In einem Ratsbescheide der Stadt München (Münchener Stadtr. Art. 218) wird der Begriff *müterleich guot* folgendermassen bestimmt: *Swaz ainer frauen ze haimsteur wirt, oder daz sie sünst anerbet oder angevellet von irem vater oder von irer muoter und von andern iren freunten, daz selb haizzet und ist auch müterleich erb.* Zunächst steht also das „mütterliche Gut" im Gegensatze zu den Gaben des Mannes an die Frau, zu dem Sondervermögen des Mannes und zu der ehelichen Errungenschaft; dagegen umfasst es ausser demjenigen Gute, welches die Frau von ihren Eltern oder Freunden geerbt oder geschenkt erhalten hat, auch alles „was ihr zur Heimsteuer wird."

Die Varianten des Wortes Heimsteuer sind dieselben wie in den schwäbischen Quellen [1]), namentlich begegnet *haussteur* im Stadtr. v. Brixen S. 219, *heistiur* und *heichstiur* im Dipl. s. Clarae

---

ipsam curiam et proprietatem claustro . . in Alba. Ebd. 7, 151 (1383): ein oberelsässischer Ritter bekennt, dass seine Schwiegermutter und seine Schwäger *mich usgewisen hant von A. wegen, miner husfrouwen seligen, und ingeantwurted 17½ mark silber geltz uf der stat zuo S.;* diese ihm verpfändete Rente werde er ihnen *lidig und los wider inantwurten,* sobald sie oder ihre Erben *komend zuo mir oder minen erben mit 1000 kleiner guldin.* Vgl. Blumer 1, 180 Anm. 86.

[22]) Gr. 1, 362: *Wo zwei erste menschen mit einander kind hand, die mügen si wol beraten mit irem varenden gut ôn alle recht, war si wend, iren genossen. wer aber, das si übergriffen an dem varenden guot, das si ligend gut müsten angrifen, so sol man eins dritteilen mit dem andern, wo man si usser dem gericht gebe.* Vgl. ebd. 1, 408.

[1]) *Haimvertigung* lesen wir Dipl. Fuerstenfeld. 151. Den Ausdruck *hochsteuer* hat Merkel misverstanden. Vgl. §. 6 Anm. 3.

76 (1314). Die oben entwickelte Ableitung des Wortes wird für den bairischen Dialekt von dem gediegensten Kenner desselben, Schmeller, bestätigt [2]); sie findet ausserdem eine Bestärkung in den Ausdrücken *stiura copulae maritalis* (RB. 3, 308 v. 1268) und *stiwer* die zu einer *heirat* gegeben wird (Mon. Witt. 175 v. 1290), so wie in der den bairischen Quellen besonders geläufigen Bezeichnung *heiratguot.* Nur dieser Ausdruck findet auch auf das Vermögen Anwendung, welches dem Sohne vom Vater in die Ehe mitgegeben oder für ihn der Schwiegertochter als Morgengabe oder Widerlegung ausgerichtet wird [3]).

Die Heimsteuer wird nach dem Sprachgebrauche der Quellen bald dem Manne zu seiner Hausfrau [4]), bald der Frau zu ihrem

---

[2]) Bair. WB. 2, 131. Bei dem Worte *heim* (2, 192 ff.) wird die Heimsteuer gar nicht von ihm berührt.

[3]) Bair. Landr. 106 (11, 13): *Swo ain man oder ain frau heirat guot inne habent . . . und aintwoders tot ist án erben, so mag daz ander daz heirat guot, daz von dem toten herchomen ist u. s. w.* Landshuter Erbr. v. 1423: *Wann swai wirtleit mit heurat zu ainander kerent . . ., was seie dann heurat guetes zu einander bringent u. s. w.* W. v. Chiemsee (Gr. 3, 676): *als vil er der tochter oder dem sun ze heiratguet geit.* Urk. v. Tegernsee v. 1441 (MB. 6, 298): *ihn hiet auch sein vatter sel. auf das benant leibgeding zu S. verheirat und dasselb leibgeding zu heiratguet geben.* Urk. B. ob der Enns 3, 381 v. 1268 (auch MB. 29b, 487): *ein Ritter verspricht seinem Sohne ein Kapital in dotalicium uxori sue* (auch MB. 29b, 487). Mon. Witt. 170 (s. §. 2 No. 58). Ebd. 365 (1381): *sullen wir* (Herz. Albrecht von Oesterreich) *dem egen. unserm sun zu der vorg. junkfraun Johannen zu widerlegung und morgengab geben u. s. w.* MB. 30b, 81 (1318): *daz guet, daz mir . . . und meiner hausvraun . . gelubt wart ze heiratguet von . . meinem ôhaim . . und von meinem prueder.* MB. 21, 469 (1423): *ein Mann bekennt, dass ihm sein Schwiegervater versprochen hat zu seiner . . tochter 12 Pfd. ℈ zu heuratgut;* er fährt dann fort: *so han ich . . meiner egen. hausfraun A. hin wider gemacht ze rechten heirat gut und widerlegung 20 Pfd.,* und weiter bezeichnet er die ganze Summe von 32 Pfd. *als das egenannte unser baider heiratgut.* MB. 36b, 284: *datam patri suo et matri sue pro dote.* Ebd.: *hec bona tenent . . pro 45 ℔. . . pro dote patris et matris eorum.* Vgl. Prager Rechtsb. 155: *und nimt der sun ein weip . . . und wirt der sun ausgericht mit seiner morgengab, stirbt der sun, des sunes weip nimt des mannes morgengab* (Bearbeitung von Ssp. I, 20 §. 4). Vgl. §. 8 a. E. und §. 9.

[4]) Bair. Lndr. 107 (11, 14): *Ain iglich man, der zuo eleichem heirat greift, was dem haimsteuer geben wirt, es sei aigen oder lechen oder varenden hab.* MB. 7, 230 (1303): *unser haimstiur, diu mir zu meiner hausfrawen . . ir vater gelobt ze geben.* Vgl. §. 2 No. 3. 5. 33. 35. 63.

Manne gegeben oder versprochen [5]), bald endlich dem Manne von der Frau zugebracht [6]).

Ihre Bestandtheile bilden häufig ausschliesslich bewegliche Sachen, z. B. in dem Gedicht Meier Helmbrecht (herausg. v. Keinz):

> *280. Ich weiz wol, ez wil geben dir*
> *der meier Ruopreht sin kint,*
> *vil schafe, swîn und zehen rint;*

auch der Graf von Görz verpflichtet sich 1275 für sich und seinen Sohn erster Ehe, seine Töchter *cum rebus mobilibus maritare* (Arch. f. östr. G. 2, 198); notwendig ist das aber durchaus nicht, vielmehr entschuldigt sich in den Nibelungen (Ausg. v. Lachmann) der Markgraf Rüdiger ausdrücklich, dass er seiner Tochter, die sich mit Giselher verlobt, nur Fahrhabe mitgeben könne:

> *1619, 4. Dô sprach der marcgrâve: „sid ich der bürge niht enhân,*
> *1620. sô sol ich iu mit triuwen immer wesen holt.*
> *ich gebe zuo min tohter silber unde golt,*
> *sô hundert soumære meist mügen tragen,*
> *daz ez den helden nâch éren müge wol behagen".*

Oft besteht die Heimsteuer aus Immobilien, Grundstücken oder Renten [7]), am häufigsten aber, wie ja auch im schwäbischen Recht, aus Kapitalien [8]).

Ein Wiener Ratsbeschluss v. 1331 unterwirft die Klage auf Entrichtung der versprochenen Heimsteuer einer einjährigen Verjährung (Rauch 3, 72. Bischoff 199).

[5]) Münchener Stadtr. 449: *waz denn der frauen zu irem wirt geben wirt, ez sei varent oder unvarent guot, ze haimsteur.* Wiener Weichb. 74 (S. 190): *Nimbt ain frau ainen man, und geit ir ir vater zu steur ain varunds guet, und nicht erbes.* Dipl. Fuerstenf. 44: *ze rechter haimstiur ... zu irem wirte.*

[6]) Bair. Lndr. 108 (11, 15): *ir haimstewer die si zuo im pracht hat.* Ebd. 110 (11, 17): *die si zuo irem wirt pracht hat.*

[7]) Fr. Weihensteph. S. 368 (1064–80): *tale predium, quale sibi sua uxor H. attulit.* Dipl. s. Clarae 453 (1467): ein halber Hof und 25 Gulden bar. Fund. Zwetl. 449 (1287): sieben Lehne und zwei areae. Siehe Anm. 4 und 5. §. 2 No. 2–4. 6 f. 31 f. 37. Dipl. Fuerstenf. 151 (1437). Dipl. monast. Pueterich. 16 (1433).

[8]) Mon. Witt. 94 (1269): 250 Pfd. ₰. RB. 4, 610 (1296): 11 Pfd. ₰ und 40 Metzen Roggen. Font. rer. Austr. 1, 206 (1281): 1500 Mark Silber. Beitr. z. Gesch. v. Tirol und Vorarlberg 3, 124 ff. (1324): Johann von

... Geber der Heimsteuer ist in erster Reihe der Vater der Frau. Ob er für gewöhnlich dazu verpflichtet ist, muss im allgemeinen dahingestellt bleiben, nur für das oberbairische Recht dürfen wir annehmen, dass der heiratenden Tochter, wenn sie über 24 Jahre alt ist, unter allen Umständen, einer jüngeren wenigstens dann eine Heimsteuer gebührt, wenn der Vater in die Heirat eingewilligt hat. Dies scheint aus Bair. Lndr. 104 (11, 11) hervorzugehen: *Wär ouch, ob ein tochter, die junkfrau wär, die hinder vier und zwainzigk jarn ist, sich selber verheirat ân irs vaters willn, der ist der vater nichts schuldig ze geben, er well es dann gern tun*[9]). Es versteht sich, dass den ausgesteuerten Töchtern, wenn sie später neben ihren Geschwistern die Eltern beerben wollen, das Erhaltene angerechnet wird[10]). Heiratet die Tochter nach dem Tode des Vaters, so wird sie von der Mutter oder deren Vormund oder von den Brüdern ausgesteuert, und hier besteht die Heimsteuer regelmässig aus dem, was ihr aus dem Nachlasse zukommt[11]).

Böhmen gibt für seine Schwester 20000, für seine Muhme 10000 Mark Heimsteuer. Vgl. §. 2 No. 5. 9. 33.

[9]) Diese Bestimmung ist zunächst aus dem Schwsp., indirect aus Nov. 115 geflossen. Vgl. Rössler, Rechtsdenkm. 2, 402. In der Gründungsgeschichte des Klosters Baumburg (12. Jh. MB. 2, 173 ff.) wird hervorgehoben, dass Graf Kuno seine ihm entführte Tochter *sponsali iure non ditavit;* statt *ditavit* ist wol *dotavit* zu lesen.

[10]) Münchener Stadtr. 211: *Ob zwai eleut ... sterbent, e deu chint allen beraten werdent, swie vil dannoch der unberaten chint ist, die süllen vortails als vil haben von dem guot ..., als vil den beraten chinten geben ist ..., und swaz guotes über die unberaten chint und über gelt wirt, daz süllen die chint geleich mit ainander teilen.* Zipser Sachsenr. 11: *dus die kinder, die ausgeben sint, das wider einlegen was in von iren elderen worden ist, und nach dem neme iglich kint eines als viel sam das ander; und ab sie nicht wolden einlegen,* so erhält, wie nach Münch. Stadtr., jedes unausgesteuerte Kind einen entsprechenden Theil voraus und der etwaige Rest kommt zur Theilung. Wiener Weichb. 74 (S. 190). Prager RB. 153 §. 1. Eine vollständige Erbabfindung ist die Heimsteuer nur dann, wenn ein besonderer Erbverzicht hinzukommt.

[11]) Mon. Witt. 175 (1290): Heiratsvertrag zur Sühne eines an dem Vater der Braut begangenen Todtschlags: *und sol man derselben junchvrowen ir gelichen eribteil geben.* MB. 15, 315 (1379): Mann und Frau quittieren der Mutter und dem Stiefvater der letzteren über 8 Pfd. *A unser heiratgut, di uns an di heirat getaidingt und gestift sind worden für mein vorg. Katharein erbtail, den ich hab gehabt auf den hof ze H.*

Die Begriffe Heimsteuer und elterlicher Erbtheil sind also unter Umständen identisch, zum Wesen der Heimsteuer gehört dies aber nicht, vielmehr wird sie von dem ererbten Vermögen der Frau, welches ihr vor oder nach der Heirat angefallen ist, streng unterschieden [12]). Diese Verschiedenheit zeigt sich besonders darin, dass die Heimsteuer auch von dritten Personen [18]) gegeben werden, und dass eine Frau, die bei ihrer Verheiratung

Fund. Zwetl. 243—245 (1266): eine Frau erhält bei ihrer Hochzeit *multis coram astantibus* ihren väterlichen Erbtheil *(hereditaria portio)* von ihren Brüdern. Dipl. Fuerstenf. 44 (1315). 151 (1437). Dipl. Rohr. 70 (1369): Mann und Frau erhalten von den Brüdern der letzteren Grundstücke *für ir haimsteur und iren erbtail.* Dipl. Pueterich. 16 (1433). In den Nibelungen (V. 637—645) wird der nach ihrer Hochzeit aus dem Lande scheidenden Kriemhild von ihren Brüdern ihr Erbtheil angeboten, auf ihres Mannes Wunsch begnügt sie sich statt der Heimsteuer mit einem *heimgesinde.* — Auch wenn ein Vater schon bei seinen Lebzeiten sein Vermögen unter Weib und Kinder vertheilt, kommt es wol vor, dass er den der Tochter bestimmten Theil als Heimsteuer bezeichnet. So bestimmt Graf Sigbot von Falkenstein in Betreff seines Vermögens: *post finem vite sue et uxoris sue, vel si ipsi dimiserint, filiis suis egaliter dividendum et filie sue in dotem, quam vocamus heimstiure, aut in Bawaria aut in Austria secundum consilium amicorum dandam* (Cod. Falk. S. 477). Meichelb. I a S. 264 (1073): *habuit . . duos liberos, quibus substantiam suam divisit Cononem scilicet et Irmogardam. quae cum marito traderetur, portionem sibi debitam accepit et de parte reliqua omnem calumniam legitime refutavit.*

[12]) Statut für die Stadt Wien v. 1420 (Notizenblatt z. Arch. f. österr. Gesch. 1853 S. 381): *ob ein frau zu irem mann erbguter bracht hat . . ., das die alle ierm mann, ob er si uberlebt hat, gesprochen sein zu leibgeding, er hab von desselben seins weibs wegen haimsteur und morgengab ingehabt oder nicht.* Vgl. oben S. 19.

[13]) RB. 4, 166 (1282): Bischof Bruno von Brixen gibt einer Dame 38 Mark *pro dote.* Ebd. 3, 308 (1268): derselbe gibt einer andern *pro stiura copulae maritalis . . mansum ecclesiae suae.* MB. 29 b, 116 (1258): Bischof Otto von Passau verspricht dem Bräutigam seiner Nichte 100 Pfd. *dotis nomine et in subsidium nuptiarum, quas . . eis infra anni spatium persolvemus.* Vgl. ebd. 29 b, 130 (1259). Tr. Met. 22 (s. §. 2 No. 35). Oberbayer. Archiv 5, 334 (1339): Ludwig der Baier bekennt sich gegen Ludwig Sweppferman zu einer Schuld von 300 Pfd., *die wir ihm zu . . unser hofjunchvrowen, seiner wirtinne, ze heimstiur geben haben.* Dipl. Schir. 70 (1393): ein Herr gibt seiner *junkfrawen* bei ihrer Verheiratung mit seinem Schröter 12 Pfd. ä zu Heiratsgut. RB. 5, 317 (1315). Fontes rer. Austr. 2, 88 (1447). Hierher ist auch die sogen. Prinzessinnensteuer zu rechnen. So quittiert 1424 Herzog Ernst von Baiern der Stadt München über eine freiwillige Beisteuer zum *heiratgut* seiner Tochter (Mon. civ. Monac. 218. Vgl. ebd. 362). Die gewöhnlichen Hochzeitsgeschenke müssen auch hier von der Heim-

bereits ein selbständiges Vermögen besitzt, auf eigene Hand eine Heimsteuer bestellen kann[14]).

Aus allem bisher Gesagten ergibt sich, dass die Heimsteuer des bairisch-österreichischen Rechts vollständig denselben Charakter hat wie bei den Schwaben und Alemannen. Auch darin dürfte sich keine Abweichung zeigen, dass in bairischen und österreichischen Urkunden der Zweck der Heimsteuer, im Anklange an das römische Recht, zuweilen dahin angegeben wird, ad onera matrimonii ferenda zu dienen[15]). Diesen Zweck hat im deutschen Recht nicht bloss die Heimsteuer, sondern das ganze Vermögen beider Ehegatten. Die Heimsteuer unterscheidet sich daher, wie schon oben beim schwäbischen Recht bemerkt wurde, von dem übrigen eingebrachten Vermögen der Frau mehr formell als materiell. Erst in dem zweiten Buche wird es unsere Aufgabe sein zu untersuchen, inwiefern auch materielle Verschiedenheiten hierin hervortreten.

Zweites Kapitel. Die Morgengabe.

§. 5. Die Morgengabe im schwäbisch-alemannischen Recht. Die Zeit, zu welcher die Morgengabe bestellt zu werden pflegt[1]), wird in einer schweizerischen Urk. v. 1254 (§. 2 No. 48), ähnlich wie in dem Vertrage von Andlau (s. Bd. 1, 93), durch die Bezeichnung *donum propter nuptias matutinum* angedeutet. Dsp. 22 und Schwsp. 18 geben im wesentlichen den Eingang von Ssp. I, 20 wieder, nur mit der geringen Aenderung: *des morgens an dem bete, oder so er ze tische gat, oder ob dem*

---

steuer unterschieden werden. Vgl. Regensburger Statut v. 1320 (Freyberg 5, 20). Ruodlieb fragm. 14 V. 90—98 (Grimm u. Schmeller, lat. Gedichte S. 189).

[14]) Tr. Met. 105 (1389): ein Mann bekennt, *das mich mein lieben hausfrau . . verrictet und gewert hat 64 Pfd. Regenspurger ₰, die sie mir zu heiratguet gelobt und gesprochen hat.*

[15]) MB. 36 b, 339 (Anf. des 14. Jh.): *pro subsidio matrimonii.* MB. 29 b, 116 (s. Anm. 13). Tr. Met. 22 (s. §. 2 No. 35). Mon. Witt. 94 (1268): Herr Albrecht von Hals verspricht seinem Schwiegersohne eine Geldsumme *in subsidium sponsalium.*

[1]) Auch wenn sie, was nicht selten vorkommt, schon vorher im Ehevertrage verabredet ist. Vgl. Mon. Zoll. I No. 295 (1343). Zeerleder No. 328 (s. §. 2 No. 48). 392 (1259). Eine gesetzliche Morgengabe, welche der Frau auch ohne besondere Bestellung zukäme, wird im Landr. von Wildenhaus §. 6 ausdrücklich in Abrede gestellt.

tische, so mac er geben. Dies stimmt auch mit allem, was wir
sonst über die schwäbische Morgengabe wissen, überein. So
erzählt der voralbergische Dichter Rudolf von Ems, ein Zeit-
genosse des Sachsenspiegels, in seinem Wilhelm von Orlenz [2]).

>   *14002. Dô diu trüebe naht verswein*
>   *und der morgensterne schein*
>   *und ez schiere tagen began.*
>   *14005. Wilhelm der reine man*
>   *gap síner trût amîen*
>   *der schœnen Amelîen*
>   *die ríchste morgengábe,*
>   *die Walhe oder Swâbe*
>   *14010. ie dâvor gegâben é.*

In dem Gedicht von Metzen Hochzeit (Lassberg, Liedersaal
3, 406 f.) findet sich folgende Schilderung:

>   *Si tribent da der minne spil,*
>   *biss das in der morgen*
>   *290. nit lenger wolt borgen*
>   *der sellen fræd pringenden nacht.*
>   *man kam mit schallenklichen bracht*
>   *und bracht in ze ezzent an daz bett,*
>   *gelückes wünst man in ze well.*
>   *295. do gab Bœrschi der brut*
>   *ze morgengab uber lut*
>   *ain muoter swin groz und schœn.*

Ein Baseler Statut v. 1419 (Rechtsqu. v. Basel I No. 106)
macht die Bestellung zu dieser Zeit sogar zu einer wesentlichen
Voraussetzung der Morgengabe: *Und sol ouch der man sinem
wibe die morgengab geben des ersten tages, so er früge als ein
briutgom von ir ufgestanden ist, und nit darnach, in dhein wise.*
W. v. Altorf v. 1439 §. 39: *Ist, daz ein man sinem ewib, ist si
ein tochter, ein morgengab git, das mag der man wol tuon der ersten
nacht, so er von ir uf stat, und mag si die wisen mit zwein
bidermannen, so sol es guot kraft han, wie vil joch der summ ist.*

In diesem Weisthum wird betont, dass die Empfängerin der
Morgengabe eine „Tochter", d. h. eine Jungfrau, gewesen sein

---

[2]) Vgl. RA. 441.

müsse; die einer Witwe in zweiter Ehe dargebrachte Gabe wird
deshalb als „Abendgabe" bezeichnet: *Des gelich sol och einer
witwen ir abentgab volgen und beliben, als vorstat* (§. 41). Das
Erforderniss der Jungfräulichkeit, das wir für die Morgengabe
der vorigen Periode ablehnen mussten[3]), tritt besonders deutlich
Augsb. Stadtr. Fr. 101 (W. 285. Vgl. W. 290 §. 1) hervor: *Man
sol auh wizzen, wem man morgengabe gæben sol unde mak, diu
kraft habe, oder ze welhen ziten: daz sol man einer junchfrowen
des morgens an dem bette, e daz er von ir chome, da ir friunde
sint, ez sin frowen oder man; unde cheiner witewen mak man
cheine morgengabe geben, diu kraft habe, unde ist auh niht reht.*
In Wittenweilers Ring (herausg. v. Bechstein) S. 190 V. 21 ff.
erklärt der Bräutigam seinen Freunden am Morgen nach der
Hochzeit:

> *Wisst, daz sei ein junchfrau was.*
> *dar umb so gib ich ir vil drat*
> *ein par schuoch ze morgengab.*

Was die Bestandtheile und die Höhe der Morgengabe angeht, so gibt Dsp. 22 zunächst Ssp. I, 20 §. 1 fast wörtlich
wieder, statt Ssp. I, 20 §. 8 findet sich aber folgende Bestimmung:
*Hat der man niht erben, so geit der vreiherre ze morgengabe daz
100 march gillet, ich maine fuersten und ander vreien herren. die
mittern herren muegen geben daz 10 march gillet; die dienstman
der fuersten daz 5 march gillet. swaz anderr laut ist, die mugen
niht gegeben wan daz beste pherd, ez sei ros oder ein vihe. ist ein
eigen man ritter, er enmag niht mer gegeben, denne ein ros oder
ein vihe. noch der chaufman mag niht me gegeben, wan als hie
vor gesprochen ist, wan seines vaernden guotes mag er seinem
weib geben ze morgen gabe 10 march und ein vihe oder ein ros,
und anders niht. der gepaur der vrei ist, oder ander vrei læute
die niht ritter sint, die mugen gegeben ze morgen gabe ir weiben
ros und rinder, und ie nuer aines, oder 10 march. der aigen man
mag niht geben, wan ein schaf oder ein gaiz oder 5 β seiner
lantphenning. ein rœmischer chunig mag gegeben seiner vrowen
minner oder mer, dem ist chain zal auf gesetzet.* Hiermit stimmt

---

[3]) Vgl. Bd. 1, 110. Siehe Osenbrüggen, Rechtsalt. a. d. Schweiz 80 – 86.

Schwsp. 18 wörtlich überein, nur fehlen die fünf ersten Worte *Hat—erben*. Als Maximum der Morgengabe für den Gemeinfreien werden also 10 Mark hingestellt, eine Erhöhung auf 100 Mark tritt für den hohen Adel, eine verschieden abgestufte Herabsetzung für Dienstmannen und eigene Leute ein; als Bestandtheile erscheinen Geld und Fahrhabe, vorzüglich Hausthiere. Vielleicht hat dem Verfasser des Dsp. ein Augsburger Bürgerbeschluss vorgeschwebt, der sich als solcher schon Augsb. Stadtr. Fr. 101 (W. 283) findet: *Die burger sint auch das ze rate worden, daz dem armen unde dem richen gut ist, daz dehain man in dirre stat sol geben sinem ewibe mer danne 10 Pfd. Auspurger ze morgengabe under den richen luten, die ez gehaben mugen, unde die armen suln darnach geben, als ir stat si. daz ist reht.* Ein Zusatzartikel (W. 2?0 §. 3) erklärt das darüber hinaus Gegebene ausdrücklich für ungültig. [3a]. Aehnliche Bestimmungen finden sich mehrfach in schwäbisch-alemannischen Rechtsquellen der späteren Zeit [4]), wahrscheinlich unter dem Einfluss des Schwabenspiegels. Auf die casuistischen Bestimmungen des letzteren wie des Dsp. mögen ähnliche Grundsätze des römischen Rechts eingewirkt haben [5]), während für das Augsburger Statut die Rücksicht auf die Erben massgebend gewesen sein dürfte [6]).

Allgemein war übrigens jene Beschränkung auf ein Maximum

[3a]) Aus dieser Stelle geht auch hervor, dass wir es W. 285 mit einem Druckfehler (20 Pfd. st. 10 Pfd.) zu thun haben.

[4]) Landr. v. Wildenhaus §. 6: *Item von wegen der morgengab ist abgredt, dass einer seiner frowen wol ein morgengab mög geben, doch nit über 10 Pfd. A, oder minder, nach iedes vermögen und gefallen. versprech aber einer seiner frowen über 10 Pfd. A, das mögend seine erben der frowen bezalen, ob si wellend, doch sollend si ihro die 10 Pfd. zu erlegen schuldig sein.* Erbrecht zu Altstetten v. 1475 §. 11. W. v. Bünzen v. 1568 §. 17 (Gr. 5, 74). Vgl. Lassbergs Schwabenspiegel S. 13 Anm. 18. Die Begriffe Pfund und Mark waren identisch.

[5]) Vgl. Merkel, Mon. Germ. Leg. III S. 150 f. Note 81 u. 85. Kraut 2, 439 vermutet, dass eine ausdrückliche Satzung zu Grunde gelegen habe.

[6]) Vgl. Kraut 2, 436. 535. Die Summe von 10 Pfd. kommt im MA. vielfach, namentlich in schwäbischen Rechtsquellen, als Muntbrüche vor, was mit der alten Wergeldsbusse von 200 β oder 10 Pfd. zusammenhängen mag. Gr. 1, 85. 202. 4, 349. 353. 5, 156. Stadtr. v. Büren in Westfalen v. 1295—1320 §. 14 (Gengler, codex 1, 442). Vgl. Bd. 1, 18. Merkel, a. a. O. 148 Note 77.

von 10 Pfd. nicht, denn während einerseits vielfach die alte
Morgengabe von 12 solidi, wie die Lex Alamannorum sie kennt,
festgehalten wurde [7]), kannte man andrerseits häufig überhaupt
keine Schranken [8]), und selbst wo das Maximum gesetzlich
anerkannt war, scheint man sich doch, wie die nachfolgende
Zusammenstellung ergibt, im Leben nur wenig daran gekehrt zu.
haben. Urkundlich sind folgende Morgengabebeträge nachweisbar:
5 Pfd. i. J. 1328 (Mone 13, 84); 10 Pfd. 1297, 1309 und 1312
(Mone 5, 358. 14, 444. 17, 349); 15 Pfd. 1327 (Dipl. s. Ulric.
43); 40 Pfd. 1279 (Mone 3, 341); 50 Pfd. 1342 (RB. 7, 334);
75 Pfd. 1293 (ebd. 3, 243); 200 Pfd. erhält i. J. 1372 die Gräfin
von Fürstenberg (Mon. Zoll. I No. 361); 300 Pfd. gibt 1343 der
Graf Friedrich von Zollern (ebd. I No. 296 f.) und 1480 ein schwä-
bischer Ritter (Mone 3, 370); 1000 Pfd. hatte laut Urk. v. 1403 [9])
die Gräfin Adelheit von Zollern empfangen (Mon. Zoll. I No. 483).

In allen diesen Urkunden wird das Geld nicht bar bezahlt,
sondern es werden der Frau in Pfandes Weise Grundstücke eingeräumt, [9a]) *nach zuogeltes reht*, wie es Mon. Zoll. I No. 296 heisst,
mit offenbarer Beziehung auf die gleiche Sitte bei der Heimsteuer, [9b]) von der wir unten bei der Widerlegung sprechen werden; dabei behält der Mann zuweilen sich und seinen Erben das
Einlösungsrecht zu gewissen Terminen vor, woraus hervorgeht,
dass das Pfand sich schon während der Ehe in den Händen der
Frau befindet. Diese „Verweisung" der Morgengabe auf Grundstücke wird bisweilen gesetzlich gefordert. So in einem jüngeren
Artikel des Augsb. Stadtr. (W. 200 §. 1 u. 2): *Welch mann*
seiner wirtin morgengab gibt, die ein jungfrau ist . . ., stirbet der,
und komt das ze klage, mag sie ihr morgengab gezeigen an den
dingen, die kraft hant, das ist an eigen, an zinslehen, an erbgut
oder an pfanden, mit namen die gezeigen mag, was die pfande

---

[7]) Vgl. Merkel, a. a. O. 151 Note 85.

[8]) So oben (S. 25) das W. v. Altorf: *wie vil joch der summ ist.*

[9]) In einer Urk. v. 1402 (a. a. O. Seite 366) werden diese 1000 Pfd.
als *zuo oinem rehten widergemæcht geordnet und gewist* bezeichnet, ein
Ausdruck den man ohne diese Stelle auf die Widerlegung zu deuten geneigt sein würde. Vgl. Anm. 19.

[9a]) Vgl. Segesser 1, 486.

[9b]) Siehe oben S. 13 Anm. 9.

*standen, oder was ihr daruf geben sie, oder an lehen oder an
lipding mit der herren hand, behebt sie das, als recht ist, da soll
man ihr um richten, als an dem buch geschrieben stat. §. 2. Man
soll auch wissen, welch frau klagt um ihr morgengab, die an
pfennigen, an silber oder an gold ligt, ist die nicht angelet, als
davor geschrieben stat, die hat kein kraft, und hat ihr recht verloren.* Nicht ganz so weit geht ein Baseler Statut v. 1419
(Rechtsqu. v. Basel I No. 106): *Ouch hant si erkennt und ufge-
setzt, daz dhein man von dishin sinem elichen wibe dhein morgengab geben sol, er habe si denn ze gebende in barschaft, golt, silber
und gemünztem gelt, oder slahe ir aber die morgengab uf sœliche
gewisse gueter, die zuo den ziten sin sient, und (die er) nit ze
gewinnen hab, als unz har dick beschehen ist, und besorge si do
mitte, daran si habende sie und ein guot benuegen gewinne.* Ueber-
tretungen dieser Vorschrift, die nach ihren eigenen Worten alte
Sitte in Recht verwandelte, sollen Ungültigkeit der ganzen Morgengabe bewirken.

Nach dem Bisherigen besteht die Morgengabe in der Regel
aus barem Gelde, das entweder sofort ausgezahlt, oder gegen
Verpfändung versprochen wird. Oben (S. 25 f.) sind uns auch
andere bewegliche Sachen als Gegenstände der Morgengabe vor-
gekommen [10]), und nicht selten begegnen selbst Grundstücke in
dieser Eigenschaft [11]).

Entsteht wegen der Höhe oder der Bestandtheile der Morgengabe Streit, so erhärtet die Frau ihr Recht ganz in der Art
das altalemannischen nasthait durch Eid auf Zopf und Brust [12]).
Augsb. Stadtr. Fr. 101 (W. 286): *Wœr aber daz, daz man einer
frowen ir morgengabe laugen wolte, diu sol ir morgengabe bereden*

---

[10]) Hölzerne Gebäude kommen Dsp. 122 und Schwsp. 187 auf Grund
von Ssp. II, 21 §. 1 vor.

[11]) Mon. Aug. 1, 70 (1246): *a viro meo . . . curiam nomine donationis
propter nuptias proprietatis titulo possedissem.* Ebd. 1, 181 (1291): *der
selbe hof miner muter rehten morgengabe was.* Mone 1, 76 (1251). Ebd.
7, 462 (1339): ein Hof der für 100 Pfd. verkauft wird. Kopp, Urk. II
No. 140 (1312). Vgl. §. 2 No. 43—57. Segesser 1, 183.

[12]) Vgl. Bl. 1, 106. Dsp. 23 und Schwsp. 20 wird jenes Eides nur
mit Rücksicht auf eine ohne ihren Willen geschehene Veräusserung der
Morgengabe gedacht: *Wil si auf ir zewen zophe, ob si in hat, swern,
daz er ir wille nie wurde.* Siehe auch Dsp. 68 und Schwsp. 70.

uf ir blozzen zesewen bruste unde uf ir zesewen zophe, unde daz ir diu gœben wurde ze der zit, do mans ir dur reht gœben solte unde mohte, als davor geschriben stat. Hofrecht von Wangen §. 22 (Gr. 4, 354): *Item es ist och unsers hofs recht, daz ein frou ir morgengab sol und mag beheben als lang und als vil, als untz daz si es verschwert und davon git mit dem eid*[13]). W. v. Gryffenberg und Wetzikon v. 1475 §. 13 (Schauberg 1, 54): *Die frau mag ir morgengab behalten mit ir eid, wo sie die zeigt.* Ein späterer Artikel des Augsb. Stadtr. (W. 252) modificiert diesen alten Grundsatz dahin, dass bei einem Streite zwischen Mann und Frau ersterer ein besseres Recht zum Eide habe, die Frau aber näher sei selbdritt ihre Morgengabe zu beschwören: *Sprœch aber der man, dass . . . er ihr auch kein morgengab nit gegeben hœtte, da ist um recht, dass er bered ze den heiligen, dass er . . ir der morgengab nit gœb, es beziugen denn ir fründ selb dritte, als recht ist, so soll es stet sein.* Hier berührt sich das Augsburger Recht mit dem W. von Altorf (s. o. S. 25), das die Bestellung der Morgengabe in Gegenwart zweier Zeugen vorschreibt und dann im §. 40 fortfährt: *Möcht sie aber die zwen biderman nit gehaben, so mag si von mund ir morgengab erzellen, und wölt man ir daz nit glouben, so mag si nemen die rechten brust in die linggen hand und iren zopf, und mit der rechten hand sweren liplich zu got an den heiligen; und waz si da behebt, das sol so guot kraft han, das ira das nieman sol abwisen.*

Mit diesem Beweisprivilegium der Morgengabe hängt es zusammen, dass die Frau ihr Recht auch nur durch eidlichen Verzicht aufgeben kann. Dies wird, unabhängig vom Dsp., schon Schwsp. 20 vorgeschrieben: *Und ist halt daz, daz ir wirt stirbet, und wirt si ir morgengabe ane nach sinem tode mit ir guotem willen, daz hilfet dannoch niht. mit nihtiu mac si ir morgengabe gesteten, wan mit einem dinge, daz ist daz: si sol ir morgengabe uf geben mit ir hant in des hant, dem si git, mit disen worten: „Ich verzihe mich miner morgengabe, und ich gibe iu ditz guot, daz ez iuwer si, und min nit", und si sol daz mensche nennen*

---

[13]) Dies ist dann weiter auf die Heimsteuer ausgedehnt worden: *Si mag och ir hemstür beheben mit ir hand, es wer denn, daz si als ungewonlich wölti beheben, so sölt si es kuntlich machen mit zwein bidermannen.*

mit namen, dem si ez git, ez si wip oder man, und sol oh daz
guot nennen. dar nah sol si einen eit swern uf ir brusten, daz si
daz guot nimer mere wider gevorder. daz belibet stete, und anders
niht. Aehnlich bestimmt das Augsb. Stadtr. Fr. 101 (W. 287):
Wolte aber diu frowe ir morgengab âne werden, durh swelhe not
daz wære, swær die gewinnet, dem mak si chein ander stæticheit
drueber getun, diu im stæte muge beliben, âne daz si daz berede
zen heiligen, daz si die morgengabe nimmer wider anspræche.
Während der Schwsp. zunächst nur von der Witwe spricht, bezieht sich diese Vorschrift des Augsb. Stadtr. ganz allgemein
auf jede Veräusserung der Morgengabe und stimmt darin überein
mit der oben angeführten Stelle des Hofrechts von Wangen,
welches gleichfalls verlangt, dass die Frau ihre Morgengabe
verschwert und darvon git mit dem eid.

Die Sitte des eidlichen Verzichts der Frau findet sich
urkundlich zuerst in der Schweiz, und zwar zunächst nicht bei
der Morgengabe, sondern bei dem Leibgedinge, was sich deutlich
aus einer Urk. v. 1258 (Zeerleder No. 389) ergibt. Es wird
bekundet, dass Herr Ulrich von Schwanden seiner Gemahlin
Clementa *dimidiam villam de S. eo iure, quod in vulgari morgent-*
gaba dicitur, donaverat et alteram dimidiam partem eiusdem ville
sub ea conditione, que lipgedinge dicitur, contulerat; ferner dass
genannte Frau *dictam donationem suam morgentgabam tamquam*
suum legittimum liberum et approbatum allodium per manum et
consensum advocati sui domini Uolrici predicti dem Johanniter-
hause Buchsee verkauft habe. *Preterea Clementa prefata ipsam*
partem, quam in conditione lipgedinge dicta possederat, ad manus
filiarum suarum . . dedit et voluntarie resignavit, die dann diesen
Theil durch die Hand ihres Vaters ebendahin verkaufen. Am
Schluss heisst es: *Clementa fidem dedit nomine iuramenti . .,*
quod predicto lipgedinge numquam per se vel per alium habebit
aliquam requisitionem seu questionem. Wie hier bei der Morgengabe kein besonderer Verzicht erwähnt, bei dem Leibgedinge
aber eine Versicherung an Eides statt [13a] für nötig gehalten wird,
so finden wir in einer andern Urk. v. 1259 (ebd. No. 399) den
eidlichen Verzicht auf das letztere: *Domina G., cuius dotalicium*

[13a] Aehnlich schon 1252 (ebd. No. 314).

*fuit . . . terra de O., ius suum in manus filii sui II. resignavit,
et iuravit super sanctas reliquias, se numquam ecclesiam interla-
censem* [14]) *. . . gravaturam.* Viel Gewicht ist auf diese Priorität
des Leibgedinges freilich nicht zu legen, denn schon in einer
Urk. v. 1260 (ebd. No. 408) heisst es bei einer Veräusserung,
welche ein kyburgischer Dienstmann mit Genehmigung seiner
Frau und seiner Kinder vornimmt: *uxor sua, cui dictum allodium
prius dederat in donacionem que volgariter dicitur morgengabe,
per manum dicti mariti sui, seu advocati, memoratum allodium . . .
libere dedit et resignavit sine omni fraude et dolo, renuncians
omni iuri quod sibi vel suis heredibus in dictis bonis competebat,
prestito nihilominus iuramento, quod numquam per se vel per
alios dicta bona repeteret.* In einer andern Urk. desselben Jahres
(ebd. No. 416), ebenfalls einen kyburgischen Dienstmann betreffend,
finden wir Leibgedinge und Morgengabe neben einander, die
Veräusserung geschieht *una cum resignatione iuris per iuramentum, si quid habebat legittima uxor sua de donatione, que in
vulgari lipgedinge sive morgengabe vocatur.* Hieran schliesst sich
endlich noch eine Urk v. 1276 (siehe §. 2 No. 49).

Dieselbe Rechtsgewohnheit, welche sich nach diesen Beispielen
seit der Mitte des 13. Jh. in der Schweiz entwickelt hatte, wird
auch im Augsburgischen schon geherrscht haben, als sie durch
das Augsb. Stadtr. und durch den Schwsp. sanctioniert wurde;
positiv nachweisen lässt sich dies jedoch nicht, denn das älteste
Beispiel ausserhalb der Schweiz gehört in das Jahr 1277, ist
also vielleicht schon unter den Einflüssen jener Rechtsquellen
entstanden. Noch im Jahre 1246 verkauft eine Frau ein zu
ihrer Morgengabe gehörendes Grundstück, ohne dass eines besondern Verzichts Erwähnung geschähe (Mon. Aug. I No. 70);
in einer Urk. v. 1239 (Mone 2, 91) vermissen wir wenigstens
den eidlichen Verzicht, es heisst bloss: *iuri suo renunciavit,* und
noch in einer Urk. v. 1291 (RB. 4, 495) wird von der mitver-
äussernden Frau schlechtweg gesagt: *morganitico suo iuri renun-
tiante* [15]). Den eidlichen Verzicht finden wir zuerst Mon. August. I

---

[14]) als die Erwerberin.

[15]) In einer österreich. Urk. v. 1310 (Arch. f. österr. Gesch. Qu. 2, 523)
begegnet *pro morganatico.* Beide Stellen gewähren die beste Bestätigung

No. 128 (1277), indem eine Gräfin von Helfenstein einer Veräusserung ihres Schwiegervaters unter Zustimmung ihres Gemahls, ihres Vaters und ihres Grossvaters dahin beitritt, dass sie *omni iuri, quod ei in predictis bonis e (l. et) possessionibus racione donacionis propter nupcias facte, quod vulgariter dicitur morgengäbe, vel alio quoquo modo conpetebat vel conpetere videbatur, . . . sponte ac libere renunciavit, et in donacionem predictam consenciens omnino prestitit corporale iuramentum, possessiones predictas se nunquam de cetero repetituram, presertim cum ei reconpensatio predictorum bonorum per possessiones sitas in T . . . fuerit facta cum integritate.* Aehnliche Verzichte, bald von Ehefrauen, bald von Witwen ausgestellt und oft mit der Bemerkung versehen, dass die Frau hinreichende Entschädigung (reconpensatio, reconpensa dotis, restaurum, melioratio dotis) von ihrem Manne erhalten habe, liegen in zahlreichen Urkunden vor [16]). Bemerkenswert ist besonders die folgende v. J. 1403 (Mon. Zoll. I No. 481). Vor dem Hofgericht zu Rotweil *(an der offnen frigen künges strausse)* erklären Graf Friedrich von Zollern und seine Gemahlin, Verena Gräfin von Kyburg, dass sie ihre schalksburgischen Lande an den Grafen von Würtemberg verkauft haben; sie bitten um ein Urtheil, wie sie dem Käufer jene Lande *vertigen und*

---

für die gangbare Erklärung des Ausdrucks „morganatische Ehe", entgegen dem Versuche von Niebelschütz. Vgl. Bd. 1, 112. Schmeller bair. WB. 2, 616.

[16]) Mon. Aug. I No. 163 (1288). Mone 4, 190 (1290): *resignavit et renunciavit in strata imperii corporali prestito iuramento.* Mon. Aug. I No. 181 (1291): *hat die morgengabe dri stunt vor erberen liuten ouf geben und hat nach landes reht gesworn zen heiligen, daz si die selben morgengabe nimmermer an gespreche.* Von Interesse sind die bei Mone (14, 114. 11⁰. 120) mitgetheilten Urkunden, betreffend einen Verzicht der Pfalzgräfin Elisabeth von Tübingen v. 1291. Mone 14, 340 (1293). 15, 87 (1299). 4, 283 (1303). 5, 359 (1309). Kopp, Urk. II No. 140 (1312). Mone 7, 462 (1338). 8, 376 (1344). 8, 332 (1359): Eheleute verkaufen ein Grundstück, auf das die Frau wegen ihrer Morgengabe *gewiset* war, *die ir doch anderswa mit irem willen völleclich widerlait ist;* die Auflassung erfolgt *mit handen und mit munden, und mit froun Guoten vogts hant und mit munde, und die selbe frou Guote mit zopfe und mit bruste.* Siehe noch §. 2 No. 54—56. Hat die Frau keine Morgengabe an der betreffenden Sache, so genügt ihre einfache Erklärung, doch begegnet auch hier der Eid in einer Urk. v. 1296 (Mon. Aug. I No. 201): die Frau des Veräusserers *hat versworen ze den hailigen, daz si kain morgengabe an demselben hof habe.*

ufgeben sœltint, daz es kraft und maht hetti. Das Urtheil lautet: dass die Gräfin *des ersten ainen vogt nemen sœlt mit des egenanten irs mannes willen, und der ir genousz were, und darnach offnen sœlt, ob si uf der vorgeschriben stuck und guet dehains bewist were ir morgengab.* Dies geschieht, sie erklärt, dass sie wegen ihrer Morgengabe auf Schalksburg *bewist* sei. Darauf verlangt das Gericht, weil die Sache ihre Morgengabe betreffe, *daz man ir denne ainen fürsprechen und ainen rautgeben von dem egen. hofgericht geben sœlt, und der selb ir fürsprech und ir rautgeb und der egen. ir vogt sœltint si dristunt uszfüren von dem geriht und sœltint si zuo ie dem maul besunder fragen uf irn aide, daz si jœhe, ob si zuo disem verkoufen üt zwungen oder gedrungen wœre?* Nachdem dies geschehen ist, kann die Auflassung an den Käufer vollzogen werden *mit iren handen und mit munden*, seitens der Gräfin aber besonders *mit zopf und mit brust und mit ir hant und mit des egen. irs vogtz hant, wan es ir hainstiur und ir morgengab an ruerti*[17]).

Aus den vorstehenden Urkunden folgt zweierlei: 1. dass die Frau schon während der Ehe ein Recht an der Morgengabe wie an den für dieselbe verpfändeten Grundstücken hat, welches ohne ihre persönliche Genehmigung nicht beeinträchtigt werden darf, selbst wenn der Mann ihr statt der bisherigen Bestandtheile der Morgengabe andere einräumen will[18]); 2. dass Witwen häufig zur Veräusserung ihrer Morgengabe berechtigt sind.

Was zunächst den ersten Punkt angeht, so fragt es sich,

---

[17]) Es lag nahe, dass die Schreiber der Urkunden, wenn sie einige Kenntniss des römischen Rechts besassen, die Vorschriften wegen der Morgengabe mit den römischen Dotalprivilegien und mit dem sc. velleianum in Verbindung brachten und den Verzicht auch auf diese Punkte ausdehnten. Vgl. S. 45 Anm. 17. Nicht minder natürlich war es, dass die Förmlichkeiten bei der Veräusserung der Morgengabe vielfach auch auf andere Veräusserungen von Ehefrauen übertragen wurden. Wir werden im zweiten Buche sehen, dass dies namentlich bei Heimsteuer und Widerlegung der Fall war.

[18]) Dies geht auch aus einer Urk. v. 1294 (Mone 3, 244) hervor, nach welcher ein Ritter Schulden halber Grundstücke verkauft und wegen der darauf gewiesenen Morgengabe seiner Frau dem Käufer Sicherheit leistet. Uebrigens wird im Augsb. Stadtr. Fr. 102 (W. 289 §. 2) eine subsidiäre Haftung der Morgengabe für Schulden des Mannes anzunehmen sein.

ob das Recht der Frau während der Ehe nur ein negatives, das
positive Recht dagegen durch den vorherigen Tod des Mannes
bedingt sei, — oder ob die Frau von vornherein ein unbedingtes,
positives, nur durch die eheherrliche Vormundschaft beschränktes
Recht habe.   Für die erstere Alternative könnte man sich auf
eine tübingische Urk. v. 1297 (Mone 14, 444) berufen, nach
welcher ein Ritter seiner Frau gegeben hat *zainer morgengabe
10 mark silbers, ob si in uber lebt, daz siu die sol han uf sinen
wingarten.*   Ebenso liegt die Sache nach dem Stadtr. v. Memmingen v. 1396 Art 38: *Es ist ouch gesetzt, wä ain junkfröu ainem
unser burger ze der e geben wirt näch der stat recht, stierbet die,
e das si bejarent, das si kain e kind länd, so fallet diu hainstiur
wider an vater und an muoter, aber die morgengaub belibt dem man,
es werd denn sunderlich verdingt. stierbet aber der man, e das si
bejärent, so belibt der frowen ir gewand, kleinat und morgengaub.*
Vielleicht vertritt auch das W. von Stäfa §. 14 (Gr. 1, 46) diesen
Standpunkt: *Git ein man einer frowen ein morgengab, die git si
im zu end siner wil wider; und wenn der man abgat, so fallet
die morgengab an die frowen und an ir erben;* doch ist es immerhin
zweifelhaft, ob hier die Worte „wenn der Mann abgeht“ als eine
wesentliche Bedingung der Morgengabe zu verstehen sind.   Einen
entschieden andern Standpunkt nimmt das gleichfalls zürcherische
W. von Altorf §. 53 ein: *Doch so mag ein ieklichi frou ir morgen oder abentgab hin geben, si ligi an ligendem oder an varendem
guot, wem si wil, än aller menklichs sumen und irrung; doch das
der man daz ze end siner wil sol in haben und unwuostlich
niessen, ob er si überlebt und sol daz denn darnach vallen an der
frouwen rechten erben, wer die sint.* Aehnlich das W. v. Bubikon
§. 16 (Gr 1, 66): *das ein morgengab, die ein man sinem wib git,
des mans, die wile er lept, sin und die nach sinen tod an ir
nechsten fründ und erben fallen sol*[19]. Auch das W. v. Küss-

---

[19]) In einer thurg. Urk. v. 1429 (Schauberg 2, 106) wird bestimmt: *Ist
aber, das dieselb frou U. vor irem man H. von Blumberg abgät von
todes wegen, . . . so soll und mag derselb von Blumberg der frowen
haimstür . . und öch damit die morgengab, die 400 guldin, öch inne
haben . . untz ze end siner wile und leptag, und nach sinem tod sol dieselbe . . widerumb vallen an derselben frowen rechten und natürlichen
erben.* Vgl. Bluntschli, zürch. RG. 1, 289.

3*

nacht §. 5 erklärt: *Item aber mag ein frou irem man die morgengab wider gen. es si in holz oder feld, oder im todbett,* — eine
Vorschrift die völlig nichtssagend sein würde, wenn das Recht
der Frau durch den Tod des Mannes bedingt wäre. Endlich
wird auch in einem Zusatzartikel des Augsb. Stadtr. (W. 252)
der Frau das Recht beigelegt, über ihre Morgengabe zu testieren:
Was ein frau durch ihr seel willen geschaffen mag an ihr todbett,
was ihr ihr wirt erlaubet ze geben oder ze schaffen, das hat kraft.
wolt aber ihr wirt ihr nit erlauben, so hat sie gewalt ze geben
ihr verschnitten gewand aun sin wort, und ihr morgengab, und
ihre kleinod, die ihr bracht sind, ob sie da sind. Wir sehen also,
dass bei weitem die Mehrzahl der schwäbisch-alemannischen
Partikularrechte die Morgengabe nicht als eine Vergabung von
Todes wegen auffasst, sondern das volle Recht der Frau auch
schon während der Ehe anerkennt. Dies ist nun aber auch, wie
Kraut 2, 546—550 schlagend ausgeführt hat, der Standpunkt des
Schwabenspiegels, und nicht minder der des Deutschenspiegels:
die Frau kann die ohne ihre Zustimmung vom Manne veräusserte
Morgengabe schon bei seinen Lebzeiten vindicieren, und zwar
selbst mit Einschluss der in der Zwischenzeit entstandenen
Früchte (Dsp. 23. Schwsp. 20); ist der Mann ein Verschwender,
so kann die Frau ihm mit der Verwaltung ihres Vermögens auch
die Morgengabe durch das Gericht abfordern lassen (Dsp. 68.
Schwsp. 76); endlich behält die Frau ihre Morgengabe, wenn die
Ehe wegen eines den Ehegatten früher unbekannten Ehehinder-
nisses getrennt wird (Dsp. 24. Schwsp. 24).

In Betreff des zweiten Punktes, ob die Frau an der Morgengabe Eigenthum oder Leibzucht habe, liegt die Antwort zum
Theil schon in dem Vorstehenden, denn wenn die Morgengabe
auch durch den frühern Tod der Frau nicht aufgehoben wird, so
kann das Recht nicht Leibzucht sein. Uns bleiben also nur die
wenigen Fälle übrig, in denen durch Ortsgebrauch oder vertragsmässig die Bedingung, dass die Frau den Mann überlebe, aufge-
stellt ist. Und hier ist es allerdings unrichtig, das Eigenthum
der Frau als zum Wesen der Morgengabe gehörig hinzustellen;
wenigstens hatte die Gräfin Adelheid von Zollern an ihrer oben
(S. 28) erwähnten Morgengabe von 1000 *tt.* nur die Leibzucht

in Gestalt einer zehnprozentigen Leibrente, und auch diese nur
für die Dauer ihres Witwenstands [20]). Dies ist aber der einzige
Fall, der mir begegnet ist, während die Frau in zahlreichen
Belegen als Eigenthümerin der Morgengabe nachgewiesen werden
kann. In einer oben (S. 31) angeführten Urk. v. 1258 wird die
Morgengabe als „legitimum liberum et approbatum allodium"
dem Leibgedinge gegenübergestellt, und derselbe Gegensatz wird
auch sonst öfter betont [21]). Dies tritt auch in einer Urk. v. 1290
(Mone 3, 238) hervor, in welcher eine Witwe mit Vorbehalt der
Leibzucht einen Hof, den sie *nomine allodii* als Morgengabe
erhalten hatte, an ein Kloster verschenkt. In dem W. v. Wattwil §. 6 heisst es: *weders dann dem anderen ain margengab gibt,
die sol sin aigen guot sin,* und ähnlich drückt sich i. J. 1312
(Kopp, Urk. II No. 140) eine Aargauer Witwe aus, indem sie
Morgengabegrundstücke verkauft, die sie *recepit iure hereditario
possidendas.* Auch durch Wiederverheiratung einer Witwe geht
die Morgengabe nicht verloren, sie kann in zweiter Ehe unter
Lebenden wie von Todes wegen über dieselbe verfügen [22]).

§. 6.   Die Morgengabe im bairischen Recht.   In
dem Gedicht Lohengrin, welches zwischen 1273 und 1290 von
einem bairischen Dichter verfasst wurde [1]), wird die Vermählung
des Herzogs von Lothringen mit der Tochter des Kaisers geschildert; am Morgen nach der Brautnacht erhält sie in Gegenwart
ihrer Eltern die Morgengabe:

---

[20]) In der einen Urkunde erklärt die Gräfin gegen ihren Sohn: *wenn
wir der 1100 ℔. hlr bezahlt werdin, oder von toudes wegen abgiengin,
oder uns verandertin, daz wir ainen elichen man nœmin, so sol Messingen
daz dorf . . . von unser morgengaub wegen ledig und lous sin;* in dem
ersten Falle (der Einlösung) wolle sie *die 1000 ℔. hlr unser morgengaub* anderweitig anlegen, damit für den Fall ihres Todes oder ihrer Wiederverheiratung ihr Sohn wisse, *wa er denn die 1000 ℔. hlr finde.* Mon.
Zoll. I No. 483 (1403). Aehnlich die andere Urkunde (No. 470), deren Ausdruck
widergemœcht sich wol aus jenen Bestimmungen erklärt. Vgl. S. 28 Anm. 9.

[21]) Zeerleder No. 416 (s. o. S. 32). Mone 14, 444 (1297). Landr. v.
Ragatz v. 1482: *alweg der frauw an ir morgengab oder libding, weders
ir dan geben oder benempt ist, vor behalten, sie darumb uzzrichten, wan
doch die morgengab frei ist und sol sein.*

[22]) RB. 4, 749 (1246). Mone 1, 76 (1251).

[1]) Ausg. v. Rückert (Bibl. d. ges. deutsch. Nationalliteratur XXXVI.
1858). Vgl. Zeitschr. f. deutsch. Alterth. 13, 160.

V. 684. *Der keiser und diu keiserin*
    dá zuo der kemenáten wáren komen in.
    diu morgengáb nú rilich wart benennet.
    sie het, alsam ein juncvrou sol,
    sie verdienet, daz siz möht behaben wol,
    ob sie vor geriht mit ansprách würde bekennet.

Diese Beziehung der Morgengabe auf die Jungfräulichkeit der Braut zeigt sich vor allem Bair. Lndr. 134 (12, 12): *Wirt ain frau angesprochen umb ir morgengab, und die ir gewer erzeugt hat und erzeugen mag, die sol darnach ir gerechteu hant auf ir prust und auf ir har* [2]) *legen; und ist si ain junchfrau gewesen, so sol si swern, daz ir wirt ir die morgengab geben hab umb die hochsten ere, die ir got ie gab; da mit hat si ir morgengab bestœt, alz recht ist.* Vgl. Freisinger Stadtrecht S. 192. Dipl. Rot. 252 (1442): *das mir mein obgen. man fur mein hochste ehr zu morgengab geben.* Ebd. 235 (1409): *Nun hab ich der vorgen. meiner lieben hausfrauen . . . vermacht, gelobt und auch geben fur ein hoch steuer* [3]), *ere und morgengabe und widerlegung mein lehen zu M.* Mon. Monac. 244 (1449): *wie mir mein man saliger gedachtnuss . . geben und vermacht hat fur mein hochste junferleiche ere, die mir got geben hat, zu morgengab und widerlegung.* Für Niederbaiern wird dieselbe Auffassung durch das Landshuter Erbrechtsprivileg v. 1423 bestätigt: *Wann auch ain mann, er sei reich oder arm, ein jungfrau nimbt, der mag ihr morgengaben auf ir baider hab und guet, die sie zu einander bringen, und von zehen pfundten ain pfundt, und nicht mehr.*

Die Schlussworte sind wol aus dem Bair. Landr., obgleich dasselbe nur für Oberbaiern Gesetzeskraft hatte, entnommen, denn dasselbe enthält Art. 125 (12, 3) die Vorschrift: *Welich arm man auf dem lande gesezzen ist, er sei paur oder seldner, und auch ander erber leut in steten und in margten, die zuo eleichem heirat greifen wellent, der sol noch enmag sein hausfrawen nicht höher*

---

[2]) Die Worte „und auf ir har" fehlen in einigen Handschriften.

[3]) Die Ausdrücke *hoch steuer*, *ere*, *morgengabe* sind völlig synonyme Begriffe, wie sich aus dem Vergleiche mit den übrigen Belegstellen ergibt. Es ist daher unrichtig, mit Merkel (Mon. Germ. Leg. III S. 408 Note 65) *hochsteuer* für Heimsteuer zu nehmen; dies geht auch aus dem Zusammenhange hervor, da die Heimsteuer keine Gabe des Mannes ist.

bemorgengaben, dann mit dem zehenten tail seins guotz, daz ist von 10 *tt.* ains; wil aber er der morgengab minner machen, daz mag er wol tuon. Diese Bestimmung, die auch in das Stadtrechtsbuch (Münch. Stadtr. 190) übergegangen ist, erinnert an das Gesetz Chindaswinds, welches die westgothische dos in derselben Weise beschränkte [4]). Bei der engen Verwandtschaft der Lex Wisigothorum mit der Lex Baiuwariorum wäre es sehr verführerisch, auch hier eine Einwirkung der ersteren zu vermuten, zumal wir unten sehen werden, dass die bairische Morgengabo wahrscheinlich ganz dieselbe Stelle einnimmt wie die dos der Westgothen; allein gegen jene Annahme spricht einmal der Umstand, dass in der Lex Baiuw. die Antiqua Reccareds, und nicht die Gesetzgebung Chindaswinds benutzt worden ist, dann aber vor allem der, dass die Maximalgrenze der westgothischen dos offenbar auf einer willkürlichen, aus dem römischen Recht geflossenen Bestimmung beruhte [5]). Auch eine unmittelbare Einwirkung des letzteren auf das Bair. Lndr. ist bei dem sonstigen Charakter dieses Rechtsbuchs [6]) schwerlich anzunehmen; dagegen ist es höchst wahrscheinlich, dass Schwsp. 18 (s. S. 26 f.) als Vorbild gedient hat, nur dass man aus den *zehen marc* das zehnte Pfund, aus dem absoluten ein relatives Maximum machte. Eine eigenthümliche Gestalt hat die Vorschrift des Bair. Lndr. in dem Freisinger Stadtr. S. 191 angenommen: *Es ist der stat recht von alter, waz ain frau irem wirt pringt ze heirat gut, da sol er ir von morgengaben ie von 10 Pfd. ains, und nicht mehr; minner mag er ir wol morgengaben.* Hier wird das Maximum nicht nach dem Vermögen des Mannes, sondern nach der Höhe der Heimsteuer berechnet, die Morgengabe erhält also einen der Widerlegung ähnlichen Charakter.

Die Maximalbestimmung des Bair. Lndr. bezieht sich nur auf Bürger und Bauern, der Adel war nach wie vor in seinen Verfügungen unbeschränkt [7]). Uebrigens entzieht es sich aller

---

[4]) Vgl. Bd. 1, 73.

[5]) Vgl. Bd. 1, 74 Anm. 17. Es wäre dabei wol noch auf Merkel (Mon. Germ. Leg. III S. 150 Note 81) hinzuweisen gewesen.

[6]) Vgl. Franklin, Beitr. z. Gesch. der Reception des röm. Rechts 36 ff.

[7]) Vgl. Cod. Falkenst. (vor 1180) S. 474: *accipiens in uxorem . . dotavit eam tali dote: tradidit enim illi omne, quidquid proprium habuit,*

Beurtheilung, ob und wie weit jene Beschränkung im Leben beobachtet wurde, da wir zwar die Höhe vieler Morgengabebestellungen, nicht aber das Vermögen der Besteller kennen. Jedenfalls ist die ganze Bestimmung, trotz der entgegenstehenden Aussage des Freisinger Stadtrechts, für neu zu erachten, – wir werden später die wahrscheinlichen Gründe jener Aenderung kennen lernen.

Die Bestandtheile der Morgengabe sind sehr mannigfaltig. In dem Gedicht „Meier Helmbrecht" verspricht der Räuber Lämmerschlind seiner Braut drei Säcke mit Kleiderstoffen und andern Gegenständen:

> *1326. Nimt mich din swester Gotelint,*
> *ze morgengâbe wil ich geben,*
> *daz si dester baz mag leben:*
> *ich hân voller secke dri,*
> *1330. die sint swære als ein bli.*
>
> . . . .
>
> *1340. daz gibe ich allez an ir lip*
> *zwâre an dem næhsten tage*
>
> . . . .
>
> *1352. die gibe ich ir morgen.*

Graf Sigbot von Falkenstein verspricht seiner zukünftigen Schwiegertochter de . . *prediis suis hereditariis tanta quantitas, que serviret ei annuatim 15 talenta, quoad usque videret (l. viveret), si sponsus eius . . sine liberis obiret,* bei verzögerter Leistung sollen ihrem Vater *150 talenta pro predicta dote* gegeben werden[a]); also eine Leibrente, oder statt derselben ein Kapital zum zehnfachen Betrage. In einer Münchener Urk. v. 1345 (MB. 21, 10) begegnet ein Kapital von 30 Pfd., für das der Mann ein Grundstück verpfändet hat: *wan mir mein wirt auf den vorg. höfen 30 th. ₰ ze rechter morgengab geben het, der mich der egenant D.[b]) mit ganzer zal verricht und gewert hat.*

---

tam in hominibus quam in aliis, prediis et civitatibus, . .omniaque sua.

[a]) Cod. Falkenst. 500.

[b]) d. i. der Käufer des für die Morgengabe verpfändeten Grundstücks.

In einer andern Münchener Urk. v. 1479 (Dipl. Püterich. 42) heisst es: *ir morgengab, die 300 guldein reinisch, darinnen begriffen sind die 50 guldein reinisch, damit irs ir mann . . dieselben morgengab gepessert hat an dem prautpett;* wir haben also zwei Kapitalien zu unterscheiden, ein vorher versprochenes von 250 fl. und die Besserung im Brautbett von 50 fl., beides zusammen wird als Morgengabe bezeichnet, wahrscheinlich haben wir aber unter der versprochenen Summe die Widerlegung und nur unter der Nachbesserung die Morgengabe zu verstehen. In einer Freisinger Urk. v. 1257 (Meichelbeck II b, 37) 'erhält eine Frau 50 Mark von ihrem Manne *praetextu donationis propter nuptias celebratas.*

In einer Münchener Urk. v. 1460 (Mon. Monac. 261) heisst es von einer Frau, dass sie *hat erlangt und bestat fur ir morgengab 100 gld.,* davon hat sie durch *schaczung* (Hingabe an Zahlungsstatt) allerlei Hausgeräte und Schmucksachen erhalten, *noch ligt si auss ir morgen(gab) 50 gld. reinisch.*

Wie hier dem Manne die halbe Summe gestundet wird, so begegnet es sehr häufig, dass er, statt das Kapital gleich auszuzahlen, mit seinem unbeweglichen Vermögen Sicherheit leistet. Bair. Landr. 123 (12, 1): *Swer seiner hausfrawen morgengab geben wil, der sol ir zaigen und sunderleich benennen, auf weu sis haben sülle, und nicht auf alleu deu und er hat*[10]). Ebd. 124 (12, 2): *Ez mag dhain man auf seineu lehen seinem weip morgengab geben an seins lehenherren hant.* Vgl. ebd. 130 (12, 8). Freis. Stadtr. S. 191. Münch. Stadtr. 192: *Darnach und ain frau ir morgengab beredet, oder der ir morgengab süst zaigt wirt auf ainem genanten guot, und daz varnt guot ist, so sol si in den nœchsten drein moneiden ir guot auf die erd legen, und mag fürbaz auf chainem andern guot ir morgengab versprechen.* Vgl. ebd. 187. Recht von Aspach (MB. 5, 219): *Item, wann einer zu andern heurat, und ainer dem andern ir morgengab zaigen und übergeben will sein erbrecht für die morgengab auf unsern urbarn, das soll vor uns oder unsern amtmann geschechen, und di frau soll es dann von uns raichen nach genaden, und das soll geschechen in*

---

[10]) d. h. alles was er hat.

den vierzechenden tag. In einer Wessobrunner Urk. v. 1326 (Dipl. Wessofont. 30) erklärt eine Frau sich dem Kloster gegenüber für befriedigt *umb die vogtei über drei hof da ze S., die ich ansprach mit dem rechten, und klagt darauf, dass mir mein wirt U. 10 ₰. hätt geben ze rechter morgengab auf derselben vogtei.* Meichelb. II b No. 294 (1390): *mein vorg. wirtin, der ich ir morgengab auf dem obg. prugkzol geweist und gezaigt het.*[10a]

Statt der Bestellung in Geld, das entweder sofort bar oder durch „Schatzung" übergeben, oder von dem Manne auf Liegenschaften „gewiesen", „gezeigt", „gelegt", „verschrieben", „vermacht" wird, begegnen nicht selten unbewegliche Sachen als unmittelbare Gegenstände der Morgengabe[11].

Die Bestellung der Morgengabe ist eine Singularsuccession, die Frau hat sofort, mag die Bestellung durch körperliche Uebergabe oder durch Verweisung erfolgen, ein dingliches Recht an der Morgengabe, und die Gewere des Mannes geht auf sie über, nur dass für die Dauer der Ehe dem Manne die nutzbare Gewere verbleibt[12] Bair. Lndr. 131 (12, 9): *Ez sol ain iglich frau, die bemorgengabt wirt . . ., alle die gewer haben, die ir wirt gehabt hat an der morgengab, än daz der wirt der nücz gewaltig sol sein, die weil er lebt.* Freis. Stadtr. 192. Wird ihr das Recht an der Morgengabe bestritten, so beweist sie es (der Beweis der Gewere wird nach den gewöhnlichen Grundsätzen geführt) durch Urkunden oder nach alter Sitte durch Eid auf Zopf und Brust. Bair. Lndr. 134 (s. o. S. 38). Ebd. 126 (12, 4): *Ez mag ain iglich frawe ir morgengab wol bestaten, alz her sitlich und gewondlich gewesen ist.* Ebd. 133 (12, 11): *Wenn ain frau irer morgengabe siezt nach irs wirtz tod in rechter nücz und gewer*

[10a] Siehe auch Meichelb. II b, No. 251 (1321).

[11] Siehe §. 2 No. 27. Tr. s. Nicolai Pass. 240 (um 1185): *uxorem quam . . dotaret aliis suis prediis.* Dipl. Fürstencell. 68 (1378): *ein Gut, daz unser frei aigen ist, und daz auch mir vorg. frawen E. gegeben ist ze morgengab von meinem vodern wirt.* Dipl. Fürstenf. 9 (s. Anm. 14). Dipl. Beyharting. 32 (1337): *der unser rechtes aigen ist gewesen und mein . . rechteu morgen(gab) gewesen ist.* MB. 8, 149. Dipl. Diess. 72 (s. Anm. 15). Dipl. Undersdorf. 2, 24 (12. Jh.) Tr. Ranshof. 126 (um 1210). MB. 8, 149 (1224—42). Mon. Witt. 171 (1288). RB. 8, 74 (1346). Vgl. Kraut 2, 536 Anm. 13.

[12] Vgl. Sandhaas, germ. Abh. 88.

jar und tag ân alle recht ansprach, ez sei aigen oder lehen, und die gewer erzeugen mag oder erzeugt hat, dez sol si geniezzen aller mænchlich, si hab dar umb brief oder nicht. In dem Stadtrechtsbuche fehlen diese Artikel, dagegen finden sie sich Freis. Stadtr. S. 192, und zwar mit dem Zusatz: *als der stat recht von alter her gewesen ist.* .

Zuweilen wird die Morgengabe nur für die überlebende Frau bestellt. So wird in der oben (Anm. 7) angeführten Stelle des Cod. Falkenst. bemerkt: *ita videlicet ut, si ipsa supervixerit, habeat omnia sibi tradita in suimet potestate, nec ullus amicorum ipsius domini E. potestatem habebit vel querimoniam super eadem dotalia bona,* und ebenso finden wir Cod. Falk. 500 (s. o. S. 40) die Bedingung: *si sponsus eius . . sine liberis obiret.* Auch Dipl. Raitenhasel. 79 (1297) lässt auf ein derartiges Verhältniss schliessen, indem ein Mann am Begräbnisstage seiner Frau erklärt, dass er dem Kloster einen Hof, *der mein rehtez aigen was und meiner hausfrawen . . von mir ier morgengab was,* geschenkt habe, eine Erklärung die doch nur dadurch eine Bedeutung haben kann, dass die Morgengabe durch den Tod der Frau an den Mann zurückgefallen ist.

Gesetzlich ist die Bedingung, dass die Frau den Mann überlebe, keineswegs. Zwar fehlt es hierfür an directen Belegen, aber es ist doch für Ober- wie Niederbaiern gesetzlich anerkannt, dass die Frau, selbst ohne Zustimmung ihres Ehegatten, über ihre Morgengabe von Todes wegen verfügen könne, was bei einer bloss bedingungsweise eingeräumten Morgengabe doch undenkbar wäre. Bair. Lndr. 135 (12, 13): *Ez mag ain iglich frau an ir lesten zeiten ir morgengab schaffen ainem irem freunt oder durch got, oder waz si damit schafft oder tuot; da sol si weder wirt, noch chinder, noch freunt, noch niemant an irren, noch chrenchen, noch hindern.* Aehnlich Freis. Stadtr. S. 193 und besonders deutlich Münch. Stadtr. 221: *Ez mag ain frau, die ainen wirt hat, an iren lesten zeiten wol hinschaffen durch got, und iren freunten, und wem si wil, ir morgengab, ir prautklainot, ir gewant daz ir ir vater und ir muoter oder ander ir freunt geben habent, von aigem willen, und bedarf irs wirts willen darzuo nicht.* Landshuter Erbr. v. 1423: *da(s) ain iede[r] frau ihr morgengabe allzeit wol mag geschaffen und geben, wenn (l. wem) sie verlust.* Auch die Berechtigung der Frau, unter Lebendigen über ihre Morgengabe zu verfügen, tritt in zahlreichen Beispielen hervor, die aber für die vorliegende Frage insofern keine entscheidende Bedeutung haben, als man in der hier notwendigen Genehmigung des Mannes einen stillschweigenden Verzicht auf sein eventuelles Heimfallsrecht erblicken könnte; entscheidend ist es aber allerdings, wenn in einer Urk. v. 1467 (Dipl. s. Clarac Monac. 298) ein Münchener Bürger seiner Frau völlig freie Verfügung einräumt: *Ez mag auch die benant mein · hausfrau mit irer morgengab tun und lassen was si verlust, verschaffen durch got, irer sel hail willen, iren freundten oder ander leuten, wem si wil und verlust, án mein und männigclichs von meinen wegen irrung und widersprechen.*

Schon aus den besprochenen Verhältnissen geht hervor, dass die Frau Eigenthümerin ihrer Morgengabe ist, und zwar nicht bloss bei der unbedingten Bestellung, die wir als die gesetzliche erkannt haben, sondern auch bei der bedingten, sobald die Bedingung eingetreten ist. Spätestens binnen Jahr und Tag nach dem Tode des Mannes muss die Frau ihr Recht an der Morgengabe geltend machen[13]), dann aber nimmt sie dieselbe auch in die zweite Ehe mit[14]) und kann unter Lebenden wie von Todes wegen darüber verfügen[15]).

Zum Wesen der Morgengabe gehört es freilich nicht, dass sie Eigenthum der Frau wird. Schon oben (zu Anm. 8) sahen

---

[13]) Bair. Lndr. 128 (12, 6): *Wer auch, daz ain frau nach irs wirtes tode ir morgengab nicht verantwürt in jar und in tag, so sol fürbaz der frawen anchlag dhain chraft haben.*

[14]) Dipl. Fürstenfeld. 9 (1272): ein Mann übergibt einen Hof, *den min erstiu husfrowe . . schuf vor drien jaren . . hinz Furstenvelt durch ir sel willen, wan er ir recht aigen was und ir morgengab von irem vodern wirt, doch also, dass ich denselben hof nietzen solt, diewile ich leb.* Dipl. Fürstencell. 68 (s. Anm. 11.)

[15]) Bair. Lndr. 110 (11, 17). MB. 8, 149 (1224—42): *Rihgardis relicta quondam F . . . contulit ecclesie nostre houbam suam in P., quam possedit iure dotali morgingabe.* Dipl. Diess. 72 (1385): eine Witwe verkauft für 132 fl. zu freiem Eigenthum *mein aigen hof, der mein rechti morgengab gewesen ist,* und den sie bisher in nutzlicher gewer gehabt hat. Dipl. Püterich. 42 (1479): eine Witwe vermacht einem Verwandten das Eigenthum ihrer Morgengabe.

wir, dass Graf Sigbot von Falkenstein seiner Schwiegertochter
eine zwiefache Morgengabe in Aussicht stellt, entweder ein
Kapital (offenbar zu Eigenthum), oder 10 % desselben als Leibrente: *quoad usque viveret*. Auch Herzog Ludwig von Baiern
verspricht i. J. 1256 eine dos, die nach dem unbeerbten Tode
seiner Frau an seine Familie zurückfallen soll: *predicta bona
dotalicia nostros ad heredes proximos revertantur* [16]).

In allen Fällen, mag die Frau bedingt oder unbedingt berechtigt sein, mag ihr Eigenthum oder nur Leibzucht zustehen, ist
die Morgengabe jeder einseitigen Verfügung des Mannes entzogen und kann daher auch wegen seiner Schulden nicht in
Anspruch genommen werden. Im Landsh. Stadtr. v. 1279 §. 8
(9) heisst es mit Bezug auf die Schulden eines Landshuter Bür-
gers: *Item nulla erit domus totius civitatis, quin res invecte vel
illate per apparitorem, i. e. praeconem, valeant interdici. In quo
statuto, sicut in ceteris, emunitati dotis nullum volumus preiudicium
generari, sed libertatibus insignita remaneat a sanctis patribus
institutis* [17]). Münch. Stadtr. 192: *Ob ain man umb gelt gevangen
wirt oder süst benöt, swaz sein hausfraun dann guots hat über ir
morgengab, damit sol si mit irm wirt gelten*. Regensb. Stadtr.
S. 37: *Es mus ein frau mit irm mann gelten, ausgenomen ob
di anchlag alz gros wär, so beleibt ainer fraun ir täglich gewant,
zwen slair und ir morgengab 60 gulden* [18]). Einseitige Verfügungen
des Mannes muss die Frau rechtzeitig anfechten, da sie sich
sonst verschweigt. Bair. Lndr. 129 (12, 7): *Ist, daz ain man
ain guot chauft umb sein pfenning, und ain frau ir morgengab
dar auf hat, und in ez die frau lat chaufen und darwider nicht
redet, und verswig si daz jar und tag oder mer, und chumt si
dar nach für recht und chlagt umb daz guot, da hab si ir mor-*

---

[16]) Mon. Witt. 63. Franklin (Beitr. z. Gesch. der Reception S. 73)
bezieht diese Worte auf die Leibzucht, es handelt sich aber um eine zur
Leibzucht bestellte Morgengabe. So ist vielleicht auch §. 2 No. 44 zu
verstehen.

[17]) Franklin a. a. O. 72 ff. hat das Verdienst, den wahren Sinn dieser
Stelle aufgeklärt zu haben, während Gaupp 1, 149 dieselbe auf die römischen Dotalprivilegien bezog. Vgl. S. 34 Anm. 17.

[18]) Dies erinnert an die alte dos legitima, die der Frau nicht verkürzt
werden sollte.

gengab auf, dunckt uns, daz si fürbaz nicht rechtz darzuo hab,
wann si ez ze lang verswigen hat, und wizzet, daz in dem lande
davon grozzer gebrest gewesen ist. Vgl. Freis. Stadtr. S. 192.

Jede Verfügung über die Morgengabe, mag sie von dem
Manne unter Zustimmung der Frau, oder von der Frau unter
Zustimmung des Mannes, oder endlich von einer Witwe ausgehen,
verlangt zu ihrer Gültigkeit die Anwendung gewisser Formen.
Bair. Lndr. 127 (12, 5) verordnet hierüber folgendes: *Wir haben*
auch erfunden umb morgengab, dass sich dhain frau irer morgen-
gab nicht verzeihen may, denn mit urchund und mit briefen; ez
hat auch irs wirts insigel an dem urchund dhain chraft, ez hangen
dann andereu insigel dar an. swer aber die selben brief von der-
selben frau inne hat, da sol dhain ir widerred chraft haben. Im
Anschluss hieran heisst es Art. 132 (12, 10): *Und wem also*
ain guot gevertigt wirt, daz morgengab ist, daz er gechauft hat,
der sol dez fürbaz mit ruo siczen und haben âu alle notred vor
der frawen und vor irem wirt und vor allen iren erben. Vgl.
Freis. Stadtr. S. 192. Im wirklichen Leben begnügte man sich
mit diesem Erforderniss einer schriftlichen und von Zeugen
untersiegelten Erklärung der Frau nicht, sondern verlangte eidlichen Verzicht. So verspricht in der oben (§. 2 No. 58) angeführten Urk. v. 1287 der Herzog Ludwig von Baiern: *quod*
illustris domina Maechthildis . . . uxor sua renunciabit omni iuri
et actioni, si qua sibi vel heredibus suis vel ratione donationis
illius, quam morgengab vulgo vocant, vel ratione emptionis aut ex
quocumque alio iure in bonis illis competebant . . ., et iurabit . . .,
quod nec per se vel ipsos heredes suos . . . movebit in posterum
aliquam questionem. Die Ausführung dieses Versprechens wird
Mon. Witt. 171 (1288) bestätigt, nachdem die Herzogin von
ihrem Gemahl anderweitig für ihre Morgengabe entschädigt ist.
In einer Wessobrunner Urk. v. 1326 (Dipl. Wessof. 30; s. o.
S. 42) erklärt eine Frau: *Und han auch ich mich derselben vogtei*
veryugen (l. verzigen) auf des reiches strasse mit meinem aide auf
meinen brusten, als man sich durch recht morgengab verzeihen sol;
dass ich, noch kein mein erbe nimmermer kein anspruch darnach
sullen gehaben. Dipl. Beyhart. 25 (1335): Mann, Frau und Kinder
verkaufen ein Grundstück, die Frau erklärt *besunderlich: daz ich*

*mich aller meiner morgengab, die ich auf dem aigen, daz vor
benant ist, gehabt han, daz ich mich der gar und ganzlich verzigen
han, als sich ein redlich frau durch recht ir morgengab verzeihen
sol, und als dez landes recht auch darumb stent.* Vgl. ebd. 32
(1337). Dipl. Rot. 101 (1341): gemeinschaftlicher Verkauf, die
Frau: *auf demselben gut han ich gehapt 20 ℔. meiner rechten
morgengab; derselben pfenning und morgengab hat mich Ott, mein
wirt, daz Ahlfing* [19]) *mit dem rechten verricht gar und genczlichen,
als verr, daz ich desselben tags vor den rechten und auch dabei
auf die reichs landstrazzen mich meiner morgengab verzigen han,
als sich ain frou ir morgengab verziehen sull.* Ebd. 115 (1344):
*Und wan es ir morgengab gewesen ist, hat sie sich und ir erben
desselben verziehen . . ., und hät das auf einer freien strazen, da
man sich solchs gut und recht verzeichen soll.* In einer Münchener
Urk. v. 1345 (MB. 21, 10) erklärt eine Frau für sich und ihre
Erben, dass ihr Mann zwei Höfe verkauft habe, auf denen er ihr
30 ℔. ₰ *ze rechter morgengab geben het;* da sie vom Käufer wegen
ihrer Forderung befriedigt sei, *darumb han ich mich derselben
morgengab auf den vorgen. guten verzigen auf dez reichs straz
mit meinem eid, alz sich ein frau durch recht irer morgengab verzeihen sol.* Dipl. Rot. 155 (1361): Eheleute verpfänden ein
Grundstück, *da mein . . morgengab auf gelegen ist, der ich mich
verzigen han, als recht ist.* Bemerkenswert ist endlich noch folgende Urk. v. 1359 (MB. 10, 339): es erklärt jemand vor Gericht, er habe von seinem Bruder und dessen Frau ein Gut gekauft,
er begnügt sich aber mit der einfachen Zustimmung der letzteren
nicht: *wan im wer gesagt, seines bruders hausfrau het ir morgengab darauf;* zu seiner Beruhigung gibt diese die Erklärung ab:
*si het nichts auf das guet ze sprechen von dhainer morgengab
wegen,* und dem Käufer wird ein Gerichtsschein darüber aus-
gefertigt.

Alle Quellen, welche eines besonders feierlichen, namentlich
eidlichen Verzichts der Frau auf die Morgengabe gedenken, sind
oberbairischen Ursprungs, in Niederbaiern [20]) kannte man diesen

---

[19]) d. i. „da zu A.“, also auf einem andern Grundstück.

[20]) Höchstens begegnet ein Verzicht wie der folgende: *Ego A. uxor
E. militis . . dotem, quae vulgariter morgengab dicitur, resigno per presen-
tes sigillo viri mei testimonio roboratas.* Dipl. Rohr. 49 (1304).

Verzicht ebenso wenig wie in Oesterreich, er muss also aus
Schwaben eingewandert sein, und zwar unter der Einwirkung
des Schwabenspiegels, denn die älteste der oben angeführten
Urkunden ist von 1287 [31]).

§. 7. Die Morgengabe im österreichischen Recht.[*])
Das Prager Stadtrecht [1]) und das Recht der Zipser Sachen [2])
erkennen die Zulässigkeit der Morgengabe auch bei Witwen an.
Zwar stehen beide Rechte zu sehr unter sächsischem Einfluss,
als dass man hieraus auf eine Abweichung des österreichischen
Standpunkts von dem schwäbischen und bairischen schliessen dürfte,
allein das Gegentheil lässt sich ebenso wenig beweisen, denn aus
unserer Periode liegt kein Quellenausspruch vor, welcher eine Beziehung der Morgengabe zu der Jungfrauenschaft bezeugen könnte [3]).

Die Zeit der Bestellung ist dieselbe wie in den andern
Rechten. Salzburger Landesordnung v. 1328 §. 46 (Rössler VI):
*Wir offen und chunden, daz nit anders ist morgengab, denn daz
ein wirt seiner hausfrawen get des ersten morgen pei dem pette,
wen er pei ir ist gelegen, und mag auch ein frawe nicht anders
besteten for ir morgengab.* Diese zeitliche Beschränkung, die für
den Begriff der Morgengabe wesentlich ist, kann natürlich nur
dahin verstanden werden, dass die Bestellung der Morgengabe
durch sofortige Uebergabe oder durch ein Versprechen des
Mannes nicht weiter hinausgeschoben werden darf; es steht also
nichts entgegen, dass die am Brautbett versprochene Morgengabe erst später übergeben werde, [3a]) und ebenso wenig kann
es unzulässig erscheinen, wenn die Morgengabe schon bei der
Verlobung versprochen wird. Dies ist z. B. in den Nibelungen

---

[31]) In älteren Urkunden genügt einfacher Verzicht. Dipl. Undersd.
2, 24 (12. Jh.). Tr. Ranshof. 126 (um 1210). RB. 2, 160 (1226). Dipl.
Fürstencell. 34 (1292). Dipl. Poll. 33 (1298).

[*]) Vgl. Hasenöhrl, österr. Landesrecht 100 ff.

[1]) Prager Statutarrecht 59 (v. J. 1364). Siehe S. 49.

[2]) Art. 13: *Wenn ein erbar mann ein witwe oder ein jungfrau nimpt,
und er ir morgengobet.*

[3]) Wenn es in einer Wiener Erbrechtssatzung v. 1420 (Notizenblatt
3, 381) von einer verheirateten Frau heisst: „*si hab haimstewr und morgengab gehabt, oder nicht*", so folgt daraus nur, dass in Wien auch Ehen
ohne Morgengabe vorkommen konnten, nicht aber, dass dies gerade bei
der zweiten Ehe der Fall sein musste.

[3a]) Vgl. Notizenblatt 1851 S. 346 (1354). 1854 S. 437 (1370).

bei der Verlobung Giselhers mit des Markgrafen Rüdigers Tochter der Fall:

> *1819. Man beschiet der juncvrouwen bürge unde lant.*
> *des sichert dâ mit eiden des edelen küneges hant*
> *und der hérre Gérnôt, daz wurde daz getân* [4].

Ein Prager Statut v. 1364 (Statutarrecht 59) verlangt geradezu, dass die Morgengabe bei der Verlobung verabredet werde: *Wen daz ist, daz ain man ain jungfraun oder vittewen* [5] *nemen wil, so schol er und sie von paiden tailen ir frunt bitten oder ander piderb gesessen leute zu heirez leuten, und daz sint recht heirez leute, vor den daz gelub geschicht. auch waz mit namen mit in besazt wirt, daz hat kraft in sulcher weis, daz zwen heirezman, die mugen zeugen um morgengab ain jar und ain tag, und nicht lenger. wolt aber iemanz, daz die morgengab lenger stund und daz gelub, der bewar sich furbas mit guten briefen oder mit dez gerichtes puch der stat.* Die schriftliche Form [6], deren es hiernach bei der Morgengabe nur dann bedarf, wenn die Uebergabe erst nach Jahr und Tag geschehen soll, ist nach demselben Statut bei allen andern Eheberedungen *(um erbtail oder um ander sache)* unbedingt notwendig. Die Bestellung *coram probis viris* ist auch dem Iglauer Stadtrecht (s. S. 57) bekannt, und ebenso begegnet sie im Brünner Schöffenbuch, von dem wir im nächsten Paragraphen reden werden (s. S. 59). Wenn übrigens das obige Prager Statut sich zum Beweise des Morgengabeversprechens mit dem Zeugniss zweier „Heiratsleute" begnügt und dadurch an das spätere Augsburger Recht erinnert [7], so steht es in offenbarem Widerspruch mit dem Prager Rechtsb. 103 (vgl. ebd. 40): *Wold man der frawen ir morgengab prechen an gereitem gut, das man ir gelobit zu der zeit, do man sie zu ee gab, sie beheldet es mit rechte bas, den ir is ieman gelauken mug, selb sibend mit man und mit frowen,*

---

[4] d. h. dass das Versprechen erfüllt werde. Jacob Grimm (RA. 429) bezieht die Worte auf eine Brautgabe (den alten Muntschatz), für die es aber in dieser Periode an allen Zeugnissen fehlt. Vgl. S. 17 Anm. 15. Erst nach der Vereinbarung über die Morgengabe verspricht Rüdiger die Heimsteuer (s. o. S. 21).

[5] Vgl. Anm. 1.

[6] Urk. B. v. Heiligenkreuz 2, 256 (1308): *margengabbrief.*

[7] Siehe S. 30.

di do gegenwortig waren, horten und sahen; und noch mehr
widerspricht auf Grundlage des Ssp. das sogen. Altprager Stadtr. §. 39
(Rössler XIV): *Morgingabe mac ein iclich frauwe wol behaldin
uf den heiligin an czuge, wan si endarf nicht czuges dor ubir.*
Auf diese Widersprüche ist indessen bei der bekannten Be-
schaffenheit der beiden letztgenannten Quellen[8]) nicht viel zu geben.

Die Salzburger Landesordnung in der oben angeführten
Stelle erkennt der Frau das Recht zu, ihre Morgengabe zu
besteten, d. h. durch ihren alleinigen Eid nachzuweisen, im Gegensatze zu etwaigen andern Rechten, die ihr an dem Vermögen
ihres Mannes zustehen: *Hat aber si icht anders rechtes zu ir
wirtes gut, daz sol (si) pringen mit zugen, alz recht ist.* Und
diese Bevorzugung der Morgengabe wird schon in dem österreich.
Landrecht Art. 47 ausgesprochen: *Auch sol ein iegleich frau ir
morgengab behaben mit irem aid auf iren prüsten und sol die haben
nach landes gewonhait, als recht ist.*

Wie durch diese Beweisprivilegien unter allen Zuwendungen
des Mannes die Morgengabe eine eigenthümliche Stellung einnimmt, so wird sie auch in den Urkunden zuweilen besonders
hervorgehoben. Im Jahre 1310 erhält Herzog Leopold von
Oesterreich von seinen Brüdern die Einwilligung zu verschiedenen
Zuwendungen an seine Braut: *et quod insuper . . sue sponse,
postquam ei matrimonialiter copulata fuerit sibique condormierit,
cum nostro . . consensu et assensu plenario pro morganatico*[9])
quantum voluerit dare possit (Arch. f. österr. Gesch. Qu. 2, 523).
Ganz ähnlich wird i. J. 1314 dem Herzog Heinrich von Oesterreich von seinen Brüdern gestattet, seiner Braut neben andern
Gaben *et affectionem illam, que morgengab vulgariter dicitur,* zu
bestellen (ebd. 2, 540).

Aus dieser Einwilligung der Verwandten (deren auch die
oben angeführte Stelle aus den Nibelungen gedenkt) geht schon
hervor, dass die Morgengabe aus Immobilien bestehen kann,
und dies wird urkundlich vielfach bestätigt[10]). Wird ein Lehn

---

  [8]) Vgl. Tomaschek S. 96—100.
  [9]) s. o. S. 32 Anm. 15.
  [10]) Graf Meinhard von Tyrol gibt i. J. 1259 zwei Schlösser (Font.
rer. Austr. 1, 49), Herzog Albrecht von Oesterreich um 1275 u. s. die

zur Morgengabe gegeben, so bedarf es natürlich der Genehmigung
des Lehnsherrn [11]), und dasselbe ist der Fall, wenn das Lehn
für ein zur Morgengabe versprochenes Kapital verpfändet wird [12]).
Denn die Sitte, Kapitalien als Morgengabe zu bestellen und auf
Grundstücke zu verweisen, die wir bei den Schwaben und Baiern
als den gewöhnlichsten Fall kennen gelernt haben, war auch in
Oesterreich geläufig [13]); hatte jemand, was freilich selten war,
hinreichende Barschaften, so unterliess er auch wol die Verpfändung und zahlte die Summe bar. So erhielt Kriemhilde den
Hort der Nibelungen, der nach ihres Gemahls Tode zu ihr nach
Worms gebracht wurde [14]):

> Nib. 1056. *Dar nách vil unlange dó truogen si daz an,*
> *daz diu frouwe Kriemhilt den grózen hort gewan*
> *von Niblunges lande und fuorte in an den Rín.*
> *ez was ir morgengâbe, er sold ir billîchen sîn.*

Stadt Ybs (Formelb. d. Königs Albrecht No. 35). Weiter begegnen 1264
mehrere allodiale Grundstücke (Urk. B. ob der Enns 3, 343), 1306 ein
halber Hof (Fund. Zwetl. 469), 1327 ein Marktflecken (Notizenbl. 4, 83),
1348 ein Haus in Wien (Schottenkloster 228), 1368 ein Hof und mehrere
Grundstücke (Heiligenkreuz 2, 256), 1388 ein Weingarten (ebd. 2, 320).

[11]) Salzburg. Landesordn. v. 1328 §. 46 (Rössler VI): *Get ein wirt*
seiner hausfrawen icht ze morgengab, daz lehen ist, das ist dem lehen
herrn unschedleich, er geb dann seinen willen darzu.

[12]) Fund. Zwetl. 414 (1280): ein Ritter bittet seinen Lehnsherrn: *cum*
feodum in M . . . uxori sue E. pro donatione propter nuptias in 10 tl.
denariorum obligasset, huic obligationi meam adderem voluntatem, et eo
sublato de medio si idem feodum a dicta domina pro 10 tl. infra anni
spacium non redimerem, ipsa et heredes eius a me iure feodali in posterum
retinerent. Schottenkloster 327 (1383): der Bischof von Passau bestätigt,
als morgengab und des landes recht ist ze Oestereich, eine Morgengabe von 150 tl. ₰, welche einer seiner Mannen auf seinem Lehn für
seine Braut bestellt hat *zu rechter morgengab nach landes recht ze*
Osterreich.

[13]) Schottenkloster 419 (1410): *daz ich gelobt han ze geben meiner*
hausfraun . . 70 tl. Wiener ₰ ze rechter morgengab nach des landes recht
ze Oesterreich, die auf mehreren Gütern gemacht sind. Siehe die Anm. 16
angeführten Urkunden.

[14]) Alberich, der des Hortes wartet, wagt nicht, ihn ihr vorzuenthalten:
> 1058. *Wir turren ir des hordes vor gehaben niht,*
> *sît sîn ze morgengâbe diu edel küniginne giht.*

Es ist natürlich undenkbar, den unerschöpflichen Nibelungen-hort irgend einem gesetzlichen Maximum der Morgengabe einzu-fügen. Zwar braucht sich die Freiheit der Sage und der Dich-tung derartigen Beschränkungen nicht zu unterwerfen, aber im österreichischen Recht fehlen diese in der That, in keiner der, uns erhaltenen Quellen findet sich eine Spur eines Maximalsatzes, nur in Betreff des Münzfusses ordnet das Zipser Sachsenr. 81 an: *das man nicht mer morgengoben soll vor eine mark goldes, wenn 26 gulden landzal ader landwerung.* Es beruht daher auf gedankenlosem Nachschreiben, wenn der Verfasser des Wiener Weichb. R. 86—89 (S. 205) die beschränkenden Sätze des Schwa-benspiegels wörtlich aufgenommen hat.

Das Recht der Frau an der Morgengabe ist, wie wir sahen, bei Schwaben und Baiern in der Regel Eigenthum; die Bestellung zu Leibzucht bildet die Ausnahme. Nicht minder ist es die Regel, dass die Frau ein unbedingtes Recht hat, — die Ausnahme, wenn ihr Recht erst durch den Tod des Mannes wirksam wird. Die Quellen aus dem Gebiete des österreichischen Rechts sind nun derartig, dass es nicht gut möglich ist zu bestimmen, was die Regel, was die Ausnahme sei, — ein entscheidender Beweis für unsere wiederholte Behauptung, dass es unrichtig ist, das Eigenthum an der Morgengabe als eine wesentliche Voraussetzung derselben hinzustellen oder etwa die Morgengabe zu Leibzucht als eine uneigentliche Morgengabe zu bezeichnen[15]).

Häufig hat die Frau nur die Leibzucht[16]), ihr Recht erlischt mit ihrem Tode, gleichviel ob sie vor oder nach dem Manne stirbt. Font. rer. Austr. 1, 146 (1244): eine Witwe nimmt, indem sie sich wieder verheiratet, ein von ihrem ersten Manne an ein Kloster geschenktes Grundstück in Anspruch, *dicens quod ipsius essent sponsalia, quod vulgariter morgengab appellatur, et quod in usus ecclesie tunc primum cedere deberent, cum obiret.* In einer, andern, fast gleichzeitigen Urkunde derselben Gegend ist von einem *occasione sponsalium* erlangten *leipding* die Rede (s. §. 2

---

[15]) So Kraut 2, 536 f. Vgl. Bd. 1, 155. 157.

[16]) Siehe auch Notizenblatt 1854 S. 80 (1303). 126 (1343). 534 (1374). 564 (1382). 594 (1385). Hieraus ist es auch wol zu erklären, dass in österreich. Urkunden zuweilen dotalitium für Morgengabe gebraucht wird. Siehe §. 2 No. 41 f.

No. 65); es ist wol gestattet, hier denselben Sprachgebrauch wie bei der vorigen Urkunde anzunehmen und in dem *leipding* nur die zu Leibding bestellte Morgengabe zu suchen. Urk. B. v. Heiligenkreuz 1, 102 (1244): eine Witwe verkauft für 20 Pfd. ihr Recht an einem Grundstück, welches sie von ihrem Manne *iure dotali ad dies suos possidebat.* Ebd. 1, 133 (1256): *uxori sue . . dotis nomine assignavit, ita videlicet quod . . . tantum ad dies vite sue . . possideat.* Fund. Zwetl. 345 (1267): ein Mann ver- äussert mit Zustimmung seiner Frau ein Erbgut, das jene *diu ante a me in dote receperat* (S. 347: *cui . . diu ante in dote assignaveram); verum quia prefate ville possessio, si ego absque liberis decessissem, fratri meo R. sororibusque meis . . et liberis eorumdem, quia in patrimonio mihi fuerant coheredes, de iure post meum obitum eis cedere debuerat* [17]), aus diesem Grunde hat er sich ihrer Zustimmung versichert. Font. rer. Austr. 1, 95 (1269): von einer Rente von 8 Pfd. wird gesagt: *que devota mulier . . . usque ad obitum suum retinere debuit iure dotis.* Urk. B. v. Heiligenkreuz 1, 278 (1286): eine Witwe verkauft mit Zustim- mung ihres Sohnes, was ihr Mann *iure proprietario, dum viveret, possidebat mihique nomine dotalicii* [18]) *libere possidenda reliquit, post excessum meum de hac mortali vita ad liberos nostros . . hereditarie transitura.* Urk. B. d. Landes ob der Enns II No. 332 (13. Jh.): *Curiam in R. quedam mulier . . tradidit, que non erat sue proprietatis, sed a viro suo C. in dotem acceperat, qui de eo (l. ea) filium genuit, qui etiam est occisus; post cuius mortem et filii occisionem quidam . . propinquus viri sui . . pro curia ecclesiam . infestavit, quam C. abbas datis ei 8 libris ab eo liberavit.* Urk. B. des Schottenklosters zu Wien No. 236 (1350): *daz ich meiner hausvroun . . . gelobt han ze geben 5 ℔. und 100 ℔. ᵭ . . ze rechter morgengab und ze haimsteur, nach des landes recht ze Osterreich, und han ir dafür geben und gemacht nach unser paider pesten freunt rat . . . dreu ganzeu lehen etc. wär, daz ich stürbe und nicht entwær, so schol si daz vorg. gut inne haben in nutz*

---

[17] Hieraus scheint hervorzugehen, dass die Frau an Erbgut des Man- nes nur Leibzucht haben konnte, falls seine Erben nicht zu ihren Gunsten verzichteten.

[18] Vgl. Anm. 16,

*und in gwer unverchumbert untz an irn tode, als morgengab recht
ist, und danne nach ir tode so schol ez erben und gevallen auf
unser paider chinde, die wir mit einander gewinnen. wær aver,
daz si sturbe, und nicht chinde mit mir gewunne . . ., so schol
daz vorverschriben guet ledichlichen herwider erben und gevallen
auf mein nehst erben, da ez ze recht auf gevallen schol.* Prager
Rechtsb. 148: *Kein weip mag erb zu morgengab, noch eigen zu leip
gedinge behalden noch irm tot; stirbt si, is gefellet an des mannes
kint.* Diese Stelle ist bezeichnend, wenn man die Abweichungen
von Ssp. III, 38 §. 3 berücksichtigt.

Auf Grund dieser zahlreichen Belege möchte man geneigt
sein, es für ein allgemeines Prinzip des österreichischen Rechts
zu erklären, dass die Frau nur die Leibzucht an der Morgengabe
habe. Allein es gibt nicht minder gewichtige Beispiele für ein
Eigenthum der Frau. Obenan stehen die Nibelungen: Kriembild
fragt den ins Hunnenland gekommenen Hagen, der den Hort
versenken liess:

*1679. „Nu sull ir mich der mære mére wizzen lân.
          hort der Niblunge, war habet ir den getân?
          der was doch min eigen: daz ist iu wol bekant:
          den soldet ir mir bringen in daz Etzelen lant."*

Auch der Verfasser der Klage (Lassberg 1294 f.) weiss hier-
von zu erzählen:

*der was Chriemhilde eigen,
wand er ir morgengâbe was.*

Das Formelbuch von Baumgartenberg (Qu. u. Erörter. 9b, 759)
führt nach den oben (§. 2 No. 24) angeführten Worten fort: *et
talem dotem potest mulier dare cui voluerit, nec vir potest eam
prohibere.* Aehnlich das Prager Rechtsb. 147 (in offenem Widerspruch mit dem eben mitgetheilten Art. 148): *Ob ein man ein
weip nimt, und stirbt er dornoch ee den si, die frawe hat an
seinem eigen nicht, er hab irs denn morgengabt, oder hab sie es
zu im pracht. wil abir di frawe dornach einen man nemen, die
morgengab mag sie geben wem si wil, ân alle widersprach.* Auch
urkundlich finden wir die Frau häufig im Eigenthum ihrer Morgengabe. Urk. B. v. Heiligenkreuz 1, 205 (1274): eine Witwe

verkauft eine Rente, *quidquid in eadem villa sub nomine dotis a meo marito . . mihi traditum possidebam*, der mehreren Sicherheit wegen unter Zustimmung ihres Sohnes *ex altero marito*, obgleich dieser keinen Anspruch zu haben erklärt. Font. rer. Austr. 1, 258 (1293): die Schwiegertochter des Herzogs Meinhard von Kärnthen schenkt ihrem Vater nach dem Tode ihres Gatten *1500 marcas argenti, datas sibi in donacionem propter nuptias* [18a) *ab ipso patre suo Alberto comite, (et) 100 marcarum redditus et castrum M., datos et datum sibi a . . quondam suo marito . . propter dotem.* In dem Doppelheiratsvertrage des Königs Johann von Böhmen und des Herzogs von Kärnthen v. 1324 (Beitr. z. Geschichte u. s. w. von Tirol und Vorarlberg 3, 124) heisst es für den Fall unbeerbter Ehe wiederholt: *aber mit irr morgengab mag si tun und schaffen swaz si wil.* Nach einer Urk. v. 1348 (Schottenkloster No. 228) gibt ein Wiener Bürger seiner Frau ein Haus *ze rechter morgengab nach der stat recht ze Wien, also mit ausgenomner rede: ist, das wir chind mit einander gewinnen, die sullen denn dasselb haus nach unser baider tode erben und besitzen; wer aber, das ich Chunrat sturbe, und das mein hausfrau frau Gedraut nicht chind mit mir gewinne, des got nicht enwelle, so soll si denne furbaz nach meinem tode mit dem egenanten haus ledichlichen und freilichen allen irn frumen schaffen, verchaufen, versetzen und geben, wem si wil, ân allen irsail. und pin auch ich des vorgen. hauss meiner hausfraun . . rechter gewer und scherm für alle ansprach, als morgengab recht ist und der stat recht ze Wien.* Von Wichtigkeit ist endlich noch ein tirolischer Schiedsspruch v. 1351 (oberbayer. Arch. f. vaterl. Gesch. 8, 137) in der Streitsache einer zur zweiten Ehe geschrittenen Witwe gegen ihr Kind erster Ehe: *Des ersten sprechent die vorg. schidlaut umb die 500 guldin, die der vorg. wilant Heinrich der Velser ze morgengab gab der vorg. Elsbeten, siner husfrawen, als es stet geschriben in einem noderbrief, ... das deu vorg. E. bei der morgengab der 500 gld. soll beleiben und bei den pfanden, die er ir darumb hat gesatzt, und sol die nutzen von denselben pfanden einnemen und an den haptgut nicht abgeschlathen (abgeschlachen?), in aller der wais und gedinge, als ir noderbrief sprichet . . . . . ,*

[18a) Ueber diese eigenthümliche Bezeichnung der Heimsteuer vgl. §. 9.

untz an den tag das man ir geb ir gelt. Dem gegenüber wird
dann wegen eines andern Kapitals entschieden, dass es ihr nur
leibdingsweise zustehe.

In der Wiener Urk. v. 1348 wird die Voraussetzung betont,
dass die Frau den Mann überleben müsse[19]), während der Heiratsvertrag v. 1324 die freie Verfügung der Frau unter Lebenden
und von Todes wegen, auch schon während der Ehe, anerkennt
und das Formelb. v. Baumgartenberg jeden Widerspruch des
Mannes gegen derartige Verfügungen entfernt wissen will.[19a)]
Eigenthümlich ist die Stellung des Zipser Sachsenrechts 13,
wonach das Recht der Frau die Morgengabe zu vererben zwar
nicht durch den früheren Tod des Mannes, wol aber dadurch
bedingt ist, dass die Ehe bereits Jahr und Tag gedauert habe:
*Ab der mann in sechs wochen und in einem jare stirbet, so hat
die frau recht zu der morgengobe . . .; fort mer, ab die frau
stürbe under jar und tag, so haben die freund kein morgengobe
zu nemen.*

Im Prager Rechtsb. 45 wird im Gegensatze zu Ssp. III, 74
ausgesprochen, dass bei unverschuldeter Scheidung die Frau ihre
Morgengabe behalte: *Wirt ein weip mit rechte von irem man
gescheiden, sie beholdet doch (ir) morgengab, die si bezeugen mag.*
Dagegen wird durch Ehebruch der Frau die Morgengabe verwirkt, Ofner Stadtr. 392: *Di ee precherinnen mügen auch nicht er
margengab gefodern.*

Aus den vorstehend angeführten Urkunden für die Leibzucht
wie für das Eigenthum der Frau geht hervor, dass die Morgengabe, mag sie in jener oder in dieser Weise bestellt sein, doch
nicht als eine Witwenversorgung erscheint, vielmehr auch der
wiederheiratenden Witwe verbleibt[20]). Am entschiedensten wird
dies im Wiener Stadtrecht anerkannt:

---

[19]) Ebenso Notizenbl. 1, 373 (1376), wo der überlebenden Frau Eigenthum an der Morgengabe zugesprochen wird.

[19a)] Dass die Frau schon während der Ehe als Eigenthümerin ange-
sehen wird, ergibt sich zuweilen daraus, dass sie bei Veräusserung der
Morgengabe den Leikauf erhält und den Erwerber in den Besitz einweist.
Vgl. Anm. 25 und 24 a. E.

[20]) Vgl. Urk. B. v. Heiligenkreuz 2, 320 (1388): *ain weingarten . .,
der der vorgen. Elzpeten . . margengab ist von irs vadern wierts wegen.*

<table>
<tr><td>

Stadtr. v. 1278 §. 11.

In arbitrio quoque viduae sit,
nubere vel non nubere, cui velit,
dummodo nubat ... iuxta suam
et puerorum decentiam et hono-
rem; si vero lascive nupserit ...,
ex tunc ipsi liberi .. se de sua
hereditate et de suis bonis. tota-
liter intromittant, exceptis bonis
dotalitiis suis, quae domina per
se tantum servabit.

</td><td>

Stadtr. v. 1340 S. 50.

Ez sol ouch sein an der witiben
wol ze heiræten oder nicht ze
heiræten, swem oder wanne si
welle, ...; ist aber, daz si
smechleich oder huerluslich und
irn chinden unzimleich heiræt, so
sullen di chind .'. sich ires erbes
genzlich underwinden, ân ir
morgengab, di sol di vrowe be-
halten.

</td></tr>
</table>

Die Rechte der Frau auf die Morgengabe dürfen durch den Mann nicht ohne ihre Zustimmung geschmälert werden [21]). Am weitesten geht hierin das Ofner Stadtr. 393: *Ess ist loblich, das man dem kranken geschlecht der weiber czu staten chümpt mit morgengab. schentlich und straflich ist iss, op man si wider dar umb prenget mit list. darumb schol das gericht mit nicht vorhengen* [22]), *ob das weib welle ein becken* [23]), *dass sie irem man frei sagen der morgen gab, di ir der man hat versprochen, ader ap si iren willen darczu geben wolde, das der man dasselb woll verkaufen; wan alweg di czu vorsicht (l. czuvorsicht) poss ist, man hab si darczu peczwungen.* Hier ist also jeder Verzicht auf die Morgengabe wie jede Veräusserung derselben für unzulässig erklärt. Das Iglauer und das Prager Recht gestatten die Veräusserung mit Zustimmung der Frau und sehen im Falle echter Not selbst theilweise von ihrer Genehmigung ab. Iglauer Stadtr. 10, Zusatz (Tomaschek S. 213): *Si autem uxori sue coram probis viris patrimonium assignavit, quod vulgo morgengabe dicitur, hoc sibi vendere vel alteri dare sine uxoris consensu non licebit. verumtamen si maritus infortunio compellente ad tantum devenerit inopiam, quod nichil habeat pre manibus, quo se et uxorem et pueros nutriat, ne mendicare compellatur, cum scitu parentum uxoris dictum patrimonium poterit ad tempus obligare,*

---

[21]) Dies ergibt sich schon daraus, dass er ihr wegen der Morgengabe Gewährschaft leisten muss. Vgl. S. 55.

[22]) d. i. gestatten.

[23]) bekennen.

licet uxor reluctetur. Das Prager Rechtsb. 111 enthält eine fast wörtliche Uebersetzung dieser Stelle, nur der Schluss lautet abweichend: *so sullen di frunt sie an weisen mit bete, und nicht cwingen, das sie ir morgengab lass vorkauf, oder vorsaz werd, das si mit sulcher steur mit samt des mannes arbeit die betelfur vormeiden mugen.* In den Urkunden wird die Notwendigkeit der Zustimmung der Frau bei allen Verfügungen des Mannes über die Morgengabe häufig bemerkt. Zwar erklärt i. J. 1281 (Fund. Zwetl. 420) ein Edelmann schlechtweg, dass nach seinem Tode ein gewisses Grundstück an das Kloster Zwetl fallen solle, *nullo respectu habito ad nostros filios‚ seu heredes nec ad nostram coniugem occasione dotis vel cause alterius qualiscumque,* aber es versteht sich von selbst, dass die Genehmigung der Frau, falls sie an dem Grundstück morgengabeberechtigt ist, vorangegangen sein muss. Um 1250 (Heiligenkreuz 1, 117) wird eine Witwe wegen eines Grundstücks in Anspruch genommen auf Grund einer Verfügung, die ihr verstorbener Mann getroffen habe, *antequam predictam dominam duceret .. et ei in dote essent assignata;* sie gewinnt den Prozess, weil Kläger diese Priorität nicht beweist. Die Frau ertheilt ihre Genehmigung zu der Veräusserung ohne besondere Förmlichkeiten[34]), auch das Formelbuch von Baumgartenberg (Qu. u. Erört. 9 b, 759) verlangt nur, dass der Morgengabe ausdrücklich Erwähnung geschehe: *si ergo aliqua matrona daret .. vel venderet cuicunque possessionem aliquam, que esset dos eius, in privilegio debebit mencio fieri, quod ipsa*

---

[34]) Urk. B. ob der Enns 3, 343 (1264): ein Edelmann vertauscht ein Grundstück, das ihm *accesserat .. ex patrimonio, et ipse in dotem dederat uxori sue ..; ipsa vero .. uxor .. coram viris prudentibus et honestis huic doti spontanee renuntiavit tali pacto, ut curiam in S. pro recompensatione dotis sibi debeat assignari.* Fund. Zwetl. 398 (1263): ein Edler veräussert Grundstücke mit Zustimmung seiner Eltern, seiner Frau *(cui ratione dotis eadem bona specialiter adtinebant),* seiner Söhne und seiner Geschwister *(licet ad eos tam directe non pertineant).* Ebd. 345 (1267): Veräusserung *de voluntate ac consensu . . . coniugis, que predictam .. sortem diu ante a me in dote receperat.* Font. rer. Austr. 1, 121 (1271): bei der Erbtheilung der Grafen Meinhard und Albrecht von Tirol verzichtet die Gemahlin des ersteren auf *omnia iura que in castris S. et R . . . sibi ratione dotalicii . . . competebant.* Die Besitzeinweisung des neuen Erwerbers geht von ihr aus.

possedit rem illam iure dotalicio. Erst in einer Wiener Urk. v.
1368 (Heiligenkreuz 2, 256) kommt ein ausführlicherer Verzicht
vor, indem Mann und Frau mit gesamter Hand Grundstücke verkaufen, die der letzteren *rechte morgengabe* sind [25]); die Frau
erklärt, dass sie freiwillig und mit Genehmigung ihres Vaters
ihren *morgengabbrief* an die Käufer übergeben habe: *und ouch
mich des vorg. hofes . . verzigen han, und verzeich mich der aller
sache mit dem brief, also daz ich, noch mein erben, fürbas auf
dieselben güter weder umb margengab, noch umb chainerlai sache
nimmermer chain ansprach, recht noch vodrung haben, noch gewinnen sulln, in dhainen wegen.* Die Form dieses Verzichts steht
doch noch weit ab von den umständlichen Vorschriften des
schwäbisch-alemannischen wie des oberbairischen Rechts, und
wenn im Wiener Weichb. 89 (S. 206) die Bestimmungen des
Schwsp. 20 wiederholt werden, so ist das ein Zeichen derselben
Gedankenlosigkeit, die wir dem Verfasser jenes Rechtsbuchs
schon oben vorgeworfen haben.

    §. 8. Die Morgengabe im Brünner Stadtrecht*).
Das Brünner Recht, obgleich nur ein Zweig der grossen österreichischen Stadtrechtsfamilie, bedarf einer besondern Betrachtung, weil es der Morgengabe eine ganz eigenthümliche Ausbildung gegeben hat, die sich bei dem vorzüglichen Zustande
der Brünner Rechtsquellen ziemlich genau erkennen lässt; zugleich
erlangen wir dadurch das nötige Verständniss für verschiedene
in ihrer Vereinzelung schwer verständliche Notizen aus den
übrigen Rechtsgebieten, die wir §. 9 und §. 13 im Zusammenhange betrachten wollen.

    Die Morgengabe wird im Sch. B. regelmässig als dos oder
dotalitium bezeichnet. Der Bräutigam [1]) verspricht sie, unter
Sicherheitsbestellung, im Heiratsvertrage [2]) in Gegenwart der
Heirats- oder Ringleute, durch welche die Frau später jederzeit

---

   [25]) Zu beachten ist, dass die Frau den Leikauf empfängt.

   *) Die Zahlenangaben beziehen sich auf die betreffenden Artikel des
Sch. B.

   [1]) oder statt seiner sein Vater oder seine Mutter. 200. 204.

   [2]) 188: *dotalitio quod maritus in contractu matrimonii sibi promisit.*
186: *uxorem ducens nomine dotis ei promisit 10 marcas fideiussoria cautione
interposita.*

ihr Recht bezeugen kann[3]). Die Gabe besteht häufig aus Geld,
beispielsweise aus zwei (202), zehn (186), funfzehn (203), vierzig
(s. Anm. 6), hundert Mark (511), oder aus Immobilien[4]), die
auch wol in Geld veranschlagt[5]) oder statt des eigentlich versprochenen Geldes in Versatz gegeben werden[6]). Im Gegensatze
zu einigen mährischen Stadtrechten, welche Anlegung der Morgengabe an Erb und Eigen verlangten, erkannte der Brünner
Oberhof (190) für Recht: *Non oportet, sicut aliqua iura volunt
municipalia, quod dotalitium tantum ostendatur in terra, h. e. in
hereditatibus affixis terrae; immo si promissum est simpliciter, in
prompta pecunia vel bonis aliis mobilibus ostendi potest.*

Als Grund der Schenkung wird wiederholt die fleischliche
Dahingabe der Frau bezeichnet[7]), aber nicht das Opfer der
Jungfrauenschaft, denn auch Witwen können in zweiter Ehe eine
Morgengabe erhalten: *Vir quidam in Budespicz . . . viduam*

---

[3]) 204: *In Chremsir Petrus filio suo Heinrico puellam M . . . petivit
in coniugium copulari, nomine dotis eidem macellum promittens. modo
defunctis Petro et Heinrico, M. nurus agit in socrum suam viduam pro
macello sibi ratione dotalitii promisso, obligans se ad verificandum promissum dotale per testes idoneos . . ., qui interfuerunt contractui nuptiali.*
202: *Quaedam puella maritum duxit legitimum, qui duas marcas grossorum
nomine dotalitii sibi promisit, pro quibus marcis sibi dandis alii duo de
nostris concivibus fideiusserunt, quos dicta puella coram iudicio pro eis
impetivit, obligans se ad probandum tam fideiussionem quam promissionem
per testes idoneos, qui nuptiales homines dicuntur, hoc est vulgariter dicendo
rinkleut oder heurathleut.* Die Gegner berufen sich gleichfalls auf Zeugen,
werden aber zurückgewiesen: *cum enim puella agat de dotalitio . . ., pin-
guius ius sibi competit ad fideiussores, quos impetit, per testes convincendum,
quam eis competat ad se defendendum.* 525 (S. 243).

[4]) 196: *agrum vel aliam hereditatem.* 200: *domum.* 341: *vice dotis
istum agrum donavit.*

[5]) 201: *agrum ad 20 marcas taxatum.* Auch die Fleischbank, um die
es sich 204 handelt (s. Anm. 3), scheint in ähnlicher Weise gegeben zu
sein, denn die Beklagte wendet ein: *quia P. vir eius ante annos aliquot
patri Margarethae pro macello dotali pecuniam, in qua contentabatur,
numeravit et solvit.*

[6]) Dies scheint u. a. aus 190 hervorzugehen. 525 (S. 243): *nomine dotis
promisisset sibi 40 marcas, quas habere deberet supra domo sua.* 195
(s. Anm. 15).

[7]) 202: *de dotalitio, quod respondet praetio suo corpore deservito.*
207 b: *dotalitium aequipollet pretio corpore deservito.* Vgl. Bd. 1, 53. 71.
Uebrigens kommen auch Fälle vor, wo keine Morgengabe gegeben
wird: (202):

heredibus carentem, agrum ad 20 marcas taxatum nomine dotis sibi promittens, duxit in uxorem (201). Sobald das eheliche Beilager vollzogen, ist die Morgengabe verdient, und die Frau kann sie fordern: *Sententiatum est in Redisch: cum dotalitium aequipollet praetio corpore deservito, eodem die, quo matrimonium carnali copula fuerit consumatum, est iuxta formam promissi plenarie persolvendum* (189). Die Bestellung erfolgt bei einer in Grundstücken bestehenden Morgengabe in Form der gerichtlichen Auflassung, wobei die dem Gericht zukommenden Gebühren von der Frau entrichtet werden [8]. Die Frau hat aber nur das Recht, nicht die Pflicht, sofortige Bestellung oder gar Uebergabe zu verlangen, sie verschweigt sich daher auch nicht, wenn sie einige Zeit darüber verstreichen lässt oder selbst bis zum Tode ihres Mannes wartet (186). Zuweilen ist die Morgengabe überhaupt nicht als ein Geschenk unter Lebenden, sondern als eine Gabe von Todes wegen versprochen. 198: *Si uxori per maritum vice dotis hereditas nominata coram iudicio publice tradita fuerit et assignata, illa per creditores sibi postea non poterit decertari, si autem vir in genere uxori sub his verbis dotem promittat: „post mortem meam de bonis, quae relinquero, tantam summam, habebis", et insuper tempore vitae rationabiliter bonis negotiationibus et actibus insistendo debita contrahat; multum esset absurdum, si dos huiusmodi solutionem talium deberet excludere debitorum. est enim generale in iure, quod creditor est heres principalis* [9]); *consonat etiam aequitati, quod uxor et heredes succedentes mortuis debita solvant eorundem.*

Man sieht aus diesem Artikel, dass die bloss von Todes wegen versprochene Morgengabe dem Manne bei seinen Lebzeiten keine Schranken auferlegt, sondern erst nach Bezahlung

---

[8] 341: *vice dotis istum agrum donavit coram iudice et scabinis in K., et uxor ipsa coram eisdem iudici et scabinis donationem huiusmodi est protestata, dans denarios iudiciales.* 196—198. — Nur die Frau hat einen Anspruch auf Entrichtung der Morgengabe; andere Personen, selbst ihre nächsten Verwandten, können nur mit ihrer Genehmigung dieselbe empfangen und darüber gültig quittieren: *Solutio dotis est tantum uxori facienda, et quod ipsa sola a dotalitio et eius promisso maritum liberum reddere potest et solutum* (204).

[9] Vgl. Zeitschr. f. RG. 5, 35. 44.

aller Schulden aus seinem Nachlass ausgerichtet wird; nur durch
Verfügungen von Todes wegen darf er seine Frau nicht beeinträchtigen: *Licet vir de bonis, quorum est dominus, ordinare
valeat, sicut placet, tamen si uxori dotalitium promisit, cum testamentum facit, si pueros ex ea non generavit, ipsam tali dotalitio
privare non potest* (187). Dagegen ist die unter Lebenden bestellte Morgengabe allen einseitigen Verfügungen des Mannes
entzogen[10]), nur bei unverschuldeter Verarmung darf er sie selbst
wider ihren Willen verpfänden. 196: *Si maritus uxori legitime
agrum vel aliam hereditatem coram iudice et iuratis nomine dotalitii libere dat et assignat, et tandem ex infortunio ... ad tantam
deveniat inopiam, quod se et uxorem de mendicitate non valeat
supportare: licitum est, sibi dotalitium ipsum, uxoris reclamatione
non obstante, ad tempus pro pecunia exponere, cum qua laborando
victus sibi et uxori necessitatem obtineat et amictus.* In allen
andern Fällen bedarf er der Zustimmung seiner Frau, für die
aber keine besondere Form vorgeschrieben ist. Umgekehrt kann
die Frau über die Morgengabe nur mit Genehmigung ihres
Mannes verfügen[11]), der Grund liegt aber offenbar nur in der
eheherrlichen Vormundschaft, nach dem Tode des Mannes ist sie
unbeschränkte Eigenthümerin, kann die Morgengabe beliebig
veräussern und vererbt sie, wenn sie stirbt, auf ihre Verwandten.
199: *In Gurde vir sexagenarius, postquam de tribus uxoribus
pueros generasset, ... ad quartas transiens nuptias puellam, cui
nominatim promisit dotalitium, in uxorem duxit, quam tandem
sine prole relinquens testamento non facto subito exspiravit; uxor
vero postea transactis aliquot hebdomadis ... similiter intestata
decessit ...... Super quibus diffinitum fuit ad primum, quod
bona huiusmodi ad pueros mariti sunt hereditarie devoluta, fratribus
tamen uxoris debent ipsi pueri de bonis talibus dotalitium per*

---

[10]) 610: *Si maritus assignavit uxori aliquam hereditatem pro dote,
illam, nisi consentiat, nec vendere nec alienare potest.* Es versteht sich,
dass durch die Bestellung zur Morgengabe wolerworbene Rechte dritter
nicht beeinträchtigt werden können (341).

[11]) Beilage 186 (Rössler, Rechtsdenkm. 2, 390): *Item, ein eleich weib
mag noch margengab, noch ander guet geschaffen ân ieres mânes willen.
hat aber ein witib besunderleich aigens guet, das schaft si wol wem si wil.*
Sch. B. 507.

patrem eorum sibi promissum integraliter expedire. 200: *Vidua
quaedam in Chremsir puellae, quam filio suo dedit uxorem
domum . . tradidit vice dotis. mortuis itaque vidua cum filio, uxor,
cum diem concludere deberet extremum, domum sibi dotatam patri
suo libere dedit. quam quidem domum cum impetant tres nepotes
viduae praescriptae, quaeritur, quid sit iuris in hoc casu.* Super
quo responsum est: *quod domus, postquam puellae data fuit in dotalitium, eius fuit, et de ipsa marito mortuo disponere potuit, ut volebat.*

Die Frau behält ihre Morgengabe bei unverschuldeter Scheidung[12]), dagegen verwirkt sie dieselbe durch grobe Verbrechen,
namentlich wenn sie dem Manne nach dem Leben stellt oder
einen Ehebruch begeht[13]). Ein eigenthümlicher Aufhebungsgrund
ist die Geburt eines lebenden Kindes, durch welche, auch wenn
das Kind sogleich wieder stirbt, das Recht der Frau auf die
Morgengabe beseitigt wird. 185: *Postquam mulier in matrimonio legitimo ex semine viri genuerit pueros, qui heredes vocantur,
tunc mortuum est dotalitium, et maritus tamquam dominus de
bonis universis mobilibus et immobilibus, licet uxor et heredes
reclamant, facere poterit iuxta suae libitum voluntatis.* 186: *Si
mulier parit puerum vivum, dato etiam quod quantocumque brevi
tempore vivat post partum, tunc cessat dotalitium;* weiter unten
heisst es dann: *cum semper dos vivat, quamdiu heredes vivi non
sunt, nati.* 201: *Mulier in dotalitio sibi promisso, quod in gene-
ratione filiorum non est extinctum, debet esse contenta.* Hier gilt
also der Satz: „Kinderzeugen bricht Ehestiftung", der uns schon
in der vorigen Periode mit besonderer Beziehung auf die Morgengabe begegnet ist (Bd. 1, 97. 102 f.) und sich in gleicher
Weise[13a]) auch in dem Recht der Zipser Sachsen Art. 13 findet:
*Ab das geschech, das die frau in der zeit schwanger würde, so soll
sie kein morgengobe nicht haben bis an die zeit, das sie gott beret,
das sie des kindes genisset. ab sie das kint todt gebüre, so soll sie*

---

[12]) 188: *Si maritus et uxor legitime convicti postea per aliquot annos
canonice ab invicem separentur . . . ., et tali separatione uxor dotalitio,
quod maritus in contractu matrimonii sibi promisit, non est privanda.* 511.

[13]) 187: *Uxor autem, si fidem matrimonii adulterando violavit, vel si
in mortem mariti cum effectu machinata est, vel aliud scelus adeo grave
commisit, ipsa se ipsam dotalitio secundum iustitiam spoliavit.*

[13a]) Siehe auch §. 9 Anm. 2.

*ir morgengobe nemen; ist es aber, das gott unser herr der frauen
gehilft, das sie das kint lebendig gebirt und zu der welt pringt,
und das kint die vier wend beschreit, so hat die frau mit sampt
dem kinde recht, die helft zu nemen von allem was do ist.*

Wir haben es bisher vermieden, den Beweis für die Identität
der Morgengabe mit der dos oder dem dotalitium des Sch. B. zu
führen, und in der That bedarf es eines solchen Beweises kaum,
da aus unserer bisherigen Betrachtung hervorgeht, dass die
Grundzüge beider Gaben im wesentlichen dieselben sind; eine
indirecte Bestätigung gewährt die oben (Anm. 11) angeführte
Schöffensatzung, welche die Morgengabe gerade an der Stelle
nennt, wo wir nach dem Sch. B. dos oder dotalitium erwarten
würden. Wenn gleichwol der treffliche Herausgeber der Brünner
Rechtsquellen jene Gabe für das germanische Witthum erklärte [14]),
so dürften ihn neben dem misverstandenen Ausdruck „dotalitium"
gewisse eigenthümliche Züge der Brünner Morgengabe dazu
bewogen haben, durch welche sich dieselbe allerdings mehrfach
von der gewöhnlichen Morgengabe unterscheidet.

Zunächst haben wir es bisher als eine wesentliche Eigenschaft
der Morgengabe kennen gelernt, dass sie, wenn sie nicht schon bei
der Verlobung verabredet wurde, am Morgen nach der Brautnacht
gegeben oder doch versprochen wird. Auch im Brünner Recht
ist dies die Regel, aber es kann doch auch während der Ehe, selbst
wenn Kinder vorhanden sind, eine Morgengabe bestellt werden.
197: *Matussius .... coram iudicio resignavit libere uxori suae
domum suam per ipsam ratione dotalitii hereditarie possidendam.
et quia ante resignationem talem pueros cum eadem uxore habuit,
et post resignationem apud diversos creditores debita multiplicia
contraxit, creditores ipsi pro se sententiari petiverunt, ... utrum
de venditione domus, non obstante resignatione, non debeant de
suis debitis expediri; uxor vero .. petivit simpliciter se circa ius*

---

[14]) Rössler, Rechtsdenkm. II S. LXXIII. f. Weiske (Zeitschr. f. deutsch.
R. 14, 143) nimmt eine Verschmelzung von Morgengabe und Leibgedinge
an, was jedenfalls nicht richtig ausgedrückt ist, denn die zu Eigenthum
gegebene Morgengabe hat mit dem Leibgedinge nichts gemein. Dagegen
ist es wol richtig, wenn man überhaupt die bairisch-österreichische Morgengabe aus einer Verschmelzung mit dem Muntschatze erklärt, und dies
scheint auch Weiske haben sagen zu wollen. Vgl. §. 13 a. E.

dotalitii conservari. Super quo sententiatum fuit, quod uxor . .
domum sibi pro dotalitio resignatam, quamvis pueros cum Matussio
habuerit, quamvis etiam debita, quibus vir praefatus impulsabatur,
cum ipso expenderit, hereditarie debeat possidere, nec . . mariti
praefati nec heredum suorum ante vel post resignationem habitorum
contradictio ipsam in dictae domus possessione, nisi ei voluntarie
renunciaverit, aliqualiter poterit secundum iustitiam impedire.

Eine zweite Eigenthümlichkeit der Brünner Morgengabe besteht darin, dass ihr auf Seiten der Frau eine ähnliche Gabe
entspricht, welche im Sch. B. gleichfalls bald dos, bald dotalilitium
genannt wird und in einem bestimmten Verhältniss zu der Gabe
des Mannes steht. 191: *Si mulier viro promiserit 10 et vir*
econtra mulieri 20 marcas, mulier ad requisitionem viri non est
cogenda, quod suum promissum impleat, nisi prius, si petit de
promisso viri, fuerit securata. 194: *Quanto minus uxor de sua*
dote marito dederit, tanto minus post mortem mariti de dote sibi
promissa percipiet ipso iure. 201: *Promissio dotalitii est arbi-*
traria, secundum voluntatem promittentis possibiliter minui vel
augeri. consuevit tamen frequenter maritus in parte tertia plus
uxori pro dote promittere, quam econtra solet; et secundum istam
consuetudinem, quasi communiter approbatam, quando dos unius
coniugum nominatim est expressa, debet dos alterius, si est dubia,
moderari. Die von dem Manne gegebene Morgengabe hat also
den Charakter einer Widerlegung, und zwar in der Regel so,
dass sie die Gabe der Frau um ein Drittel übersteigt [15]).

Wenn Personen sich verheiraten, so steht es bei ihnen, ob
sie ihr beiderseitiges Vermögen einfach zusammenbringen und
sich in Betreff desselben den gesetzlichen Bestimmungen unterwerfen, oder ob sie eine Ehestiftung machen wollen; und da der
Hauptinhalt der Ehestiftungen die Festsetzung der beiderseitigen
dos ist [16]), so unterscheidet man zwischen solchen Ehegatten,
die „absolute", und solchen, die „sub conditione dotis" zusammen-
gekommen sind. 192: *Si vir et mulier in contractu matrimonii*

---

[15]) Von Rössler S. LXXIV nicht ganz richtig verstanden.
[16]) Für die statt der Baarzahlung auch Pfänder bestellt werden können.
195: *Si unus coniugum pro dotalitio in bonis mobilibus promisso alteri*
hereditatem obligare voluerit.

res immobiles vel absolute vel sub conditione dotis ad invicem comportent, vir urgente necessitate prius bona propria quam uxoris bona in denarios debet convertere pleno iure. Eine solche Ehestiftung kann auch während der Ehe aufgesetzt werden [17]); sie hat die Wirkung, dass die dem andern Theil als dos bestellten Gegenstände nunmehr der einseitigen Verfügung des Bestellers, auch von Todes wegen, entzogen sind. 508: *Si virgo vel mulier res habens maritum duxerit, cui certum promittat dotalitium, et tandem pueris secum non habitis moriatur* [18]), *de rebus dotem excedentibus reclamatione mariti cessante, sicut vult, disponere poterit et legare.*

Aus dieser Stelle geht zugleich hervor, dass die Frau, wenn sie eigenes Vermögen hat, selbst die dos bestellt [19]) Verheiraten sich aber Personen ohne selbständiges Vermögen, so besteht die dos aus dem, was der Mann oder die Frau von ihren Eltern als Aussteuer erhalten, hier erscheinen also die letzteren als die eigentlichen Besteller der dos [20]). Durch diesen Umstand sind wir auch in der Lage, den Namen der dos mit Bestimmtheit festzustellen. Beilage 187 (Rössler, Rechtsd. 2, 391): *Item, stirbet ein man ân gescheft und let erwen, di er vor seinem tot mit morgengab hat von im geschaiden, wellent di mit den andern erwen tail haben, di schullen als vil in di tailung legen, sam in czu morgengab ist gegeben.* Also was bei der Verheiratung der Sohn oder die Tochter in Anrechnung auf den elterlichen Erb-

---

[17]) 207: *Licet etiam ante matrimonium et post nuptiis iam completis dos promitti possit.* Vgl. 197 (s. S. 64).

[18]) Vgl. 203, wo Kinder nach ihrer Mutter Tode gegen ihren Stiefvater auf Rückgabe eines von ihrem rechten Vater herrührenden und von ersterem veräusserten Hauses klagen, aber durch die Erklärung zurückgewiesen werden: *quia ipsa (sc. domus) mihi per uxorem meam iam mortuam, cui 15 marcas dotavi, nomine dotalitii fuit assignata et dotata.*

[19]) 191 und 194 (s. S. 65). 203 (s. Anm. 18).

[20]) 205: *Ex quo per matrimonium filia emancipatur et transit a patria potestate, si pater nomine filiae dotem promiserit et ipsam ante nuptias emancipaverit, non tollitur promissio, si pater moriatur, quia nihilominus heredes eius ex promissione obligati permanebunt.* 207: *Si pater debitis involutus ad fraudandum creditores filiae dotem promittit, promissio vigorem non habet.* Siehe Anm. 1.

theil [21]) als Aussteuer empfängt, um es der Frau oder dem Manne als dos oder dotalitium zuzubringen, wird hier „Morgengabe" genannt; es unterliegt keinem Zweifel, dass derselbe Name auch auf die von den Ehegatten selbst bestellte dos Anwendung findet.

§. 9. Die sogenannte Morgengabe der Frau an den Mann. Das Brünner Stadtrecht steht in seiner Auffassung der Heimsteuer als Morgengabe nicht allein. Auch das Ofner Stadtrecht bezeichnet dasjenige, was Sohn und Tochter bei ihrer Verheiratung von den Eltern empfangen, mit demselben Ausdruck, und wenn eine Witwe mit selbständigem Vermögen sich wieder verheiratet, so kann sie ihrer im Ofner Recht sehr umfassend anerkannten Verfügungsgewalt einen Theil ihres Vermögens entziehen, indem sie dem Manne eine Morgengabe bestellt. 282: *Man verspricht unter weilen morgen gab zwischen chindern. wirt si den recht versprochen, alz morgengab recht ist, an ander vor wilkoren, stürb denn der kinder eines, ee si czu enander chümen, so stirbt di morgengab wider haim, von dem sie wart versprochen chümen si den zu enander, welches denn das ander uber lebet, das pehelt di morgengab sein leblag, esz wer denn, dasz einis das ander vor hin het ledig gesaget.* 397: *Ein weib ist gewaltig wider ires mannes willen zu geben ader zu schaffen ir aigen hab, di sie hat von iren eltern ader von einem andern man, wem si wil, si hette vor hin da von den icht versprochen irem manne zu margengab ader in einer andern weisz.* Ganz ähnlich heisst es in einem Wiener Privileg v. 1420 (Notizenblatt 3, 381), dass der Mann die Leibzucht an dem Nachlass seiner Frau haben solle: *er hab von desselben seins weibs wegen haimsteur und morgengab ingehabt oder nicht.* Auch hier sind Heimsteuer und Morgengabe als identische Begriffe zu verstehen, denn die Häufung tautologischer Ausdrücke ist so gewöhnlich [1]), dass die Fassung *haimsteur und morgengab* nicht weiter auffallen kann.

---

[21]) 358: *Si filius a bonis patris per dotem non divisus uxorem duxerit.* 364: *Uxorem cum sex reliquit pueris, quorum duos, masculum scilicet et feminam, ante annos aliquot, data sicut voluit unicuique parte[m] qua[n]dam, a se per matrimonium emancipavit . . . . . Et si duo per dotalitium exclusi cum non emancipatis partes habere desiderant, tantum in sortem ponent, quantum perceperunt, quo facto quilibet eorum sex suam sextam tollet partem.*

[1]) Vgl. S. 13 Anm. 9.

In österreichischen Urkunden lässt sich jener Sprachgebrauch,
wonach die Heimsteuer als eine dem Manne bestellte Morgengabe bezeichnet wird, bis in den Anfang des 14. Jahrh. zurück
verfolgen [2]). Urk. B. v. Klosterneuburg 1, 410 (1361): *und sind
die egen. vierdhalb schilling gelts mein . . aigens anerstorbens gut
von meinem enen, . . daz ich darnach gemacht und geben han ze
morgengab meinem wirt.* Urk. B. des Schottenklosters 238 (1350):
drei Brüder geben nach dem Tode ihres Vaters *zue unser swester . . unserm swager . . zue rechter haimsteuer und zue morgengab nach des landes recht ze Oesterreich 4 ₰. Wiener pfenninge
geltes, . . und sezzent auch wier uns zue rehtem scherm daruber,
alz man haimsteuer und margengab ze reht scherm sol.* Urk. B.
v. Heiligenkreuz 2, 107 (1326): ein Bürger von Pressburg spricht
von einem Hofe: *wand er mein rehtes erb ist von meiner mueter,
den ir mein ane gab under andern guet zu meinen vater ze rehter
morgengabe.* Fund. Zwetl. 586 (1311): *20 pfenning gelts meins
vreien aigens . ., die mir mein vordreu housfrou . . pracht het ze
morgen gab.* Notizenblatt 1851 S. 12 (1307): Otto von Chyau
verkauft seinem Schwiegervater Stephan von Meissau mehrere
Renten, Allodial- und Lehngüter. *Nu hat St. von M . . . die
vorg. gult, aigen und lehen gegeben seiner tochter Annen, Otten
hausvrowen von Chyau, zu ir morigen gab, und hat daz getan
mit so auzgenomener rede: ist, daz Otte von Ch. mit seiner tochter
Annen chint und eriben gebint (d. i. gewinnt), die schullen das
guet erben und haben. ist aver, daz er nicht chint und erben gebint, und daz er sein hausvrowen Annen . . uberlebt, und nicht
erben let, so schol er daz vorg. guet haben uncz an sein tot, und
nach seim tot schol iz erben hin bider an Stephan von Meissau
und auf sein erben, nach des landes recht ze Osterrich.* Hieran
schliessen sich zwei lateinische Urkunden [3]), deren Ausdrücke es
wahrscheinlich machen, dass derselbe Sprachgebrauch auch dem
13. Jahrh. nicht fremd war. Font. rer. Austr. 1, 258 von 1293
(s. o. S. 55). Urk. B. v. Heiligenkreuz 1, 236 (1279): ein Mann
schenkt nach dem Tode seiner Frau eine Rente von 1 Pfd. an das

---

[2]) Vgl. Hasenöhrl, österr. Landesrecht 101. 102 Anm. 16. Weitere Belege
s. §. 13 Anm. 22.

[3]) Zu vergleichen ist auch der Heiratsvertrag Rudolfs I. und Ottokars
von Böhmen v. 1276 (Urk. B. ob der Enns III No. 487).

Kloster: *cuius talenti media pars ad me iure proprietario pertine-*
bat, altera vero pars media sponsali donacione quoad vitam michi
tradita fuerat a parentibus dicte uxoris mee. Jeder Zweifel, den
diese Belege etwa noch übrig lassen könnten, wird durch die
Nibelungen getilgt, welche in ihren echten Theilen, also schon
für das 12. Jahrh., Zeugniss für diesen Sprachgebrauch ablegen.
Kriemhild sucht den Blödel zum Angriff auf die burgundischen
Gäste zu bewegen, indem sie ihm des jungen Nudungs-Witwe
zur Gemahlin und mit ihr eine reiche Heimsteuer, namentlich
die Lehen Nudungs, verspricht:

1843, 2. „*Já gib ich dir ze miete silber unde golt,*
und eine maget schœne, daz Nuodunges wip:
sô maht du gerne triuten ir vil minneclichen lip.

1844. *Daz lant zuo den bürgen wil ich dir allez geben,*
sô mahtu, ritter edele, mit vröuden immer leben,
gewinnestu die marke dâ Nuodunc inne saz."

Als Blödel dann von Dankwart erschlagen wird, ruft dieser,
der von dem Handel Kunde erhalten hat, dem Todten höh-
nisch zu: .

1864, 3. „*Daz si din morgengâbe*", sprach Dancwart der degen,
„*zuo Nuodunges briute, der du mit minne woldest phlegen,*

1865. „*Man mac si morgen mehelen einem andern man:*
wil er die brûtmiete, dem wirt alsam getân."

Die Auffassung, dass die Bestellung der Heimsteuer seitens
der Frau und der Morgengabe seitens des Mannes eine wechsel-
seitige Dotierung der Ehegatten enthalte, findet sich in Baiern
schon im 11. Jahrh., nämlich Ruodlieb fragm. 14 V. 36—40
(Grimm u. Schmeller, lat. Gedichte S. 187). Der Bräutigam spricht
im Kreise der Freunde: •

„*Nunc opus uxore nimium mihi cernitis esse,*
quam quoniam facile nunc possumus hic reperire,
hanc desponsari desidero vel mihi iungi,
ut sitis testes et ad hoc mihi, quaeso, libentes,
alterutros cum nos dotabimus, est veluti mos."

Auch in bairischen Urkunden begegnen wir dieser Auffas-
sungsweise. Tr. Ranshof. 167 (um 1200): *predium . . . quod*

ipsa eidem viro suo tradiderat in donationem propter nuptias.
Dipl. Rohr. 44 (1301): *molendinum . . . quod C. uxor mea michi
tradidit cum donacione propter nuptias sue dotis.* Es ist wol
wahrscheinlich, dass man dies Verhältniss ursprünglich ebenso
wie bei den Oesterreichern mit dem Ausdruck Morgengabe bezeichnete, allein nach Ausbildung der Widerlegung schien es
angemessener, nicht Heimsteuer und Morgengabe, sondern Heimsteuer und Widerlegung einander gegenüberzustellen. So erklären
sich die beiden folgenden Urkunden aus dem 14. und 15. Jahrh.
MB. 4, 167 (1355): *150 tt. die mir mein hausfrau . . . ze widerlegung gepracht hat an iren heiratgut.* Ebd. 6, 298 (1441): ein
Mann hat von seinem Vater ein Leibgeding zu *heiratguet* erhalten: *darzue hiet ihm auch sein sweher . . das iczgenannt leibgeding widerlegt mit etwe vil guts* [4]).

In schweizerischen Rechtsquellen wird mehrfach eine von
der Frau herrührende Morgengabe erwähnt, die derjenigen des
Mannes ganz an die Seite gestellt und im W. von Altstetten
§. 11 [5]) denselben Maximalbestimmungen wie diese unterworfen wird.
Landb. der March 68: *Item von der morgengab wegen, da mögend
eelüt ein ander wol ein zimliche morgengab vor und in der esach machen.
aber nachdem die ee gemachet wirt, soll sich dan kein morgengab me
machen, und sond bider lüt darbi han.* Vgl. ebd. 23. W. v. Wattwil
§. 6 (Gr. 5, 199): *weders dann dem anderen ain margengab gibt, die
sol sin aigen guot sin.* Ganz wie im Brünner Recht heisst es hier weiter:
wen es aber eeliche kind hetti, so sol die margengab ab sin ungevarlich [6]).
Stadtr. v. Bülach v. 1483 §. 25 (Schauberg 1, 90): *Und ob ouch
zwei eliche mentschen einandern etwas zuo morgengab machent und
gebent, und die eliche kind bi einandern hand, wenn denn das,
dem die morgengab gemacht ist, von todes wegen abgat und stirbet,
das solliche morgengab an iro beider elichen kinde, die si bi ein
andern hand, fallen sollen. ob aber si nit elich kinder hinder inen
verliessen, das es dann an iro beider rechten und nechsten erben*

---

[4]) Vgl. S. 20 Anm. 3. In Betreff des Augsburgischen s. o. S. 5 No. 19
und S. 7.

[5]) *Wo ain man ainer frowen oder ain frou ainem man ain morgengab git,
das deweders da bi sinem aid noch mit siner hand nit höcher noch me
behaben soll, denn untz an 10 tt. ₰.*

[6]) Siehe S. 63.

fallen sölle. Dass wir auch in der Schweiz in der von der Frau gegebenen Morgengabe die Heimsteuer zu suchen haben, kann nach den österreichischen und bairischen Beispielen wol kaum bezweifelt werden. Gerade die Schweizer bedienten sich des Ausdrucks Morgengabe in sehr laxer Weise, selbst von den in die Einkindschaft aufgenommenen Kindern hiess es später, sie würden „zur Morgengabe gegeben" oder „vermorgengabt" (Gr. 5, 61. Argovia 4, 210). Vgl. Osenbrüggen, Rechtsalterth. a. d. Schweiz 2, 83—86.

Drittes Kapitel. Das Leibgedinge.

§. 10. Das alemannische Wittbum. Der Muntschatz in der Gestalt, in welcher wir ihn in der Lex Alamannorum kennen gelernt haben [1]), findet sich noch in zwei Urkunden des 12. Jahrh., zunächst in der berühmten schwäbischen Verlöbnissformel, die, obgleich schon oft gedruckt, doch auch hier einen Platz finden möge [2]):

Dá ein frí Swébenne éwet ain Swáb, der ist ain frí man, dá muoz (er) im siben hantscuohe hán. mitten gît er siben wete nách dem swábeschen rehte, unde sprichet zem éresten alsus: „Wa ich iu erwette den rehten munt, den gewerten munt, den gewalligen munt, náh Swábe é, náh Swábe rehte, só von rehte ain vrí Swáb ainer vríen Swábin sol, mir ze míneme rehte, iu zuo iuwereme rehte, mit míneme volewerde engegen iwereme vollen werde. II. Wá ich iu erwette só getániu aigen, só ich in Swábe hérschepte hán, só ich in des kuniges ríche hán, náh Swábe é, náh Swábe rehte. III. Wá ich iu erwete chuorichen unde chuozal, als ic en Swábe hérschepte hán unde in des chuniges ríche hán, n. Sw. é, n. Sw. r. IV. Wá ich iu erwete zoun unde gecimbere, unde ouzvart unde invart, n. Sw. é, n. Sw. r. V. Wá ich iu erwette stuol unde stuotwaide, unde swaner unde swaige, unde rehte ganswaide, unde chorter scáphe, n. Sw. é. VI. Wá ich iu erwete scaz unde schillinch unde golt unde gimme, unde allen den tresen, den ich hüte hán oder vurbaz gewinne, unde scharph egge, n. Sw. é. VII. Wá ich iu wette, aller der wette, der ich iu getán hán, widembuoche ze vrummenne unde diu ze geloutenne ze hove unt ze gedinge unde

---

[1]) Siehe S. 1.

[2]) Hier nach Müllenhoff und Scherer, Denkm. deutscher Poesie und Prosa S. 239.

*ze allen den sieten, dá ich von rehte sol, n. Sw. r., só von rehte
ain vri Swáb ainer vrien Swábin sol, mir ze minem rehte, iu ze
iwerem rehte, mit minem volwerde engegen iwerem vollen werde,
ob ir mir den canzeláre gewinnet."* — *Diu wele elliu diu nimet
diu frouwe unde ir voget. — Nú nimet der voget, ir geborn voget,
diu wele unde die frouwen . . . . unde antwurtet si den man,
unde sprichet: „Wá ich iu bevilhe mine muntadele ziweren triwen
unde ze iueren gnáden, unde biliuch durch die triwe, als ich si iu
bevilhe, daz ir ir rehte voget sit unde ir genádich voget sit, unde
daz ir nit palemunt ne werdent." só enphdhet er si unde
habe sime.*

Der Bräutigam verspricht unter Ueberreichung von sieben
Handschuhen an Pfandes statt[3]), ein gerechter Vormund seiner
Frau zu sein[4]), aus seiner beweglichen wie unbeweglichen Habe
ihr gewisse nicht speziell bezeichnete Stücke, darunter seinen
ganzen „tresen" (Schätze und Kleinodien), zu übergeben, auch
diese Uebergabe feierlich am rechten Orte zu bekennen und zu
vollziehen, endlich durch den Schreiber *(canzeláre)* eine Urkunde
darüber ausfertigen zu lassen[5]). Die Bezeichnung dieser Urkunde
als „widembuoch" lässt keinen Zweifel darüber, dass wir es mit
dem Muntschatze zu thun haben[6]).

Die zweite Urkunde ist der Heiratsvertrag Friedrichs I. mit
Alfons von Kastilien v. J. 1188 (Mon. Germ. Leg. 2, 565), wonach
des ersteren Sohn, Herzog Konrad von Rotenburg, die Tochter
des letzteren heiraten soll: *et dabit ei donationem propter nuptias,
quae vulgo dicitur apud Romanos doaire, apud Hispanos arrhas,
videlicet totum alodium quod contigit eum tam a nobis (sc. im-
peratore), quam a nobilissimo patrueli meo Frederico, ... secundum usum et consuetudinem Alemaniae.* Die letzten Worte sind
eine getreuliche Uebersetzung des *náh Swábe é, náh Swábe rehte,*
während die Bezugnahme auf das französische *douaire,* die spa-
nische *arrha,* auch hier den Muntschatz erkennen lässt[7]).

---

[3]) Vgl. Reineke Vos 785: *hier sin dine oren unde kantschen to pande.*
[4]) Vgl. Bd. 1, 52. 181.
[5]) Vgl. Müllenhoff und Scherer a. a. O. 535 f.
[6]) Vgl. Bd. 1, 46.
[7]) Vgl. Bd. 1, 72. 89.

Seit dem 13. Jahrh. findet sich in einigen alemannischen
Gegenden, namentlich in der Schweiz, die Sitte, dass der Mann
bei der Verlobung neben der Morgengabe ein von derselben ausdrücklich unterschiedenes Leibgedinge (donatio propter nuptias,
dotalitium) für seine Frau bestellt[8]). So heisst es in dem Ehevertrage des jüngern Grafen Hartmann von Kyburg v. J. 1254.
(Zeerleder No. 328): *dedimus eidem E. uxori nostre in donationem
propter nuptias seu dotalitium castrum Burcdorf etc.* Hinterher
verspricht er die Morgengabe, die er als *donum propter nuptias
matutinum* von der andern Gabe unterscheidet[9]). Dass wir es
bei der letzteren mit dem Leibgedinge zu thun haben, wird
durch zwei Urkunden v. J. 1261 bestätigt[10]). Auch Ritter Cono
von Vilmeringen verspricht seiner Braut Leibgedinge und Morgengabe nach einander: *assignavit .. uxori sue sub nomine dotalicii, quod vulgo dicitur lipgedinge, 4 librarum reditus in Vilmeringen sitos, iuratus ad hoc eidem usque ad terminum statutum 6
adhuc librarum reditus assignare, salvo tamen in hiis omnibus iure
legitimo successorum;* darauf geschieht noch einer *donatio que
vulgariter dicitur morgengabe in Bülisacher sita* Erwähnung[11]).
Wenn es schon an sich nicht unwahrscheinlich ist, dass das
Leibgedinge in dieser Gestalt sich aus dem alten Muntschatz
entwickelt hat, so wird dies durch den Namen „Widem" zur
Gewissheit[12]). W. v. Oberuzwil §. 45: *Und (was) also ains
menschen libding ist, es si man oder wib, das sol es in eren han
mit tach, mit gemach . . ., es sol ouch dieselben widum nit angrifen, weder mit versetzen noch mit verkofen, alldiewil es sins aignen
guotz ütz hät. wenn es aber kain aigen guot me hett, so mag es
denn die widum angrifen.* W. v. Wattwil §. 5: *Item man sol
ouch libding oder widem in guoten eren halten.*

Das Wort „Widem" hat nun aber wie die Gabe, welche es
bezeichnet, im Laufe der Zeit seinen Ursprung vergessen. War

---

[8]) Vgl. Blumer 1, 180 f. Bluntschli, zürch. RG. 1, 282.
[9]) Siehe §. 2 No. 48.
[10]) §. 2 No. 60. Kopp, Urk. II No. 60.
[11]) Zeerleder No. 392 (1259).
[12]) Vgl. Rechtsqu. v. Basel I No. 130 (1441). Mon. Zoll. I No. 246
(1302). 513 (1409).

der Muntschatz erst zu einem Leibgedinge geworden, so lag es
nicht mehr fern, ihn mit den auch sonst zwischen Ehegatten
üblichen Leibgedingsbestellungen zusammenzuwerfen und selbst
die Ausdrücke „Widem" und „bewidmen" hierauf zu übertragen[13]).
Schon im 13. Jahrh. nimmt man keinen Anstoss daran, dass der
Mann während der Ehe seiner Frau ein Leibgedinge unter dem
Namen dotalitium oder donatio propter nuptias bestellt[14]), und
das dem Manne von der Frau bestellte Leibgedinge wird mit
dem ersteren auf völlig gleichen Fuss gestellt[15]). So hat der
Muntschatz alle Eigenthümlichkeit verloren, höchstens könnte

---

[13]) Vgl. Rechtsqu. v. Basel I No. 119 (1431): *als der stett recht und
gewonheit ist, daz eliche gemechte unser burger, die nit elich lebendige
kinde habent, einander in varende guot vergaben, ordenen und machen
mœgent und ir ligende guot widemen.* Auch die oben angeführte Stelle
des W. v. Oberuzwil bezieht sich gleichzeitig auf das dem Manne von der
Frau eingeräumte Leibgedinge. Siehe Anm. 15.

[14]) So Graf Hartmann I. von Kyburg 1241 und später wiederholt.
Zeerleder No. 247 a (s. §. 2 No. 59). Ebd. 247 b. 250. 282 (s. §. 2 No. 45).
Ebd. I S. 400 (1253). Kopp, Urk. II No. 16—18. Auch Hartmann II. be-
stellt seiner Gemahlin mehrere Jahre nach ihrer Verheiratung ein neues
Leibgedinge. Zeerleder No. 340 (1255). 373 (1257). Ritter Heinrich von
Jegistorf gibt seiner Frau *in die comitiali in Jegistorf . . . ritu consuetu-
dinario et titulo qui vulgo dicitur lipgedinge, et liberis per ipsam et me
nunc habitis et habendis in futurum in allodium,* verschiedene Besitzungen,
und zwar unter Zustimmung seines Sohnes. Zeerleder No. 674 (1276).
Im Jahre 1306 bekennt Junker Rudolf von der Palma: *daz ich . . . .
alles min guot, ligendes oder verndes, gemacht han und hin geben offenlich . . . an dien stetten, da ichs dur recht thuon mochta, . . . miner lieben
ewirtin ze lipgedinge, und ir kinden, du si bi mir heit oder noch bi mir
gewinnet, ze rechtem eigen, und wil, das si na mim tode alles min guot,
daz ich lase, besizzet und niesse, als man lipgedinge dur recht sol niessen,
und och vuer mich gelte und min selgeret richte, als ich gesezzet han . . .;
thuet si des nuet, oder nimt si na mir ein andern man, so ist dis alles
ab, und sol alles min guet an min rechten erben vallen.* Kopp, Urk. I
S. 72.

[15]) Zeerleder No. 690 (1277): Gräfin Anna von Kyburg verkauft die
Stadt Freiburg im Uechtlande, *quod ad me ex hereditate paterna pertinuit;*
ihr Mann, der Graf Eberhard von Habsburg, genehmigt den Verkauf und
entsagt *omni iuri quod mihi competebat . . sive ratione pignoris, seu occasione usufructus quod vulgariter dicitur lipgedinge in dicto oppido Friburch
ab uxore mea mihi constituti.* Mone 5, 125 (1297): eine Frau schenkt ihrem
Manne ein Gut *iure usufructuario pro tempore vite sue pacifice possidendas
seu possidendos, iure tamen hereditario liberis eorundem . . penitus rema-
nente.* Ein Baseler Statut v. 1424 setzt fest: *das hinnanthin zwei eliche*

man eine solche noch in dem eidlichen Verzicht der Frau bei
Veräusserung ihres Leibgedings [16]) so wie in der Vorschrift finden
wollen, dass die Frau durch unsittlichen Lebenswandel ihr Leibgedinge verwirkt [17]).

§. 11. Das einfache Leibgedinge unter Ehegatten.
Nur in der loseren Gestalt, welche das Witthum in der späteren
alemannischen Zeit angenommen hat, begegnet das Leibgedinge
im Schwabenspiegel wie im Augsburger Stadtrecht und in den
bairisch-österreichischen Quellen. Eine Verbindung mit dem
Muntschatze lässt sich hier nicht mehr feststellen, und wenn man
auch vermuten darf, dass bei den Schwaben die ursprüngliche
Entwickelung dieselbe wie bei den Alemannen gewesen sei, so
ist diese Ansicht doch für die bairisch-österreichischen Gebiete
entschieden zurückzuweisen [1]). Der Schwsp. hat zwar durch die
Vermittelung des Dsp. die von der Leibzucht der Frau handeln-
den Stellen des Ssp. grösstentheils aufgenommen und das Wort
Leibzucht überall durch Leibgedinge ersetzt [2]), daneben zeigen
aber Dsp. 36 f. und Schwsp. 36 f., dass dies Institut durchaus
nicht als ein dem ehelichen Güterrecht eigenthümliches anzusehen,

---

*gemechde, die nit elicher kinden bi einander hant, sœlich ligende guot ...,
so si denn in der e mit einander gewunnen, erobert oder kouft habent, der
man dem wibe die zwenteil und daz wib dem manne den dritteil .. einander ze beiden siten als wol widemen mœgent, ob si wellent, als es dheinen
teil under inen sœlich guot von vatter und muoter oder andern in erbes
oder sust in ander wise ankomen wer, ône alle geverde.* Siehe Anm. 13
und §. 2 No. 62. Vgl. Blumer 1, 18?. 500 ff.

[16]) Siehe S. 7 No. 46 f. S. 31 f. Zeerleder No. 314 (1252). 444
(1263). 487 (1267). 606 (1274). 612 (1274). 896 (1296). In andern als schweizerischen Urkunden ist mir dieser eidliche Verzicht nicht begegnet, es genügt immer die einfache Zustimmung der Frau.

[17]) W. v. Holderbank §. 14: *Wa ein man siner elichen husfrowen ein
gemächt macht oder ein lipding, wa die frou ir er übertrifft, die sol gar
und genzlich von ir gemächde sin* (Gr. 5, 71). Beschränkung des Leibdings auf den Witwenstand kommt in der oben (Anm. 14) angeführten
Urkunde v. 1306 vor; auch das Leibgeding, welches Graf Hartmann II.
seiner Gemahlin bestellt hat, wird von seinen Verwandten nur unter dieser
Beschränkung genehmigt: *in subsidium vidualis continentie .., donec for-
san alteri viro nupserit.* Kopp, Urk. II No. 60 (1261).

[1]) Vgl. S. 2.

[2]) Ssp. I, 21 §. 1 u. §. 2. 32. II, 21 §. 3. III, 74. Dsp. 23. 24. 35. 123.
331. Schwsp. 19. 21. 35. 188. 146.

die besondere Berücksichtigung des weiblichen Leibgedings also
nur durch den Ssp. veranlasst worden ist. Auch in dem Augsburger Stadtrecht [3]) und in den bairischen Rechtsquellen [4]) hat
das Leibgedinge einen ganz allgemeinen Charakter, und es kann
für uns nur als ein besonderes Rechtsgeschäft unter Ehegatten,
nicht als ein eigenthümliches Institut des ehelichen Vermögens
in Betracht kommen. Dass diese Leibdingsbestellungen unter
Ehegatten schon in der ältesten Zeit sehr gebräuchlich waren,
haben wir im ersten Bande gesehen; sie scheinen theilweise so
zur Gewohnheit geworden zu sein [5]), dass sich vielfach allmählich
ein festes Erbrecht oder eine gesetzliche Leibzucht des überlebenden Theils daraus entwickelte. Das letztere ist namentlich in
Oesterreich der Fall gewesen, wo ausserdem die Morgengabe in
Leibdingsweise bestellt zu werden pflegte [6]).

Viertes Kapitel.　Die Widerlegung.

§. 12. Die ursprüngliche Form der Widerlegung[1]).
Das Wort „Widerlegung" ist so viel wie Gegenleistung, Ersatz,
recompensatio, und zwar sowol Ersatz eines schon entstandenen,
wie Sicherheit wegen eines etwaigen zukünftigen ·Schadens [2]).
In diesem Sinne kommt das Wort in den verschiedensten Ver-

---

[3]) Fr. 97—99. W. §. 279. 280.

[4]) Bair. Lndr. 182 f. (15, 1. 2). Münch. Stadtr. 97. 196. Vgl. Häberlin,
system. Bearb. der Hist. Fris. 222 f.

[5]) Vgl. Meichelb. I b No. 1278. II b No. 290 (1384). Tr. Obermünster.
7. 30. 82. 163. Tr. Chiems. 161 v. J. 1160 (MB. 2, 333). Dipl. Chiems. 6
v. J. 1233 (ebd. 2, 399). Dipl. Formbac. 43 (1355). Tr. Weibensteph. S. 367.
468. 473. Tr. Neocell. S. 537.

[6]) Siehe S. 52 f. Bei Hasenöhrl (österreichisches Landesrecht 101 f.)
herrscht grosse Unklarheit, weil der Verfasser die verschiedenen ehelichen
Vermögensinstitute nicht scharf genug trennt und die lateinischen Ausdrücke missversteht. Das der Frau eingeräumte Leibgedinge begegnet,
wol unter dem Einfluss des Ssp., Prager RB. 148 und Altprager Stadtr. 39
(Rössler XIV).

[1]) Die in der Literatur übliche Bezeichnung „Widerlage" ist den
Quellen unbekannt.

[2]) Vgl. Schmeller, bair. WB. 2, 453. Homeyer, Syst. d. Lehnr. 316.
Haltaus 2101 f. Urk. B. des Schottenklosters 109 (1309): *daz han ich getan*
ze widerlegunge etliches schadens, den darselbe goteshaus emalen von mir
enphangen hat. MB. 33 b, 53: *ze einer ergetzung und widerlegung, ob er*
darselb gotshaus ie mit dheinen sachen beswœrt oder beschedigt hab. Ebd.

hältnissen vor, besonders häufig wird es aber von der Verpflichtung des Mannes, der Frau den durch seine Handlungen an
ihrem Vermögen zugefügten Schaden zu ersetzen, gebraucht;
dies gilt zunächst nicht von ihrem Immobiliarvermögen, da der
Mann über dasselbe nur mit ihrer Zustimmung verfügen kann,
sondern nur von der fahrenden Habe, namentlich von barem
Gelde. Bei Verfügungen des Mannes über die Morgengabe ist
uns diese Art der Widerlegung schon mehrfach begegnet [3]); eine
andere Art ist die, dass die in Gelde bestehende Morgengabe
auf Grundstücke „verwiesen" wird [4]). Auch die Heimsteuer wird
nicht selten in der Weise ausgerichtet, dass der Besteller für das
von ihm versprochene Kapital ein Pfandrecht an Immobilien einräumt [5]); findet aber Barzahlung statt, so bieten sich drei Wege
dar: entweder das Kapital der Discretion des Mannes zu überlassen, oder ihn zur Sicherheitsbestellung (Widerlegung) zu
nötigen, oder endlich die Summe in Grund und Boden anzulegen.
Letzteres kann wieder so geschehen, dass die gekauften Grundstücke einfach an Stelle der Heimsteuer treten und Eigenthum
der Frau werden, oder so, dass der Mann das Eigenthum erwirbt,
die Grundstücke aber seiner Frau als Pfand für die Heimsteuer
überlässt. In diesem Falle spricht man von einer Widerlegung,
ganz in derselben Weise als wenn der Mann das Pfand von vornherein aus seinem Vermögen gegeben hätte.

Diese verschiedenen Wege werden zum Theil auch in den
Rechtsquellen angedeutet [6]), am schärfsten treten sie aber in den
Urkunden hervor, die nach ihrer Heimat geordnet hier ihren Platz
finden mögen.

300: *hant sie dieselben 8 fl. haller geltz geben ainem pfarrer, der die
pfarr datz Althen ewiclichen sol besingen zuo einer widerlegung der sache.*
Siehe ebd. 33, 498.

[3]) Siehe S. 33. 40 f.

[4]) Siehe S. 28 f. 40—42. 51. 60.

[5]) Siehe S. 18.

[6]) Landb. d. March. 72: *Item esz ist unser lantzrecht von der widerlegung wegen also, daz ein ietlicher im land . . . einer frouwen guot, so
daz von im erfordret wirt, widerlegen sol an erb und an eigen.* W. v. Küssnacht I §. 3 (Gr. 4, 357): *Item aber sol einer frowen guot ligen an eigen
und an erb, und sol ein man einer frowen setzen; und ob si mit den fründen nit eis möchten werden, so sol es dann stan an einem amman und*

Schwäbisch-alemannisch [7]). Dem jüngern Grafen Hartmann von Kyburg waren zu seiner Gemahlin Elisabeth von Burgund u. a. 1000 Mark Silbers als Heimsteuer versprochen, von denen bei unbeerbtem Tode der Frau die Hälfte zurückfallen sollte. Im Jahre 1255 [8]) liess er seine Schwiegereltern zur Zahlung auffordern, mit dem Anerbieten: *quod de medietate dicti argenti, videlicet de 500 marcis, ad opus predicte filie vestre . . sint acquirende possessiones et emende*, einstweilen aber wolle er sein Schloss zu Zürich *loco possessionum de predictis 500 marcis acquirendarum . . . nomine dotalitii conferre vel per sommam predictam titulo pignoris obligare*, denn für eine so grosse Summe werde in jener Gegend so bald kein passender Grundbesitz zu kaufen sein. Später trat denn auch die zweite Alternative [9]) ein, und Hartmann überwies seiner Gemahlin *nomine usufructus* mehrere Besitzungen *pro tempore vite sue quiete et pacifice possidenda*, und zwar *cum sollempnitale huic donationi seu assignationi necessaria: propterea obligavit eidem E. uxori sue . . villas suas . . . pro 500 marchis argenti, quas secundum pactiones factas tempore contractus sponsaliarum eorumdem . . tenebatur assignare, ita ut, si contingat*

---

biderben lüten. W. v. Bubikon §. 17 (Gr. 1, 66): *Wellicher des huses eigen man ein elich wip nimpt ôn alle geding und nach des huses eigner lüten recht, das dero gut . . an eigen und erb ligen und geleit werden und das weder schwinen noch wachsen sol, es were dann da libs noturft.* W. v. Altorf §. 42: *Si sprechent ouch, weli frou zu der e kom in iren hof unverdingot, so ist ir varend guot ganz des mans . ., kumpt si aber verdingot zu dem man, das daz ir sölli ligen an eigen und an erb, so si ir hofrecht, das daz varend guot zu dem ligenden gehöri, usgesetzt ir verschrotten gewand, ir tuechli, ir bettstatt, und das si dann zu im bringt.* Schwyzer Landesbeschl. v. 1294 (Kopp, Urk. II No. 90. Blumer 1, 558): *Were ouch de (l. daz), das deheinem lantman zuo sinem wibe wurde gegebin verndes guot, und er iro daz nicht angeleit, e daz er in gelt kumet, so sol er gelten e dien rechten gelten, und danne sinem wibe geben, und daz tuon vor gerichte.* Vgl. Blumer 1, 179. 464 f. Bluntschli 1, 285.

[7]) Siehe auch RB. 9, 60 (1362). Mon. Zoller. I No. 361 (1372).

[8]) Zeerleder No. 340. Vgl. §. 2 No. 10—12.

[9]) Anders bei dem ältern Grafen Hartmann, der i. J. 1241 erklärte, dass seine Gemahlin Margarete von Savoyen mehrere Ortschaften *libere et quiete possidet iure proprietatis, quia cum argento, quod pro dote recepi, titulo emptionis est eidem uxori mee iuste et rationaliter aquisitum.* Zeerleder No. 247 a.

predictum comitem et comitissam sine prole .. decedere, iam dicte
500 marche vel pignus pro ipsis obligatum ad sepedicte E ...
heredes legitimos revertantur[10]). Der Graf bestellte also mit seinem
Vermögen Sicherheit für die eventuelle dereinstige Rückzahlung
des Heimsteuerkapitals; es handelt sich um eine Verpfändung,
denn es wird ausdrücklich anerkannt, dass bei Elisabeths Tode
das Kapital oder das Pfand auf ihre Erben übergehen solle;
wenn Graf Hartmann gleichwol von einem Leibgedinge spricht,
so kann dies nur so verstanden werden, dass bei Lebzeiten seiner
Gemahlin eine Einlösung des Pfandes nicht eintreten solle. —
Im Jahre 1341 [11]) bekennt die Gräfin Adelheid von Zollern: *daz*
wir oder unser erben die burg Ingershain . . . wider ze lœsenne
süllen gen . . . unserm wirt und sinan bruodern . . . und iran
erban . . . umme 1500 ℔. . . ., die .. unser elicher wirt und sine
bruder von unserre hainstur ingenomen hant und uns uf diu vorg.
guot wider let hant.

Bairisch. In einer Münchener Urk. v. 1314 (Dipl. s. Clarae
76) heisst es: *auf soytanem gut .. da hat der vorg. Ulrich .. der*
vorg. frau B. 80 ℔. Muncher ₰ irr heistiur uf gegeben und gezeigt.
Aehnlich wird in einer Freis. Urk. v. 1321 (Meichelb. II b No. 250)
bekundet, dass Graf Albert von Görz *sein hausfrawen und wir-*
tinne .. geweiset und bezaigt hat 500 mark β irr haimstiür auf
50 mark gelts, gelegen in der gegend ze S. auf die urbor und gut..
hernach geschriben . . ., daz si ir lebtag diu vorg. gut inne haben
und niezzen sol und dieselben gut und urbor, die ir ze haimsteuer
bezait sint, niht enpfrönden sol; . . . nah ir tode sollen diu gut
und lehenschaft an gevallen ir erben, die si bei graf Alb. hat oder
noch gewinnet, daz sün sint; verfür aber si dn sölich erbn, so
gevallent diu vorg. gut und haimstiur wider an graf Alb. sün.
Hier wird das Pfand selbst als Heimsteuer bezeichnet und, wie
in der Urkunde Hartmanns von Kyburg, zunächst der Gräfin in
Leibdings Weise überlassen; da jedoch für den Fall ihres unbeerbten Todes schlechtweg von dem Rückfall der „Heimsteuer"
an die Erben des Bestellers, nicht aber von einer Einlösung des

---

[10]) Zeerleder No. 373 (1257).
[11]) Mon. Zoller I No. 292.

Pfandes durch Zahlung der 500 Mark die Rede ist, so sind wir
genötigt, die ganze Urkunde auf die ausgebildete Form der
Widerlegung, von der wir im §. 13 sprechen werden, zu beziehen. — Besonders bezeichnend ist eine Urk. des Klosters Au
v. J. 1452 (MB. 1, 245). Eine Frau klagt gegen ihren Mann,
der sie heimlich verlassen hat, *si hab im zu heiratgut bracht
21 tt. ₰, und der er also habhaft worden ist, und daselbs sei durch
biderleut geredt und gesprochen worden, das er ir ir heiratgut
zaigen, vermacken und widerlegen sulle auf seiner gerechtichait und
hern genad, die er dan auf der arhueb (ærbhueb?) hat . ., und
auf ander seiner hab und gut . . ., nach landesrecht; des si von
im nicht bechomen hab mugen, und er sei bei nachtlicher weil von
ir geritten und hab ungeverlichen als gut mit einander, sein heirat
und ir pussenchewant, und si wiss nit, wo oder wellent er sei.*
Das Gericht entscheidet: *die frau hab behabte und erlangte recht
auf der obgemelten gerechtichait und herren genad, so ir mann
auf der ærbhueb hat, und darzu auf allem dem gut das . . ir mann
in der herschaft Klingberg hat, nichz ausgenomen.* Hier wird, obgleich die ursprünglich beabsichtigte Widerlegung nicht zu Stande
gekommen ist, der Frau gleichwol vom Gericht ein Pfandrecht
an dem Vermögen ihres Mannes eingeräumt, also, so zu sagen,
eine gesetzliche Widerlegung anerkannt.

Oesterreichisch [12]). Notizenbl. 1854 S. 129 (1348): Otto von
Meissau quittiert seinem Schwiegervater Friedrich von Wallsee
über 600 Pfd. *zue meiner hausvrowen,* er erklärt: *und han auch
ich dieselben 600 tt. widerlegt nach rat und mit willen und gunst
meiner prueder . . . mit dem guet, daz ich umb die egen. 600 tt.
gechauft han;* bei unbeerbter Ehe Rückfall an die von Wallsee,
vorbehaltlich des Lösungsrechts mit 600 Pfd. zu Gunsten der Brüder Ottos. — Ebd. S. 343 (1360): Konrad von Meissau quittiert
über 500 Pfd. Heimsteuer, die ihm zu seiner Hausfrau gegeben
sind: *und han auch ich ir dieselben 500 tt. ₰ widerlegt, und han
auch ir dofuer gesaczt meins rechten aigens daz halb haus dacz L.*
— Ebd. S. 535 (1374): Rudolf von Wallsee quittiert über eine
Heimsteuer von 1056 tt. 60 ₰, *die ich berait in genomen und zu*

---

[12]) Siehe auch Notizenbl. 1853 S. 307 (1411). 309 (1412).

*meinem und meiner pruder nutz und noetdurft angelegt han, und
fuer dieselben phenning han ich der egen. meiner housvroun gesatzt
ze rechter widerlegung nach des landes recht ze Oesterreich .. mit
gunst und willen meiner lieben prueder etc.* Bei unbeerbter Ehe
soll seine Frau und nach ihrem Tode ihr Erbe *die vorg. guelt
und gueter fuer die obg. phenning .. in nutz und in gewer inne-
haben und niezzen, alz satzes und des landes ze Oesterreich recht
ist, untz daz mein nechst erben dieselben gueter von in lœsent umb
1056 tt. und 60 ₰.*

§. 13. **Die ausgebildete Form der Widerlegung.**
In dem Gedicht von Metz und Betzen Hochzeit wird im un-
mittelbaren Anschluss an die Heimsteuer [1]) eine Gegengabe des
Mannes geschildert:

Lassberg 52—58:	Hätzlerin 48—54:
Do wart Metzen wider lait	*Da ward frau Metzen wider-*
ain juchart schœn mit flachs gesæt,	*lait*
und ain malter·habern wol durch	*zwuo juchart ackers, wol gesät,*
plæt,	*drei malter habers, recht erplät,*
zwai schœff, und ain han	*auch ward ir von dem tennen*
mit fierzehen hennan,	*ain han mit vierzehen hennen*
und ain pfund pfening:	*und fünf pfunt pfenning:*
daz warent zimlichi ding.	*das waren als zimliche ding.*

Was hier Widerlegung genannt wird, ist nicht mehr eine
Sicherheitsbestellung für dereinstige Rückzahlung der Heimsteuer,
sondern eine positive Leistung des Mannes, eine Zugabe zur
Heimsteuer (augmentum dotis). Die Widerlegung in dieser aus-
gebildeten Form lässt sich auf schwäbisch-alemannischem Gebiete
bis in den Anfang des 13. Jahrh. zurückverfolgen. Die älteste
Spur findet sich in dem Heiratsvertrage des ältern Grafen Hartmann von Kyburg mit Margarete von Savoyen v. J. 1218 (Zeerleder No. 114). Die letztere erhält von ihrem Vater *in dotem*
2000 Mark [2]), dann heisst es weiter: *et ipse comes Artemannus
donavit pro melioramento Margarite uxori sue 2000 marcarum*

---

[1]) Dies ist von Grimm (RA. 430) auf Grund eines oben bemerkten
Misverständnisses verkannt worden. Siehe S. 17 Anm. 15.

[2]) Vgl. §. 12 Anm. 9.

argenti, que ipsa debet habere super Friburgum ..., vel super fideiussores posset recuperare ea que de conventionibus tenentur. — Im Jahre 1332 (Chmel, österr. Geschichtsforscher 1, 184) erklärt Graf Rudolf von Montfort, er wolle seiner Gemahlin 2000 Mark Silbers *geben, legen und machen uf sin aigen burg .. zu einer redlicher und rehter widerlegung.* — Ein Sarganser Ritter verpfändet seiner Frau i. J. 1342 eine Burg für 100 Mark Heimsteuer, 100 Mark Widerlegung und 50 Mark Morgengabe [3]. — Graf Ulrich von Würtemberg verspricht 1362 für die seiner Braut bewilligte Heimsteuer von 24,000 fl. die gleiche Summe *ze rechter widerlegung ires zuogeltz und irr heimstewer* [4]. — In dem Ehevertrage des Ritters von Blumberg mit der Tochter Heinrichs von Diessenhofen v. J. 1429 (Schauberg 2, 106) verspricht der letztere, *zu rechter haimstür* binnen Jahresfrist nach der Vermählung 600 fl. zu entrichten oder vielmehr den Ertrag derselben mit 5 % zu *bewisen, versichern und versorgen uf gelegn güter,* und nach dem Tode des Ritters von Stein noch 200 fl. hinzu zu fügen. *Ze glicher wise sol Hainrich von Blumberg sinem wib widerlegen 800 .. fl., und soll ietz ze mal die 600 fl. bar darlegen, und wenn es zemal kombt umb die 200 fl. von dem von Stain .., so sol H. von Blumb. ir denne och die 200 darlegen und gäben án verzug.* — In einer Urk. v. 1480 (Mone 3, 370) erklärt die Frau eines Ritters bei einer Veräusserung ihres Mannes: *dass si umb 1200 fl., so si zue dem gen. herrn D. an haimstiur gebracht, umb 1200 so er ir dagegen widerlegt, und umb 300 so er ir zue morgengab gegeben, das sich an ainer sum gepúrte 2700 fl. rinisch, uf das evermeldt dorf K. verwist worden und verschribung darumb gehapt hette.*

Der Deutschenspiegel, der in seiner Vorlage keinen Anknüpfungspunkt fand, erwähnt die Widerlegung nirgends ausdrücklich; dagegen enthält der Schwabenspiegel zwei hierauf bezügliche, wenn auch gleichfalls ziemlich unklare Stellen. Zunächst heisst es Schwsp. 201g: *Füret ein (man) eine maget uz, diu im niut gelobt ist, unde gelit er bi ir, er sol si ze einem e wibe behaben unde sol si hein*

---

[3] RB. 7, 334.

[4] Siehe S. 13 Anm. 9.

stiuren unde sol si elichen nemen. Diese Worte sind die Uebersetzung
einer bekannten Bibelstelle (II. Mos. 22, 16); die in derselben
berührte Gabe des mosaischen Rechts [5]) entspricht dem altdeutschen Muntschatz, sie wird daher von Alfred d. Gr. passend
durch „weotuma" und ebenso angemessen c. 1. X. de adulteriis
(5, 16) durch „dotare" bezeichnet [6]), während Luther weniger
gut „Morgengabe" übersetzt; ein Franke würde unfehlbar „be-
wedemen" gesagt haben, und desselben Ausdrucks hätte sich
wol auch ein Schwabe des 12. Jahrh. bedient, während sich dem
Verfasser des Schwabenspiegels, aus Gründen die wir unten
kennen lernen werden, nur die Bezugnahme auf · die Widerlegung darbot, die er, auffallend genug, als eine vom Manne
gegebene Heimsteuer bezeichnete. Derselbe Sprachgebrauch kehrt
Schwsp. 23 (Dsp. 24) wieder: *Git ein man sinem wibe varnde guot
ze histiur oder ander guot.* Man hat diese Worte allgemein auf
die Widerlegung bezogen [7]), und mit Recht, denn sie handeln
offenbar von einer mit der Heimsteuer in Zusammenhang stehen-
den Gabe des Mannes, und darunter kann man sich nur die
Widerlegung denken; nur muss man sich hüten, die Worte *ze
histiure* etwa als „augmentum dotis" („zu der Heimsteuer hinzu")
aufzufassen, sie bedeuten vielmehr „als Heimsteuer", die Gabe
des Mannes wird hier wie in der zuerst besprochenen Stelle
selbst Heimsteuer genannt [7a]). Dies wird durch eine Urk. von
1377 (Mon. Zoll. I. No. 369) bestätigt, in welcher Graf Friedrich
von Zollern erklärt, dass er seiner Gemahlin, Adelheid von Fürstenberg, *ze rechter hainstiur geloupt und verhaissen hab ze gebende
1500 fl. . ., und hab siu und ir erben des guts redeliche bewiset
uf die gut, die hie nach geschriben staunt;* er verweist sie und
ihre Erben deswegen auf mehrere Dörfer und behält sich und
seinen Erben das Einlösungsrecht vor.

Die Bezeichnung der Widerlegung als Heimsteuer ist auch
den bairischen Quellen nicht fremd. Schon oben (S. 79) haben

---

5) Siehe Bd. 1, 80 Anm. 16. I. Mos. 34, 12. I. Samuel. 18, 25.

6) Vgl. Bd. 1, 15. 81.

7) Vgl. Kraut 2, 480—82. Siehe unten S. 111.

7a) Ebenso wie die Heimsteuer zuweilen als Widerlegung bezeichnet
wird. Siehe S. 70.

wir sie in einer Freisinger Urk. v. 1321 kennen gelernt, und
ebenso begegnet sie in einem Heiratsvertrage v. 1290 (Mon.
Witt. 175): *und sol man derselben junchvrowen ir gelichen eribteil
gebn zuo des L. sun; und swaz man der junchvrowen geit, als
vil sol der L. sinem sun gebn, und 50 tt. mer, fur heimstewer
und fur morgengab.* Vgl. MB. 21, 468 (s. Anm. 12).

Die älteste Spur der Widerlegung in Baiern rührt aus dem
Jahre 1234 (RB. 2, 236): ein Mann verspricht seiner Frau 50 tt. ₰
in augmentum dotis und lässt ihr dafür ein Lehn auf. Hieran
schliessen sich mehrere wittelsbachische Urkunden, von 1287
(s. §. 2 No. 58), 1332 ⁸) und 1345 (s. §. 2 No. 43). Das
bairische Landrecht v. 1346 und das Stadtrechtsbuch v. 1347
haben der sonst in den Rechtsquellen sehr vernachlässigten
Widerlegung mehrere Bestimmungen gewidmet ⁹), und dies mag
mit ein Grund für die starke urkundliche Verbreitung jenes
Instituts in Baiern gewesen sein ¹⁰).

---

⁸) Mon. Witt. 287: Markgraf Ludwig von Brandenburg verspricht
seiner Braut, die 10,000 Schock ₰ *se heimstewer* mitbringt, den gleichen
Betrag *se widerlegung*, wegen deren sie binnen Jahresfrist auf mehrere
Städte verwiesen werden soll. Weiter heisst es: *Darzu sol er sie nach
seinem eren bemorgengaben.*

⁹) Bair. Lndr. 110 (11, 17): *Sturb ain man vor seiner hausfrawen, und
liss ir nicht chint, der selben frawen sol, ir und iren erben, ir haimstewer
volgen, die si zuo irem wirt pracht hat, und darzuo ir morgengab, die si
von im hat, und auch ir widerlegung, ob als vil hab da ist.* Münch.
Stadtr. 123: *Stirbt ainem man sein hausfraue, der mag der andern frauen
widerlegen auf seinem aigen, das er bei der vodern frauen gehabt hat,
und des mügen in die vodern chint nicht irren, ... und sol auch die
widerleg den vodern geborn unschedleich sein; er sol aber swern vor dem
rechten, daz er chain varnts guot hab, darauf er seiner hausfrauen ir
widerleg geben müg; .. gewint aber er hernach oder chauft ander guot,
darauf sol er der hausfrauen widerlegen, und sol den ersten chinten ir
aigen ledig machen, ob er ez tuon mag.* Ebd. 216 (s. S. 2).

¹⁰) Dipl. s. Clarae Monac. 554 (1358): ein Mann quittiert seinem
Schwiegervater über 10 Pfd. Heimsteuer und erklärt: *und da sol ich meiner
hab 10 tt... zu legen, und sullen also die 20 tt... angelegt werden nach
unser peder freunt rat meiner vorg. hausfraun K. und iren erben die wir
leiplich mit einander haben, oder andern erben die si hat, wann es heiratgut und widerleg ist.* RB. 9, 199 (1368): die Frau hat dem Manne *se
hamstiur zubracht und geben .. 1200 tt. hlr, und se widerlegung der
1200 tt. hlr, das nu also bringet und gebürt 2400 tt. hlr,* hat der Mann
mehrere Güter verschrieben. Dipl. s. Clarae Monac. 453 (1467): ein

Das charakteristische Merkmal der Widerlegung [11]) besteht darin, dass sie gewissermassen die Antwort des Mannes auf die Bestellung der Heimsteuer ist und in engster Beziehung zu dieser steht; dadurch unterscheidet sie sich von den selbständigen Zuwendungen, wie Morgengabe, Witthum, Leibgedinge, bei denen es gleichgültig ist, ob die Frau eine Heimsteuer hat oder nicht. Andere Unterscheidungsmerkmale gibt es nicht. Zwar ist es nach den oben angeführten Urkunden die Regel, dass die Widerlegung genau in der Höhe der Morgengabe bestellt wird, zu ihrem Wesen gehört dies aber nicht, sie kann auch grösser oder geringer als die Heimsteuer sein [12]). Ebenso wenig setzt sie eine in Geld bestehende Heimsteuer unbedingt voraus, und sie selbst kann in allen möglichen Sachen, beweglichen wie unbeweglichen, bestehen [13]), nur ist es der weitaus gewöhnlichste Fall, dass sie in Geld festgesetzt und demnächst in Grund und Boden angelegt wird [14]). Dadurch wird die Widerlegung zugleich der einseitigen Verfügung des Mannes entzogen [15]), das Verfügungsrecht der Frau ist aber ein verschiedenes, denn wie an der Morgengabe,

Münchener Bürger erklärt, seine Frau habe ihm durch ihren Vater und andere Freunde von Vaters- und Mutterseite *verheiratt und zu rechtem heiratgut zupracht den halben hof zu G . . . und darzu 25 fl. reinisch, das ich alles in mein gewalt enpfangen han. darentgegen so hab ich der benanten meiner lieben hausfrawen zu rechter widerlegung so vil verschriben und vermacht, als der benant ir halber hof wert ist, und hab ir zu morgengab geben 43 fl.*

[11]) Auch dotalitium (s. §. 2 No. 43), donatio propter nuptias (s. §. 2 Nr. 58), augmentum dotis (s. S. 84), compensatio und recompensatio dotis (Mon. Aug. I No. 206. 253), Widerbringung (Dipl. s. Ulric. 46), aber nicht Widergemächt (s. S. 28 Anm. 9).

[12]) MB. 21, 468 (s. S. 20 Anm. 3). Dipl. Rot. 236 (1387): *dass mich und mein tochter, sein wirtin, . . mein aiden freuntlich gezeigt hat mein heimsteuer, die ich im zu meiner tochter M. gegeben han, und auch die widerlegung, des mich und mein tochter wol genügt hat.*

[13]) Schwsp. 23 (s. S. 83). Münch. Stadtr. 123 (s. Anm. 9). Siehe auch die zu Anfang dieses Paragraphen angeführte Dichterstelle.

[14]) Siehe noch Mon. Aug. II, 447 (1377). MB. 34 b, 20 (1462).

[15]) Er bedarf der Genehmigung seiner Frau, auf die schon früh vielfach die von der Veräusserung der Morgengabe geltenden Formvorschriften übertragen wurden. Siehe S. 34 Anm. 17. Veräusserungen in echter Not werden dem Manne zuweilen ausdrücklich vorbehalten. Dipl. Rot. 236 (1387).

so hat sie auch an der Widerlegung bald Eigenthum [16]), bald
blosse Leibzucht [17]). Ob in ersterem Falle das Recht der Frau
durch den früheren Tod des Mannes bedingt ist und mit dem
früheren Tode der Frau erlischt, lässt sich aus den Quellen nicht
mit hinreichender Sicherheit entscheiden.[18])

Fragen wir nach der Entstehung der Widerlegung, so liegt
es zunächst auf der Hand, dieselbe an die ursprüngliche ein-
fachere Form (§. 12) anzuknüpfen. Diese ist zwar keineswegs
durch die spätere Entwickelung verdrängt worden, sondern beide
bestehen ungeschmälert neben einander fort, aber das alte Institut hat doch dem neuen den Namen und auch unzweifelhaft

[16]) Die von Graf Rudolf von Montfort 1332 bestellte Widerlegung
(s. S. 82) sollte bei kinderloser Ehe ganz, bei beerbter Ehe wenigstens
zum vierten Theil Eigenthum der Frau sein. — Ludwig der Römer verspricht 1345 (s. §. 2, No. 43) 12,000 Schock Groschen *nomine veri dotalitii
munitionibus castris vel civitatibus . . . non obligatis, sed hereditarie propriis assignare.* — Dipl. s. Clarae 554 (s. Anm. 10) und Mon. Zoller. I,
No. 369 (s. S. 83) wird die Widerlegung ausdrücklich auf die Erben der
Frau ausgedehnt. — Im Jahre 1329 überträgt eine Witwe *alles mein guot,
mein heimstiure, mine widerlegunge und mine morgengabe* ihrem Sohne
von Todes wegen: *daz er daz nach mir erben sol;* Veräusserungen für
den Fall der Not behält sie sich vor. Mon. Aug. I No. 412. — Im Jahre
1354 verkauft eine Witwe ihren Antheil an der Burg Schöneck: *ich hab
es vor mins vater selig tod daran gehabt oder sither daran gewunnen,
oder es si von mins vaters oder von mueterlichem erbe wegen, oder es si
von miner hainstiwer, morgengab oder von miner widerlegung wegen.* Mon.
Aug. II No. 200. — Das Bair. Lndr. 110 fährt nach den oben (Anm. 9)
angeführten Worten fort: *wer aber icht überigs da, daz süllen die næchsten
erben haben. und hat damit ze schaffen und ze tuon, swas si wil, oder
wem si es geit.*

[17]) Mon. Witt. 170 (s. §. 2 No. 58): *per eam, sive heredes insimul
habuerint sive non, habenda tenenda et possidenda iure donationis propter
nuptias pro tempore vite sue.* Meichelb. IIb, No. 250 (s. S. 79). Mon.
Witt. 346 (s. S. 13 Anm. 9). Dipl. Rot 236 (s. Anm. 12): *und wan mein
vorg. tochter abget, so soll die oberhueb ze T., darauf er ir widerlegung
gegeben und gezeigt hat, hinwider erben auf sein nächst erben, dass ich,
noch mein tochter, noch niemant von unserm wegen in daran nicht engen
noch irren sollen.* Schauberg 2, 107 (s. S. 82): *und soll die frou die
widerlegung inne haben, nutzen und niessen unts ze end ir wile und lebtag,
und nach ir tod sol dieselbe widerlegung widerum vallen an Hainrichs
von Blumberg rechten und natürlichen erben.*

[18]) MB. 21, 468 (s. S. 20 Anm. 3) wird bestimmt, dass bei beerbter
Ehe das Eigenthum den Kindern zufallen, der Mutter also wol nur Leibzucht zustehen solle: *Wär aber, daz wir leipleich eriben mit einander ge-*

den ersten Anstoss zu seiner Ausbildung gegeben. Schon die
alte Widerlegung könnte ja den Charakter einer positiven Zuwendung einnehmen, wenn die Erträge des Pfandobjects den
Zinswert der Heimsteuer überstiegen und die Einlösung des
Pfandes für die Lebensdauer der Frau ausgeschlossen wurde [19]).

Es war natürlich, dass man, als die Sitte aufkam der Frau
im unmittelbaren Anschluss an die Heimsteuer eine Zuwendung
zu machen, zu diesem Behufe sich eines schon vorhandenen
Instituts, welches entsprechend verändert wurde, bediente. Dazu
bot sich bei den Schwaben-Alemannen das Witthum; die Morgengabe und das gemeine Leibgedinge dar; das letztere kam indessen nicht in Betracht, weil man es weniger im Heiratsvertrage,
als vielmehr während der Ehe (als ein Geschäft unter Ehegatten)
zu bestellen pflegte. Die Morgengabe ist nicht in die Widerlegung aufgegangen, sondern hat sich neben derselben erhalten;
es bleibt also nur die Vermutung, dass die Widerlegung aus dem
Witthum, d. h. aus dem Muntschatze, entstanden sei, und diese
Vermutung wird annähernd zur Gewissheit, wenn man berücksichtigt, dass das Witthum seit dem Ende des 12. Jahrh. ver-
schwunden ist; es wurde eben durch die Widerlegung verdrängt
oder ging, so weit dies nicht der Fall war, in die farblose Gestalt des gewöhnlichen Leibgedinges über [19a]).

Bei den Baiern zeigt sich Anfangs eine gewisse Neigung,
der Morgengabe die Rolle der Widerlegung zuzuweisen. Dies
gilt namentlich von einer Urk. v. 1314, in welcher ein Mann
zunächst erklärt, dass er seiner Frau 80 tł. ₰ ihrer Heimsteuer
auf ein Grundstück „gegeben und gezeigt" habe und demnächst
fortfährt: *Darnach vergich ich . ., daz ich der vorg. frau B. die
vorg. 80 tł. wider leit han umb 31 tł. irr morgengab auf dem
sedelhove . . .; ich vergich auch mer um daz gut, da ir widerlegung und ir morgengab auf leit, u. s. w.* [20]). Von Dauer ist diese

---

*wungen . ., da schol daz egen. unser baider heiratgut pei peleiben, nach
lantz recht.* Bei unbeerbter Ehe wird unterschieden, ob sie den Mann
überlebt oder nicht: im erstern Falle behält sie die Widerlegung (zu
Eigenthum?), in letzterm bleibt dieselbe bei dem Manne.

[19]) Vgl. die Urk. des Grafen Hartmann v. J. 1257 (S. 78f.)

[19a]) Vgl. Gosen, Privatr. d. kl. Kaiserrechts 120.

Entwickelung freilich nicht gewesen, denn wir finden bald die
Widerlegung als selbständiges Institut neben der Morgengabe.

Anders im österreichischen Recht, in welchem die Widerlegung als solche niemals heimisch geworden ist, sondern die
Morgengabe vollständig ihre Dienste übernommen hat. Dass dies
im Brünner Recht der Fall gewesen, haben wir schon früher
(S. 65 f.) gesehen, eine Bestätigung für das übrige Oesterreich
gewährt eine Urk. v. 1385 (Notizenblatt 1854 S. 594), in welcher
Georg von Wallsee bekundet: *daz mir mein hausvrou ... bracht
hat 1000 tt. Wiener ₰ zu rechter haimsteur nach des landes recht
ze Ostereich, die ich bereit ingenomen han und zu meinem nucz
angelegt han. dagegen han ich derselben meiner hausvroun engegen
gelegt, daz ich ir gib auch wizzentleich mit dem brief 1000 tt.
Wiener ₰ ze rechter margengab, auch nach des landes recht ze
Ostereich, und han auch ich ir die vorg. 1000 tt. meiner haus-
froun widerlegt[21] und ir dafur und fur die egen. 1000 tt. ir
margengab recht und redleich gesaczt mit aller meiner erben gutem
willen ... mein vesten G. u. s. w.*

Dieser Stellung der österreichischen Morgengabe entspricht
es nun vollkommen, dass vorzugsweise in Oesterreich die Heimsteuer als „Morgengabe“ bezeichnet wird[22]), während sie in
bairischen Quellen „Widerlegung“ heisst[23]); denn diese Ver-
wechselungen der Ausdrücke sind eben vor allem aus den

---

[20]) Dipl. s. Clarae Monac. 76. In einer andern Urkunde (Dipl. Rot. ?35,
s. S. 38) werden die Ausdrücke *hoch steuer, ere, morgengabe, widerlegung*
zur Bezeichnung derselben Sache gebraucht; 33 Jahre später verkauft die
Frau das ihr unter jenen Ausdrücken eingeräumte Lehn als ihre „Morgengabe“ (Dipl. Rot. 252, s. S. 39). Vgl. S. 39 und 41.

[21]) Im Sinne von §. 12.

[22]) Zu den S. 68 ff. angeführten Belegen treten noch die beiden
folgenden. Notizenbl. 1852 S. 374 (1303): *und sol si* (die Frau des Aus-
stellers) *min tohter baide von minem varenden guet verrichten ir morgengab, di ich in beschaiden han su ir wirten, ietwederr 500 tt. W. ₰, und
sullen si vurbas mit ir brudern dehainen chrieg noh ansprah haben umb
ander min guet.* Dieselben 500 Pfd. werden in einer Urk. v. 1349
(a. a. O. 315) als *haimsteur* bezeichnet. Ebd. 1851 S. 334 (1332): es verspricht jemand seiner Tochter bei ihrer Verlobung 400 Pfd. ₰ „Morgengabe“ in Gestalt einer 10prozentigen Rente.

[23]) Siehe S. 70. Aber auch Urk.-B. d. F. Teufenb. No. 38 (1356).

innigen Beziehungen zu erklären, welche zwischen Heimsteuer und Morgengabe einerseits, Heimsteuer und Widerlegung andererseits bestanden. Wir werden daher auch berechtigt sein, überall da, wo in österreichischen Quellen einer vom Manne gegebenen „Heimsteuer" Erwähnung geschieht, in erster Reihe an die Morgengabe zu denken. Im Jahre 1340 (Notizenbl. 1854 S. 107) setzen sich zwei Brüder von Wallsee mit der Gemahlin Rudolfs von Lichtenstein auseinander *umb all die anspruch, di di vorg. vrou Alhait hincz uns gehabt hat umb ir heiratguet, daz ir von irem vodern ewirt, unserm liben prueder . . seligen, gevallen solt, und besunderleichen umb daz guet, daz ir von irem vater . . auch gevallen solt sein.* Sie kommen dahin überein: *daz wir sei da fuer gericht und gewert haben 1000 ₰. W. ₰, und dafuer haben wier in gesaczt . . . unser vest Mulbach und darzu 60 ₰. geltes . . ., und schullen si furbaz mer chain anspruch noch vaderung hincz uns . . . haben, ez sei umb varunt guet, umb haimsteur oder umb welicherlai sach daz ist.* Sie und ihr zweiter Mann sollen die Feste Mülbach und die 60 Pfd. Rente behalten *unczt an iren tod, . . . und nach ierem tod so schol die egen. vest M. und die 60 ₰. geltz . . her wider eriben auf uns und auf unser eriben.* Von einer Auslösung durch Zahlung der 1000 Pfd. ist keine Rede, diese kommen daher nur als Wertanschlag in Betracht, es handelt sich um ein Leibgedinge, und namentlich in den österreichischen Adelsfamilien war es Sitte, die Morgengabe als Leibgedinge zu bestellen [24]). Zwei Jahre später (a. a. O. 125 f.) kamen dieselben Personen wegen derselben Angelegenheit (*umb die 1000 ₰. W. ₰ di unser liber pruder . . . seiner wiertin . . . ze haimsteur geben hat, darumb wir ir gesaczt haben unser vest M. und darzu 60 ₰. geltz*) dahin überein, dass dem von Lichtenstein und seiner Frau von den 1000 Pfd. (und wol statt derselben) 200 Pfd. zu Eigenthum überlassen werden sollten. – Im Jahre 1374 (Notizenbl. 1851 S. 372) verspricht Ulrich von Rosenberg seiner zukünftigen Schwiegertochter als „Heiratgut" 3000 fl. zu Eigenthum. — Allerdings kommen auch Urkunden vor, in denen Heimsteuer und

---

[24]) Vgl. S. 52—54, besonders aber die S. 52 Anm. 16 citierten Urkunden.

Morgengabe neben einander erwähnt werden, wobei aber die
Annahme einer Häufung synonymer Begriffe gerechtfertigt erscheint [25]); nur in zwei Fällen hat man sich des Wortes Heiratgut augenscheinlich zur Bezeichnung der Widerlegung bedient.
Beide betreffen Töchter des Grafen Heinrich von Schaunberg [26]),
von denen die eine i. J. 1376 dem Sohne des Landgrafen von
Leuchtenberg, die andere i. J. 1383 dem Grafen von Werdenberg und Heiligenberg verlobt wurde. Die erste Tochter erhielt
von ihrem Vater 2000 Pfd. als Heimsteuer, von ihrem Bräutigam
oder dessen Vater ebenso viel als „Heiratgut" (zu Leibzucht)
und 1000 Pfd. als Morgengabe (zu Eigenthum); die 5000 Pfd.
wurden von dem Landgrafen auf die Festen Rannfels und Pern-
stein gelegt und durch eine 10prozentige Rente ersetzt. Die
Heimsteuer der zweiten Tochter betrug 4000 Gulden, das von
ihrem Gemahl ausgesetzte „Heiratgut" ebenso viel, die Morgengabe die Hälfte.

Hiernach lässt es sich nun freilich nicht leugnen, dass auch
in österreichischen Quellen eine von der Morgengabe verschiedene
Widerlegung [27]) begegnet, die sich vollkommen der schwäbischen
und bairischen an die Seite stellt, dies ist aber immer nur in

---

[25]) Vor allem Schottenkloster No. 236 (s. S. 53), wo die Worte *als
morgengab recht ist* auf die Identität der Ausdrücke hindeuten; auch heisst
es am Schluss: *daz dise morgengab und dise rede fuerbaz also stet und
unzebrochen beleib.* Ebd. No. 447 (1416): *dreuczehenthalb hundert Pfd. W. S.
so der edeln fraun .... von dem erern irem wirt für haimsteur und
morgengab verschriben sind.* Ebd. Nr. 451 (1417): *sein eeleiche hausfraun ...
fur 200 fl. S ir haimsteur und morgengab in satzs weis geweiset hat auf
die* u. s. w.

[26]) Notizenbl. 1851 S. 373 und 375. Siehe auch Urk.-B. der Familie
Teufenbach No. 205 (1411).

[27]) Obgleich ich auf die nachfolgende Urkunde kein zu grosses Gewicht legen möchte, da das Wort hier auch die Morgengabe bezeichnen
könnte. Notizenbl. 1854, S. 533 (1373): Heinrich von Wallsee verlobt
seines Bruders Tochter dem von Lichtenstein: *Darzu hab ich im verlubt
zu ir ze geben ze rechtem heiratguet 1200 fl. W. S oder iren wert, ... und
er ir di widerlegen schol, als widerlegung und des landes recht ist ze
Oesterreich, und sol er auch di selben 1200 fl. nach rat unser baider
freunt anlegen in dem lande ze Oesterreich .... Und wenn daz ist, daz
er bei ir geleit und ir widerlegung tuet ..., so sol ich in dar nach inner
jars frist richten und wern 1200 fl. W. S.*

Eheverträgen fürstlicher oder doch hochadliger Personen der
Fall, bei deren Familienverbindungen die Aufnahme auswärtiger
Rechtsinstitute leicht erklärlich war. — Im Jahre 1310 erhält
Herzog Leopold von Oesterreich die Genehmigung seiner Brüder,
um seiner Braut *ypotheca* für ihre 8000 Mark betragende *dos* zu
bestellen, ihr in derselben Höhe eine *recompensa dotis seu donatio
propter nuptias* zu versprechen, endlich eine Morgengabe aus-
zusetzen (Arch. f. K. österr. Gesch. 2, 523). Aehnlich wird 1314
dem Herzog Heinrich von Oesterreich gestattet: *constituendi
dotem, donationem faciendam propter nuptias et affectionem illam
que morgengab vulgariter dicitur, ac refundendi dotem, si qua sibi
constituetur ab ipsa* [28]). Im Jahre 1321 (Notizenbl. 1856, S. 441)
verspricht Otto von Liehtenstein, Kämmerer in Steier, seine
Tochter dem Ulrich von Stubenberg zur Ehe zu geben: *han
ich miner tochter gegeben ze Ulrichen minem aiden 300 march...,
oder ie fur 5 march silber ein march gult.* Weiter heisst es:
*Es hat auch her Wulvinch von Stubenberg seinem sun U. gegeben
ze miner tochter D. ze widerlegung der 300 march 600 march...,
hat sei der beweist auf daz haus ze G...; es sol auch U. min
aiden min tochter D. morgengaben,.. als sitlich und gewonlich
ist in dem lande ze Steier.* In dem Doppelehevertrage,.. welchen
1324 Johann von Böhmen und der Herzog von Kärnthen ab-
schlossen, wurde bestimmt, dass auf beiden Seiten einer Heimsteuer von 1000 Mark die doppelte Summe als *widerlegung und
leibgedinge* entsprechen und ausserdem eine Morgengabe zu Eigenthum gegeben werden sollte [29]). Im Jahre 1381 heiratete Herzog
Albrecht von Oesterreich eine bairische Prinzessin mit einer
Heimsteuer von 10,000 Schock ♂, wofür er 15,000 Schock *zu
widerlegung und morgengab* oder statt dessen *in satzes weise* eine
Burg mit einer Jahresrente von 1500 Schock versprach (Mon.
Witt. 365). Von Erzherzog Albrecht wird i. J. 1470 bekundet,
dass er seiner Gemahlin die Herschaft Rotenburg *für ir morgen-*

---

[28]) Arch. f. K. österr. Gesch. 2, 540. Mit *refundendi dotem* ist wol
die Widerlegung im ältern, mit *donatio pr. nuptias* die im neueren Sinne
gemeint. Was bedeutet aber *constituendi dotem?*

[29]) Beitr. z. Gesch. v. Tirol u. Vorarlberg 3, 124 ff. Die Ausdrücke
der Urkunde sind zum Theil sehr unklar.

gab und widerlegung ir lebtag inzehaben, ze nützen und ze nissen verschrieben habe (Font. rer. Austr. 2, 369). Endlich ist noch eine Urkunde eines ungarischen Magnaten, des Dwym von Frangipan, Grafen zu Vegel, Zeng und Modrusch, zu erwähnen, welcher i. J. 1457 seiner Gemahlin, einer Gräfin von Schaunburg, für 4000 fl. ihrer Heimsteuer eine ebenso hohe Widerlegung und 2000 fl. „zu verlorem gut" verschreibt, die Widerlegung zu Leibzucht, das verlorene Gut (wol die Morgengabe) zu freier Verfügung, doch so, dass der von ihr etwa hinterlassene Rest an ihn oder seine Erben zurückfällt; für die Gesamtsumme von 10,000 fl. wird ihr eine 10prozentige Rente angewiesen [30]).

Wenn sich hiernach eine absolute Unbekanntschaft des österreichischen Rechts mit der Widerlegung nicht behaupten lässt, so kann doch, wie schon oben bemerkt wurde, ihre Reception in den höchsten Ständen keineswegs auffallen; und selbst bei diesen wurde, wie die angeführten Urkunden zum Theil ergeben, die Widerlegung häufig mit der Morgengabe zusammengefasst, bildete gewissermassen nur einen Theil derselben [30]. In die eigentlichen Volksschichten, aus denen uns doch so zahlreiche Morgengabeurkunden aufbewahrt sind, ist die Widerlegung aber niemals gedrungen, hier hat die Morgengabe den Platz behauptet.

Darum kennt auch das österreichische Recht eine Beschränkung der Morgengabe durch ein gesetzliches Maximum nicht, auch in Baiern fand ein solches erst seit der Reception der schwäbischen Widerlegung Eingang, während die Morgengabe in Schwaben neben dem Witthum, dann neben der Widerlegung materiell immer nur eine unbedeutende Rolle spielte und sich leicht einer gesetzlichen Maximalbestimmung fügte. Der frühere Standpunkt des bairischen Rechts, wie er sich in Oesterreich erhalten hat, wird also der gewesen sein, dass es nur eine

---

[30]) Notizenbl. 1857 S. 328

[30a]) Urk.-B. d. Fam. Teufenbach No. 239 (1423): Herr Wulfing Winkler von Heufeld quittiert seinem Schwiegervater Melchior von Teufenbach über 110 Pfd. Heimsteuer, setzt seiner Frau dafür 220 Pfd. *zu rechter widerlegung nach dem landes recht in Steir, und aus den vorg. 220 ℔. W. ℥ ir widerlegung hab ich .. meiner eleichen wirtin gegeben .. 60 ℔... su rechter morgengab,* die letztere zu Eigenthum, die erstere zu Leibzucht. Aehnlich ebd. No. 302 (1463). 205 (1411). 200 (1409).

Gabe des Mannes, die Morgengabe, kannte, und wir werden nicht irren, wenn wir hierin die dos oder iustitia der vorigen Periode wiederfinden. Dieselbe ist also nicht der Muntschatz, wie wir früher angenommen haben [31], kann aber ebenso wenig die reine Morgengabe sein, vielmehr muss schon zur Zeit der Volksrechte die Verschmelzung von Morgengabe und Muntschatz stattgefunden haben, die uns bei den Langobarden in der Gestalt der spätern Morgengabe oder Quarta, bei den Franzosen als douaire, gewissermassen auch in der westgothischen dos entgegengetreten ist [32].

---

[31] Vgl. Bd. 1, 70.

[32] Vgl. Chabert i. d. Denkschr. der Wiener Akademie 4, 13. Siehe auch Bd. 1, 86f. 91. 94. 108.

Zweites Buch.

Schicksal des ehelichen Vermögens.

Erstes Kapitel.
Verhältnisse während der Ehe.

§. 14. **Allgemeines.** Alle Weiber stehen unter Vormundschaft, nur im österreichischen Rechtsgebiete treten zahlreichere
Ausnahmen von dieser Regel hervor [1]). Am allgemeinsten ist
die Notwendigkeit vormundschaftlicher Mitwirkung in gerichtlichen Angelegenheiten anerkannt [2]), in Betreff der Vermögensverwaltung scheint ein Zwiespalt zu herschen. Denn während
Dsp. 66 und Schwsp. 74 die Bestimmung des Ssp. (I, 45 §. 2),
wonach grossjährige unverheiratete Frauenzimmer zu Veräusserungen ohne Vormund befugt sind, einfach aufgenommen
haben [3]), wird durch Urkunden und Weisthümer die entgegen-
gesetzte Auffassung bestätigt [4]), ja das W. von Regensberg

---

[1]) Brünner Sch. B. 487: *Mulier tamen vidua, quia bonorum est domina,
sive agat sive respondeat, tamquam vir iurando cadit et causam obtinet
vel amittit.* Aehnlich 500. Beide Stellen handeln von der Witwe, doch
findet sich auch von einer Vormundschaft über Jungfrauen keine
Spur. Prager Statutarr. 105: *Auch wenne man ein frawe, di wittib ist
odir juncfrawe ist, anspricht mit einem rechten . . ., di do mundig ist
und ir jare hat, dieselbe, wenn man ir ein recht teilet, mag wol fallen an
irem rechten als ein man.* Wiener Wchb. S. 154 (Art. 16): *Die wittiben
habn das recht auch, das si antwurten muessen vor gericht, umb welcherlai
hande gelde das ist.* Zipser Sachsenr. 2: *das die frauen als gut recht
haben in diesem lande als die mannen.* Dass übrigens auch in Oesterreich hier und da Geschlechtsvormundschaft vorkam, ergibt sich aus Anm. 4.

[2]) Ssp. I, 46 und 47 wird im wesentlichen wiederholt Dsp. 66 f. 181.
Schwsp. 75. 245. Prager RB. 91. Augsb. Stadtr. Fr. 79. W. 218.

[3]) Vgl. Kraut 2, 273—278.

[4]) Verschiedene Urkunden des 11. Jahrb. s. MB. VI S. 10. 12. 16.
Tr. Emmer. 37: *Vidua . . cum manu L. tunc temporis sui advocati tra-*

(Gr. 1, 85) bedroht denjenigen, der mit einem Frauenzimmer ohne Zuziehung ihres Vormundes contrahiert, mit einer Geldbusse, die wir früher (S. 27 Anm. 6) als Ersatz der alten Muntbrüche kennen gelernt haben: *Wer wiben, kinden, jungfrowen oder knechten abkofl ân der meister willen, kompt es ze clag, der kumpt umb 10 ℔.*

Weit allgemeiner als die Vormundschaft über ledige Weiber hat sich diejenige des Ehemannes über seine Frau erhalten, sie ist überall anerkannt und steht auch in materieller Beziehung mehr auf dem strengeren Standpunkt des alten Rechts. „Der Mann ist seines Weibes Vogt und ihr Meister" sagt der Spiegel deutscher Leute [5]), und durch zahlreiche Quellenbelege wird dieser Ausspruch bestätigt [6]); namentlich erklärt das Bair. Lndr. 99

---

didit . . servum. Tr. Baumburg. 230 (1170): *per manum advocati cum filiis suis.* Zeerleder No. 314 (1252): eine Witwe verkauft ein Gut mit Genehmigung ihres ältesten Sohnes als *advocatus.* RB. 3, 155 (1260): *de consensu . . tutoris sui.* Mone 4, 248 (1278): *per manum sui tutoris ibidem per sententiam sibi dati, eo quod de propinquis sibi ex linea paterni sanguinis attinentibus propter legitima impedimenta coram nobis per iuramentum et literas comprobata non possit aliquem tunc habere.* Font. rer. Austr. I, S. 258 (1293): die Schwiegertochter des Herzogs von Kärnthen veräussert nach dem Tode ihres Mannes ihre Morgengabe *cum manu sui advocati.* W. v. Altstetten und Marbach §. 15: *Es mag och kain frou nicht von ir geben noch verthuen, dann mit gunst und willen irs vogts.* W. v. Tannegg und Fischingen (Gr. 1, 274): *Welche frou oder tochter, sie sie ledig oder habe ainen eelichen mann, wann die etwas schaffen oder ordnen, machen, verkoufen oder von gut gon will, die sol das thun vor offnem rechten mit ainem vogt, fürsprechen und mit urtail.* Vgl. Chabert 4, 9. Hasenöhrl, österr. Landesr. 115 f. Blumer 1, 185.

[5]) Dsp. 13 (Schwsp. 9): *daz ist da von, das der man seines weibes vogt ist und ir maister.* Dsp. 59 b. Schwsp. 67. Dsp. 66. Schwsp. 74. Augsb. Stadtr. Fr. 79. W. 219.

[6]) MB. 6, 20 (11. Jahrh.): eine Frau vollzieht eine Veräusserung *cum potestativa manu sui mariti . . eodemque ipsius patrono.* Mone 14, 114 (1291): die Pfalzgräfin Elisabeth von Tübingen genehmigt eine Veräusserung ihres Gemahls, *quod non licet membris a capite discrepare.* Ebd. 7, 438 (1337): eine Frau erklärt, *daz och si keinen anderen vogt hette, denne .. iren elichen man, ze dem selben hof uf ze gebende, ze vertigende und sich ze entziehende.* Mon. Zoller. I No. 443 (1397): die Gräfin Verena von Zollern spricht von der Genehmigung *meines lieben ehemannes und rechten vogtes.* Siehe auch S. 31 f. Abweichungen kommen vor, wenn der Mann ein Ausländer ist. Vgl. Blumer 1, 481 f.

(11, 6) es für *pilleich, daz ein man seins weibs maister und ge-
bieter sei*, und das W. v. Tannegg und Fischingen v. 1432 bestimmt: *Wenn die frou ainen andern mann genimpt, der ist dann
ir vogt.* Wichtig ist es, dass auch für das österreichische Recht,
während es sich sonst der Geschlechtsvormundschaft gegenüber
grösstentheils ablehnend verhält, die eheherrliche Vormundschaft
allgemein feststeht. Zwar spricht sich das österreichische Landrecht nicht mit hinreichender Klarheit aus, und die Bestimmungen
der Prager Rechtsquellen fallen bei dem theilweise unzuverlässigen
Charakter derselben nicht eben schwer in's Gewicht [7]), aber das
Brünner Sch. B. lässt keinen Zweifel übrig: *Est enim vir tam
mulieris quam dotalitii dominus et rector* (193) und: *Vir enim
non solum corporis, imo bonorum uxoris et dominus est et rector*
(504). Dem widersprechen nur scheinbar zwei andere Stellen:
*Quum mulieres a domo parentum per patrimonium (l. matrimonium)
emancipatae sui iuris sint effectae* (501) und: *Per matrimonium
filia emancipatur et transit a patria potestate* (205); hier wird nur
die negative Wirkung der Verheiratung, das Aufhören der väterlichen Gewalt, betont, die positive Seite, der Uebergang der Gewalt auf den Mann, bleibt unberücksichtigt.

Ist der Mann abwesend, so hat die Frau häufig interimistisch
einen andern Vormund [8]), ebenso bei Rechtsgeschäften und Prozessen mit dem Manne [9]), häufig auch bei solchen Geschäften,
welche die Frau mit Genehmigung ihres Mannes vollzieht [10]).

---

[7]) Prager Statutarrecht 105: *Und wenne ein man ein vitib nimt zu der
ee, di vor mundig ist gewesen.* Mit Unrecht liest Rössler *vormundig;*
die Witwe ist vorher mündig gewesen, seit ihrer Wiederverheiratung nicht
mehr. Altprager Stadtr. 42 (Rössler XV): *Wen ein man ein wip genimpt,
so sol sich der man undirwindin alles des, das di frauwe hat, wen er ir
recht vormunde sol sin.* Vgl. S. 50.

[8]) Dsp. 66 f. Schwsp. 75. Regensburger Statut v. 1320 (Freyberg 5,
41): *Es mag auch ainer seiner wirtin wol stewer und anweisung geben
an dem rechten . . ., und wirt ir erlaubt zu einem anweiser, dann er wär
über walt und nicht anhaim, so würd ir ain anderer anweiser erlaubt.*
Siehe unten §. 20.

[9]) Schwsp. 76 (Dsp. 68). RB. 7, 334 (1342): ein Saarganser Ritter
ernennt seiner Frau einen Vogt, um ihr für ihr Vermögen ein Pfand zu
bestellen. Siehe auch S. 15.

[10]) Siehe §. 17.

Die eheherrliche Vormundschaft[11]) beginnt nach Ssp. III,
45 §. 3 mit der „Trauung", d. h. mit der Uebergabe der Frau;
so scheint es auch nach der schwäbischen Verlöbnissformel
(s. S. 72) und nach dem Dsp. 283, der seine Vorlage einfach
wiedergibt. Dagegen berücksichtigt Schwsp. 67 b nur das eheliche Beilager, welches er gleich dem Ssp. als den Beginn der
Standesgenossenschaft der Ehegatten hinstellt[12]). Und in der
That stimmen alle süddeutschen Quellen darin überein, dass sie
überhaupt die Rechtswirkungen der Ehe erst mit dem Beilager
eintreten lassen, wobei sich nur insofern eine Verschiedenheit zeigt,
als einige wirkliches Beilager (Beschlagung mit der Decke)
verlangen[13]), andere sich damit begnügen, dass die Ehegatten
sich vor einander „entgürtet" haben[14]). Nicht selten ist die volle
Rechtswirkung noch weiter hinausgeschoben und tritt erst nach
Jahr und Tag oder nach Geburt eines Kindes ein[15]).

„Leib an Leib, Gut an Gut", von dem Beilager an bildet
das ganze eheliche Vermögen eine einheitliche Masse. Das
Landshuter Erbrechtsprivileg v. 1423 beginnt: *Wann zwai wirtleit mit heurat zu ainander kerent nach der statt zu Landshuet*

---

[11]) Nun unmittelbare Folge der Ehe, denn zwischen der Vormundschaft
und demjenigen, was an die Stelle des Muntschatzes getreten ist (Witthum,
. Widerlegung, Morgengabe), besteht kein Zusammenhang mehr.

[12]) Vgl. Kraut 1, 176 — 178. Beseler, Privatrecht 552. Gr. 1, 740:
*Wenn ein gotzhusman ein fri wib genimpt und zuo im (l. ir) an das bett
getrittet und sich entschuochet, so hat si ir friheit verlorn.* Aehnlich
ebd. 4, 485 §. 18. Siehe auch Phillips, Gütergemeinsch. 112 ff. Friedberg,
das Recht der Eheschliessung 22 f.

[13]) Gr. 1, 287. 4, 408 §. 54. 5, 197 §. 42. W. v. Greggenhofen v. 1387,
§. 16: *St. Ulrichs gnossen mugent ain ander erben, wenn die deckim
(l. deck im) zement geschlecht, an ligendem und an varendem gut. üem,
wenn aber St. Ulrichs leut und unser frowen leut etc. zemendlichent, so
sond si ain ander erben an varendem gute* (MB. 23, 262). Brünner SchB.
504: *Si vidua … maritum duxerit, et, postquam ab eo carnaliter cognita
fuerit, decesserit.* In einer österreichischen Urk. v. 1314 wird das Leib-
gedingsrecht des Mannes an der Heimsteuer und demnächstiger Rückfall
derselben davon abhängig gemacht, dass die Frau *sturbe än chinde, darnach und si bei einander gelegn sint* (Notizenbl. 1853 S. 9). Vgl. Auer
S. LXXXIII. Grimm, RA. 449. Gengler, Privatr. 909. 913.

[14]) Gr. I, 14 §. 36. 46 §. 14. 102. 146. 278. IV, 274 §. 15. 318 §. 58.
342 §. 14. 345 §. 11. 352 §. 3. V, 198 §. 2. 202 §. 1. Landb. d. March §. 7.

[15]) Darüber siehe §. 20.

recht, was seie dann heurat guetes zu einander bringent und fürgebent, da(s) soll ain guet sein. W. v. Tanneg und Fischingen von 1432: *Wenn sich der man engürt, dass er eelich bi ir ligen will, so ist es ain ganze lutere gemaind, alles das si baide hand, nützit ussgenommen, ligents und varends.* Dipl. Undersdorf. I, No. 64 (1504): *Wann und die deck zwischen inen baiden falle, so sol alsdann ir paider gut sain ain gut.* Mit Recht wurden daher die berühmten Worte, mit welchen der Ssp. (I, 31 §. 1) die Gütereinheit charakterisiert, auch vom Dsp. 34 und Schwsp. 34 wiederholt: *Man und weib mügen niht dhein guot haben gezweit,* denn Mann und Weib sind ein Leib [16]). Dabei wurden die Worte *to irme live* ausgelassen, — ob absichtlich, weil der Verfasser nicht an eine vorübergehende Gütereinheit, sondern an eine dauernde Gütergemeinschaft dachte? Die Beantwortung dieser Frage müssen wir an das Ende unserer Untersuchung verschieben, da der juristische Hintergrund sich erst nach Betrachtung der Verhältnisse bei Auflösung der Ehe erkennen lässt. Für jetzt interessiert uns nur die äussere Güterverbindung in der Hand des Mannes. Denn wie ihm die Person der Frau anvertrauet wird [17]), so auch ihr ganzes Vermögen: *Mulier enim ducens virum, ipsum non solum sibi, sed etiam bonis suis omnibus in rectorem praeficit et magistrum* (Brünner SchB. 160). . Charakteristisch ist in dieser Beziehung der Heiratsvertrag des Ritters Cono von Vilmeringen (s. S. 73), an dessen Schluss es heisst: *Ipsa autem Anna hec et alia, que predictus Chono maritus suus sibi . . . contradidit, una cum sua donatione que vulgariter dicitur morgengabe .., sepedicto marito suo vice versa constituens legitime consignavit.* Vgl. W. von Stäfa (oben S. 35).

Also der Mann ist Besitzer auch des Frauengutes: *er mag wohl ihr vogt sein, ihr guet zu besitzen, und das niessen, als ein bidermann seines weibs guet niessen soll* (Landb. v. Obwalden, bei Blumer 1, 480). Der Ssp. (I, 31 §. 2) bezeichnet dies als die vormundschaftliche Gewere des Mannes, und wenn der Schwsp. diese Bezeichnung nicht mit aufgenommen hat, so ist dies doch

---

[16]) Schwsp. 3. Hillebrand, Rechtsspr. No. 164.   Graf u. Dietherr, Rechtsspr. 139. Zingerle, deutsche Sprichw. 97. 199.

[17]) *Sô enphâhet er si unde habe sime.* S. 72.

nicht in der Absicht geschehen damit auch das Verhältniss selbst
wegzuleugnen [18]). Der Mann ist Besitzer der Heimsteuer [19],, er
nimmt in seine Hand, was der Frau während der Ehe durch
Erbschaften zufällt [20]), er verwaltet das beiderseitige Vermögen
und bestreitet daraus den Aufwand des ehelichen Lebens [21]),
zieht dem entsprechend auch die Nutzungen, auf die während
der Ehe seine Frau keinen Anspruch hat, denn „Frauengut soll
weder wachsen noch schwinden" [22]). Aus dieser Stellung des

---

[18]) Dies ist die Ansicht von Kraut 2, 345. Dem scheint auch Schwsp.
76 entgegenzustehen.

[19]) Siehe §. 2 No. 3—6. 8—13. 15f. 19f. 34f. S. 18 Anm. 22. S. 20
Anm. 4. S. 67—70. S. 80: *der er also habhaft worden ist.* Dipl. s. Clarae
Monac. 453 (1467): *das ich alles in mein gewalt enpfangen han.* Dipl.
Polling. 130 (1509): *das bemelter unser lieber aidem, sein hausfrau, unser
tochter, und ir erben die obg. stuck . . . nun furan inhaben, nutzen,
prauchen u. s. w.; sie sollen das heuratguet haben in ihrer hand, nutz,
gwer und gwalt.* Urk.-B. v. Heiligenkreuz I No. 236 (1279): *sponsali
donacione quoad vitam michi tradita fuerat a parentibus dicte uxoris mee.*
Fund. Zwetl. S. 360 (1269): *beneficia . . . sicut ei a socero suo A. ratione
dotis libere data fuerant, et ipse eadem beneficia possederat multis annis.*

[20]) Brünner SchB. 654: *Si moriens reliquerit filias in matrimonio con-
stitutas, de portione hereditaria talium filiarum . . . potius earum mariti
quam ipsi executores (sc. testamenti) se intromittent, nisi forte testator
aliter ordinaverit.* Vgl. ebd. 650. Urk.-B. v. Heiligenkreuz I No. 105
(1245): *Post obitum . . Wernheri filia eius et gener eius Lienhardus eandem
vineam hereditario iure ad se devolvi debere constanter fatebantur; . . .
sic conventum est utrobique, ut prenominatus gener L. et uxor sua M.
eandem vineam in vita sua quiete possideant.* Font. rer. Austr. 21, 33
(1284): *in ipsius hereditaria possessione propinquitatis iure . . . succedentes
et per maritos suos . . . de eadem possessione se intromittentes et suis
usibus applicantes.*

[21]) „Der Mann muss seine Frau führen und fassen". Hillebrand No. 166.
Brünner SchB. 193: *sibi et uxori vitae necessaria conquirere.* 512: *curam
domesticam cum ceteris quae ad officium patrisfamilias spectant.* Daher
die Berechtigung des Mannes, zur Beschaffung des Unterhalts für die
Familie nötigenfalls selbst solche Verfügungen zu treffen, die ihm sonst
untersagt sind. Nach einem Münchener Statut (Auer S. 292 §. 9) hat der
Mann auch von dem Frauengute Vermögenssteuer zu entrichten.

[22]) Hillebrand, a. a. O. No. 179. W. v. Bubikon §. 17 (s. S. 78 Anm. 6).
W. v. Küssnacht I §. 3: *Und sol och einer frowen guot weder schwinen
noch wachsen ôn ira wüssen und willen* (Gr. 4, 357). Vgl. Blumer 1, 178.
481. Das Nutzungsrecht des Mannes an der Morgengabe haben wir schon
früher kennen gelernt (s. S. 42), und was von der rechtlich so sehr ge-
schützten Morgengabe galt, muss auch für andere Vermögensstücke der

Mannes ergibt sich, dass die Frau in ihren Verfügungen wesentlich durch ihn beschränkt ist, aber auch er kann nicht ganz frei verfügen, das Frauengut soll nicht „schwinden", in vielen Fällen dürfen daher nur beide Ehegatten gemeinsam (zur gesamten Hand) handeln; selbst dies genügt nicht immer, das Warterecht der Erben will häufig besonders berücksichtigt sein und bedingt ihre Zuziehung. Hierauf beruht der Gang unserer weiteren Untersuchung: Verfügungen der Frau, Verfügungen des Mannes, Verfügungen mit gesamter Hand, Stellung der Verwandten zu den Verfügungen der Ehegatten.

§. 15. Verfügungsrechte der Frau. Die Frau verliert dadurch, dass der Mann ihr Vermögen in Besitz nimmt, nur die Verwaltung und Nutzung desselben, sie kann nicht mehr einseitig darüber verfügen, aber ihr Recht selbst wird nicht aufgehoben, ihr bleibt die Gewere, die sie durch Vermittelung des Mannes festhält [1]. Aber nicht bloss diese rein thatsächliche Unmöglichkeit ist es, welche die Frau verhindert ohne den Mann über ihr Vermögen zu verfügen, sondern vor allem die Vormundschaft des Mannes, durch welche ihre Dispositionsfähigkeit selbst wesentlich beschränkt wird [2].

Volle Verfügungsgewalt wurde schon früh den Handelsfrauen eingeräumt [3]. Bereits in einer dem Jahre 1373 ange-

---

Frau Geltung gehabt haben. Anders stellt sich die Sache bei widerrechtlichen Veräusserungen des Mannes (s. §. 16), auch kann die Frau sich die Nutzung ihres Gutes unter Umständen vorbehalten. So vermacht i. J. 1379 (Dipl. Undersdorf. I No. 44) eine Frau ihrem Manne ihr mütterliches Erbgut *mit der beschaiden, daz derselb hof mein aigen gut haisset, und mit allen eren, rechten und nutzen dieweil ich leb.*

[1] Siehe S. 42. 56 Anm. 19a. Eine Gewere der Frau neben der des Mannes wird auch anerkannt Font. rer. Austr. 21, 51 (1290), wo von einem Grundstück die Rede ist, *daz si pedeu ze derselben ceite in gver und in gvalt heten, unt daz ier rehtez aigen was.* Anders nach dem Brünner Recht. Siehe Anm. 20. Bei Veräusserungen erscheint häufig bald der Mann, bald die Frau als der handelnde Theil, jenachdem die veräusserte Sache von ihm oder von ihr herrührt. Diese Vertheilung der Rollen findet aber keineswegs durchweg statt.

[2] Auf die von Kraut aufgestellte geistreiche Unterscheidung zwischen der eheherrlichen Vormundschaft und der Herschaft im Hause kann an dieser Stelle nicht eingegangen werden.

[3] Vgl. Kraut 2. 572—586.

hörenden HS. des Augsburger Stadtrechts findet sich ein Zusatzartikel (W. 423), welcher die Handelsfrauen in einen entschiedenen
Gegensatz zu den übrigen stellt: *Sie hab denn sonderlich geschäft
zu offenem kram oder ze offenem kelr, oder ob sie sonst stetig-
lichs kaufs pfleget ohn ihren wirt: was sie denn thut, das hat wol
kraft.* Weiter heisst es dann, dass eine *frau die zu markt steht
und kaufet und verkaufet* auch vor Gericht selbständig auftreten
könne. Diese Grundsätze wurden durch Statut v. J. 1432 bestätigt (Gengler, Codex 1, 93). Ebenso bestimmt das Memminger
Stadtr. v. 1396 Art. 11 (Freyberg 5, 261): *Man sol ouch kainer
frowen die stat verruefen umb gült, si hab denn darumb ain verhaissen mit irs mans willen, oder ob si kain man hat, oder daz
si ze margt sitzt und kouft und verkouft; welch das tuond, die
müssent gelten und diu recht liden als man.* Genauer ist das
bairische Stadtrechtsbuch v. 1347 (Münch. Stadtr. 45): *Ain frau,
deu ze marcht stat und deu chauft und verchauft, deu hat allen
recht deu ir wirt hat, an, erb und aigen mag sie nicht verchaufen*[4]).
Von den österreichischen Rechtsquellen kommt zunächst das
Prager Statutarrecht 119 (Rössler, Rechtsdenkm 1, 76) in Betracht: *Burget imand . . . einer kramerinne, gewandsneiderinne
oder andern veiben die manne haben und teglich zu marke sizen,
und beclaget man sie umb schult vor gerichte, ir man mag sie
darumb vortreten und zu seinem rechten komen; auch, bekennet
sie inandes vor gericht der schult, die selbe bekentnus sol dem
manne, dem sie sein gut nicht vorgeben mag, unschedlich sein an
seinem rechte.* Ferner Wiener Wchb. S. 154 (Art. 16): *Welche
frau chauft und verkauft, die mues antwurtn umb alles gelt und
umb alle purglschaf an iren vogt, und was ir anbehabt wirt, das
mues si gelten.* Hiernach werden die Handelsfrauen allgemein
für fähig erachtet, Verbindlichkeiten einzugehen und ihre Angelegenheiten vor Gericht zu vertreten; inwiefern sie dadurch
auch das Vermögen ihres Mannes verpflichten, ist eine Frage,
die uns erst später beschäftigen kann, die übrigens von dem
Prager Recht verneint wird. Einstweilen kommt es uns nur
darauf an, dass die Geschäfte selbst (auch Veräusserungen) der

---

[4]) Vgl. ebd. 220. Freis. Stadtr. S. 191.

Genehmigung des Mannes zu ihrer Gültigkeit nicht bedürfen; versteht sich, soweit die Frau sich innerhalb ihres Geschäftskreises hält, nicht aber wenn sie über Immobilien verfügen will, die mit den Begriffen „Kram" und „Markt" nichts zu thun haben.

Aber auch andere Frauen sind nicht absolut verfügungsunfähig, ihre Stellung im Hause wahrt ihnen eine gewisse Selbständigkeit innerhalb eines wenn auch weit engeren Wirkungskreises. „Die Frau ist über ein Biesli Meister" und „Ein Weibermarkt ist fünf Schilling wert" heisst es in zwei schweizerischen Sprichwörtern, welche die auf geringe Beträge beschränkte Verfügungsgewalt der Hausfrauen andeuten wollen [4a]), und ähnliche Bestimmungen kehren zahlreich in den Quellen wieder, indem der Frau bald gewisse Geldsummen, bald einzelne Gegenstände oder ganze Kategorien des ehelichen Vermögens zu freier Verfügung überlassen bleiben. Die Beschränkung auf kleine Geldbeträge ist besonders den österreichischen Rechtsquellen geläufig [5]), begegnet aber auch in Schwaben und der Schweiz [6]).

[4a]) Vgl. Hillebrand, a. a. O. No. 167. 194.

[5]) Brünner SchB. 271: *Uxor autem, quia bonorum non est domina, non potest marito de bonis suis plus deplacitare vel iudicialiter perdere, quam ad valorem trium obulorum.* 509: *Uxor invito viro in bonis quibuslibet tantum de tribus obulis potest condere testamentum.* Siehe auch Beilage 186 (Rössler, Rechtsd. 2, 390). Wiener Wchb. S. 154 (Art. 16): *Es enmag auch kain frau, die ain man hat, nicht kaufen, noch verkaufen, noch weder verseczen, noch entnemen án irs mans wissen datz den Juden allain auf pfand, das ir man nicht entgelt, dann umb 30 ℥ oder dar hinder.* Stadtr. v. Varn: *Es hat auch kain frau nit gewalt kainerlai verkaufung oder verkumerung zu tuen ohn willen ires mannes, das über 3 gl. tref* (Beitr. z. tirol. Gesch., Brixen 1867, S. 274). Stadtr. v. Sterzingen v. 1417: *Es sol noch mag kain frau weder versetzen, verkaufen, noch umb pürgschaft versprechen, án irs mans wissen und willen, höher wan umb 3 chreuser* (ebd. S. 332). Pantaiding v. Alpeltau 5ᵇ (Kaltenbäck 1, 213): *Es sollen auch alle frume weib in dem aigen nit mer gwalt haben zu verkaufen, noch zu verwandeln, dan umb 12 ℥, es sei dan irem man gefällig.* Zipser Sachsenr. 3: *Auch wollen wir zu einem rechten haben, das keine frau nicht zu tedingen habe vor einem rechten, die einen lebendigen mann hat, das si irem mann nicht mer gewinnen noch vorlieren mag, wenn drei helbling.* Vgl. Chabert 4, 12.

[6]) Statut v. Isny (Anz. f. K. d. Vorz. 1859 S. 135): *Weliche fro ain mann hat, die ist nit mer gewaltig, denn 6 ℥, als von alter her komen ist.*

Viel wichtiger sind diejenigen Quellenaussprüche, welche ein Verfügungsrecht der Frau an concreten Vermögensgegenständen anerkennen. Dies gilt zunächst von der Morgengabe, über welche die Frau häufig nicht bloss von Todes wegen, sondern auch unter Lebenden selbständig verfügen kann [7]. Ausserdem gestatten das Augsburger wie das Münchener Stadtrecht letztwillige Verfügungen über Gewänder und Kleinodien der Frau [8]), und damit stimmt das Stadtr. v. Wiener-Neustadt (Arch. f. Kunde österr. Gesch. 10, 119) fast wörtlich überein: *Uxor vero moriens sine licentia viri sui nullam ordinandi habeat potestatem, nisi vestes illas et clenodia, quae attulit ad maritum, quae suis amicis et pro sua anima invito marito poterit ordinare.* Aehnlich das Altprager Stadtrecht §. 42 (Rössler S. XV): *Stirbit aber das weip e der man, si mac des gutes ein tail vor ir sele, das man ir gedenken sulle, is sie an gewande oder an andirn dingin*, und das Pantaiding von Waidhofen an der Ybbs §. 48 (Arch. f. K. österr. G. 25, 62): *Es mag auch kain frau an irem todt nicht mehr geschaffen, dann ir täglich gewandt oder ain zeitlich dink, än ires wüerts willen.* Weiter geht das Brixener Stadtr. v. 1380 S. 218, welches die Frau über die angegebenen Gegenstände auch unter Lebenden gültig verfügen lässt: *Es ist auch ze wissen, das dehain frau än irs wirts wille nicht mag pürg werden, wann umb 7 ₰. si sol auch chain gülte nicht machen, noch mit chainem geverde ir paider gut nicht verchaufen, noch än werden, wann alain ir gepente und ir chlainnad, darüber hat si wol gewalt.* In demselben Sinne ist wol auch eine nur durch einen etwas rätselhaften Ausdruck verdunkelte Stelle des Bair. Lndr.

W. v. Stäfa §. 15 (Gr. 1, 46): *Und enmag kein frou einem man mer verlieren, dann 18 ₰.*

[7]) W. v. Altorf (oben S. 35). Augsb. Stadtr. W. 252 (s. S. 36). Bair. Lndr. 135, Münch. Stadtr. 221 und Landshuter Erbr. v. 1423 (s. S. 43). Münchener Urk. v. 1467 (s. S. 44). Formelb. v. Baumgartenberg (s. S. 54). Mit Recht spricht daher das Münchener Stadtrecht der Frau die Gewere an der Morgengabe, dem Manne nur das Nutzungsrecht zu. Vgl. Bar, Beweisurtheil 196.

[8]) Siehe S. 36: *ihr verschnitten gewand . . . und ihre kleinod, die ihr bracht sind.* S. 43: *ir prautklainot, ir gewant, daz ir ir vater und ir muoter oder ander ir freunt geben habent.* Siehe dagegen Prager Statutarr. 59 (Anm. 19).

122 (11, 29) zu verstehen: *Ez mag dhain frau dn irs wirtes willen nichtz hingeben, wann daz zærlichs traitz ist in irem haus* [9]). Eigenthümlich ist das Zipser Sachsenr. 2, welches, statt eine gewisse Kategorie von Gegenständen aufzuzählen, beiden Ehegatten eine Quote des Vermögens zu freier Verfügung von Todes wegen überlässt, bei Verfügungen unter Lebenden dagegen stets gesamte Hand verlangt: *Wo ein erbarer mann mit seiner erbaren frauen in der ee sitzt, das ein iglicher mann geweldig sei zu bescheiden ein dritteil von seiner helft zu gottes heuseren, ader seinen armen freunden, ader wo er hin will, nach seinem tod zu nemen, und sein frau dasselbe recht hab als der mann.* Weiter heisst es dann: *Und ab der mann ader die frau ein dritteil hinweg wolt geben pei lebendigen leib zu nemen, das well wir nicht gestaten; sie sollen es bescheiden nach irem tode zu nemen, zu welcher zeit sies hinweg bescheiden, sie sint gesunt ader krank, des seint sie geweldig. und ab es ir peider wille sei, mögten sie mit einander ein dritteil von aller irer habe hinweg bescheiden ader geben, wem sie wellen, pei irem leben zu nemen ader nach irem tod.*

Nicht ganz klar ist die Stellung des Brünner Rechts. Einerseits finden wir hier SchB. 487 §. 5 die Bestimmung: *In venditionibus et emtionibus rerum ornatum muliebrem respicientium, cuius modi sloieria, pepla sunt, vittae, crinalia et consimilia, dummodo non sint magni pretii, quia frequenter mulieres sine virorum praesentia talia tractant, possunt iudicialiter contendere et vicem actoris et rei gerere, non obstantibus virorum suorum absentia praedictaque iustitia rigorosa.* Dem gegenüber heisst es SchB. 507: *Mulier existens uxor de dote, vestibus, peplis et consimilibus, quae apud iuristas paraphernalia dicuntur, seu clenodiis et rebus quibuscumque, nihil legare nullumque testamentum facere potest sine consensu mariti sui, qui, sicut uxoris, sic et bonorum omnium dominus est et rector.* Die erste Stelle gewährt der Frau das Recht, in Angelegenheiten, welche die angegebenen

---

[9]) Eine andere Hs. liest *zærliche geræts*, Münch. Stadtr. 118: *zerleichs getraides.* Nach Schmeller haben wir an das zum Verzehren bestimmte Getreide (etwa die *hovede spise* des Ssp.?) zu denken. Vgl. Kraut 2, 443 Anm. 5.

Gegenstände betreffen, als Klägerin wie als Beklagte selbständig vor Gericht aufzutreten, und beruft sich dafür auf die Thatsache, dass dahin gehörige Kaufgeschäfte von den Frauen ohne Betheiligung ihrer Männer abgeschlossen zu werden pflegen; daraus folgt, dass die Frauen auch zu diesen Geschäften selbst kompetent sind, die betreffenden ornamenta muliebria also überhaupt den Charakter des vorbehaltenen Frauengutes haben, und dies wird noch durch den Umstand bestärkt, dass c. 507 jene Gegenstände als Paraphernalgut bezeichnet [10]). Die zweite Stelle werden wir nunmehr wörtlich zu verstehen und auf letztwillige Verfügungen zu beschränken haben, was allerdings der allgemeinen germanischen Anschauung entspricht, aber im ehelichen Güterrecht auffallen muss, da sich hier eine entschiedene Begünstigung letztwilliger Verfügungen der Ehefrauen gegenüber den Verfügungen unter Lebenden herausstellt.

Wir haben gesehen, dass dem schwäbisch-alemannischen wie dem bairisch-österreichischen Recht der Begriff eines vorbehaltenen Frauengutes nicht fremd ist, dass die Frau über gewisse Gegenstände (die offenbar der sächsischen Gerade entsprechen) von Rechts wegen eine unbeschränkte oder doch ausgedehntere Dispositionsgewalt besitzt [11]). Dieser gesetzliche Vorbehalt kann nun unter Umständen durch Privatwillkür dahin erweitert werden, dass sich von wirklichen Einhandsgütern der Frau sprechen lässt [12]). Dies geschieht z. B. bei Schenkungen oder letztwilligen Zuwendungen an die Frau, wenn der Schenker oder Testator einen dahin gehenden Vorbehalt gemacht hat [13]).

---

[10]) Vgl. Weiske, Zeitschr. f. deutsch. Recht 14, 147.

[11]) Vgl. Kraut 2, 404f. 443f.

[12]) Vgl. Kraut 2, 375f.

[13]) So hatte eine Witwe in Sikowicz bei Brünn ihrer verheirateten Tochter ein halbes Grundstück *(lancus)* mit jenem Vorbehalte *(excluso marito)* vermacht; hinterher war auch die Tochter gestorben, nachdem sie das Grundstück ihrem Oheim ausgesetzt hatte. Der Witwer focht dies Vermächtniss an: *Utrum uxor sua poterit aliquid eo reluctante disponere vel legare?* Das Gericht zu Sikowicz entschied mit Berufung darauf, dass Ehefrauen nur über drei Heller vollmächtig seien, zu seinen Gunsten, aber der Brünner Oberhof erkannte dahin: *Bene esse appellatum et male sententiatum. ex quo mater exceptive medium laneum filiae legavit, constat, quod maritus nullum ius ad ipsum habuit. unde non de bonis suis, de*

Auch durch Eheverträge kann ein Sondervermögen der Frau
begründet werden, von diesem Falle wird aber erst weiter unten,
wenn wir von den Eheverträgen überhaupt sprechen, die Rede sein
(s. §. 19). Hier sei nur einer Eigenthümlichkeit des Brünner Rechts
gedacht, wonach eine Witwe oder Jungfrau mit selbständigem
Vermögen, wenn sie bei ihrer Verheiratung einen Theil desselben
dem Manne als „Morgengabe", d. h. als Heimsteuer, bestellt,
sich dadurch für den Rest stillschweigend das Recht zu Verfügungen auf den Todesfall vorbehält [14]). Dies gilt natürlich
nicht, wenn die Heimsteuer von den Eltern der Frau oder von
dritten Personen bestellt wird [15]), oder wenn die Ehegatten
„absolute" und nicht „sub conditione dotis" zusammenkommen [16]),
vielmehr steht in beiden Fällen das ganze Vermögen, von dem
gesetzlichen Vorbehalt abgesehen, in der Gewalt des Mannes und
ist der Disposition der Frau entzogen.

Während hiernach sämtliche Rechtsquellen auf einem dem
römischen Recht entschieden entgegengesetzten Standpunkte
stehen, hat sich das Ofener Stadtrecht ganz von den heimischen
Anschauungen abgewandt und der Frau die freie Verfügung über
ihr Vermögen, so weit es nicht als Heimsteuer („Morgengabe")
bestellt ist, eingeräumt [17]). Hier hat das römische Recht den
Sieg davongetragen, die Heimsteuer ist zur römischen dos geworden [18]).

Von dieser Ausartung des Ofener Rechts abgesehen hat
unsere bisherige Betrachtung gezeigt, dass die Frau in allen
ihren Verfügungen der Mitwirkung des Mannes bedarf, denn die

---

*quibus fortassis, sicut dicta sententia dicit, tantum ad tres obulos legare
potuit, sed de bonis propriis avunculo suo, prout de iure potuit, supra-
dictum lancum medium deputavit. et insuper, si dicta filia sine prole
intestata decessisset, hereditas praenotata potius fortassis ad propinquos
matris, a qua filiae data fuit, quam ad maritum hereditarie transivisset.*
Brünner SchB. 509. Siehe auch S. 99 Anm. 20.

[14]) Brünner SchB. 508 (s. S. 66). Wahrscheinlich ist hier das römische
Recht von Einfluss gewesen.

[15]) Hier würde es eines ausdrücklichen Vorbehalts bedürfen.

[16]) Siehe S. 65 und §. 19 Anm. 29.

[17]) Ofner Stadtr. 397 (s. S. 67).

[18]) Vgl. S. 16. 24.

freiere Stellung der Handelsfrauen und ,die Anerkennung eines
gesetzlichen oder vertragsmässigen Vorbehalts ist eben nur eine
Ausnahme von der allgemeinen Regel. Diese Regel wird Dsp. 66
(Schwsp. 74) dahin zusammengefasst: *Ein weib enmag án ir*
mannes urlaub ir guotes niht hin gegeben , noch aigen , noch leib
gedinge, noch zinsguot, noch varntzguot. daz ist da von, daz er
ir vogt ist. Hier wird die Zustimmung des Mannes zu allen
Veräusserungen, auch von fahrender Habe, verlangt, es liegt aber
auf der Hand, dass dieselbe Beschränkung überhaupt von Geschäften unter Lebenden wie von Todes wegen gilt, durch welche
die Frau Rechte aufgibt [19]), und so erscheint es durchaus gerechtfertigt, wenn das Brünner SchB. von der Frau sagt: *quia bonorum*
non est domina [20]). Eine natürliche Folge dieser Dispositions-
beschränkung ist die, dass verheiratete Frauen auch bei Prozessen der Mitwirkung ihrer Männer nicht entraten können [21]).

---

[19]) Siehe die meisten der oben angeführten Stellen. §. 8 Anm. 11.
§. 14 Anm. 4 und 6. Münch. Stadtr. 220: *Und swaz ain hausfrau gelübs*
tuot án ires wirtes willen, das sol chain chraft haben, oder swas si pfant
setzet, oder swer für sie gehaizzet án ires wirtes willen, da ist auch weder
chraft noch recht. Aehnlich ein anderes Münchener Statut (Auer S. 279
Art. 45). Prager Statutarrecht 59: *Kain frau die mag nichz vorschaffen,*
kainerlai sach, clain noch gross, es sei clainet, gewant oder gut, án irs
mannes willen. zu den er aber seinen willen geb, daz mag sie wol vor-
schaffen. Augsb. Stadtr. W. 423: *Es hat kein frau nicht gewalt mit einem*
ihrs wirts gut nicht ze thun gen niemand, weder mit bürgschaft noch mit
andre, aun irs wirtes wort. Auch bei erbschaftlichen Erklärungen der
Frau (namentlich bei Erbverzichten und bei der Zustimmung zu Veräusserungen ihrer Verwandten) wird regelmässig die Genehmigung des
Mannes hervorgehoben. Aus den zahlreichen Beispielen führe ich hier
nur an Tr. Tegerns. 6, 15 (11. Jahrh.). Tr. Aspac. 11. Urk.- B. des
Schottenklosters in Wien No. 78 (1297). 415 (1409). Arch. f. K. österr.
Gesch. I. 3. S. 112 (1375. Erbverzicht mit besonderer Feierlichkeit). Von
Schulden der Ehefrauen wird erst weiter unten die Rede sein.

[20]) SchB. 271 (s. Anm. 5). 487: *Mulier maritata, cum bonorum non sit*
domina, sicut vir res et possessiones non tamen potest perdere, sic nec
potest iudicialiter obtinere. Vgl. ebd. 160. Dagegen wird die Witwe als
bonorum domina bezeichnet. Siehe §. 14 Anm. 1.

[21]) W. v. Wettingen v. 1403 (Gr. 5, 98): *kam da für mich in offen*
gericht . . . Hansen Suters . . . eliche wirtin, und er mit iren in vogts wis.
Siehe §. 14 Anm. 2. Zipser Sachsenr. 3 (s. Anm. 5). Brünner SchB. 487
§. 5 (s. S. 104).

Dsp. 66 (Schwsp. 75): *Magde und weip müzzen mit reht vor
isleihem gerichte und in isleicher chlage ir vormunt bei in han,
oder si sol der richter niht hœren. und hat si einen e man, der
in dem lande ist, der sol ez tuon.* Bair. Lndr. 292 (23, 16): *Ez
mag auch dhain frawe umb gelt nieman ansprechen ân irs wirts
willen, si hab dann ain urchund von irem wirt, oder si vergewizz
ez, mit welhem rechten ir jener enbräst, daz er fürbaz von irem
wirt ledig sei; enbrist er ir umb daz gelt, oder gilt er ir, so sol
er fürbaz von irem wirt ledig sein*[22]). Augsb. Stadtr. W. 423:
*Und hat auch kein frau vor gericht um kein ding an ihres wirts
stat nicht ze rechten, wann sie ihm seins guts zu recht vor gericht
nicht getun mag.* Das Brünner Recht unterscheidet zwischen der
Stellung der Klägerin und der Beklagten: *Uxor autem vicem
actoris gerens et causam iurando obtinere volens, in iuramento
cadit et causam perdit sicut vir; locum vero rei tenens, h. e. re-
spondens et causam defendens, hac praerogativa et privilegio
mulierum gaudet, quod in iurando non cadit*[23]). Dies bezieht
sich aber nicht auf die Frage, ob die Mitwirkung des Mannes
bei Prozessen seiner Frau notwendig sei, und aus andern Aussprüchen des SchB. wissen wir, dass das Brünner Recht hier
auf demselben Standpunkt steht wie die übrigen Quellen[24]).

Jeder ohne Mitwirkung des Mannes geführte Prozess ist
diesem gegenüber unverbindlich, er kann daher die abgewiesene
Klage noch einmal anstellen. Ficht er die Prozessführung nicht
an, so gilt dieselbe als genehmigt, denn die Frau hat kein selbständiges Anfechtungsrecht[25]). Etwas anders verhält sich die
Sache nach dem Prager Statutarr. 105, nach welchem eine
wiederheiratende Witwe während des ersten Jahres der Ehe zu

---

[22]) Ebenso Münchener Stadtr. 119. Freising. Stadtr. S. 224. „Ent-
presten" ist: siegreich aus dem Prozesse hervorgehen. Die Frau muss
also, wenn sie ohne ihren Mann klagen will, Sicherheit dafür bestellen,
dass dieser den Beklagten, wofern er den Prozess gewinnen sollte, nicht
mehr in Anspruch nehme.

[23]) SchB. 487 §. 2.

[24]) Siehe Anm. 5, Anm. 20 und S. 104.

[25]) Brünner SchB. 496 (s. §. 20 Anm. 11). Dies folgt auch aus der
oben angeführten Stelle des Bair. Lndr. (s. Anm. 22).

eigener Prozessführung legitimiert ist, nach Ablauf von Jahr und Tag aber der Mitwirkung des Mannes bedarf oder doch aus den ohne ihn geführten Prozessen erst nach Auflösung der Ehe in Anspruch genommen werden kann: *Und wenne ein man ein vitib nimt zu der ee, di vor mundig ist gewesen*[26]*), di selbe in jar und tag, spricht man si an, di mag vol fallen an iren rechten, also das sie das selbe richten sol, doran si gevallen ist, mit irem eigem gute*[27]*). der noch denne noch jar und tag, di veil si denn man hat, spricht man si an, und fellet si an irem rechtem, das selbe (sol si) richten und bezalen noch ires mannes tode, ab si icht eigens gutes haben wert.* Diese Ausnahme gilt aber offenbar nur von der zweiten Ehe einer Witwe und in Betreff ihrer vorehelichen Schulden[28]).

Ebenso, wie der Mann der Prozessführung seiner Frau die Anerkennung versagen kann, ist er auch zur Anfechtung der mit Ueberschreitung ihrer Kompetenz von ihr geschlossenen Geschäfte befugt. Brünner SchB. 277: *Si uxor (res) mariti vel famulus res domini, eo ignorante, vendiderit, dominus venditionem, si ipsam ratam habere noluerit, revocabit, nec emtor vendentem, quod de re tali eum potentem faciat, cum venditio nulla fuerit, compellere poterit via iuris.* Bair. Lndr. 122 (11, 29): *Und wirt der wirt darumb angesprochen, es sei mit seinem willen geschehen, mag sich der wirt davon genemen mit seinem aide, daz ez mit seinem willen nicht geschehen sei, dez sol er geniezzen, und ist der chauf ab, und sol man jenem sein pfenning wider geben*[29]). Das von dem Manne angefochtene Kaufgeschäft ist also nichtig, der Käufer hat auch gegen die Frau keine Rechte mehr, bekommt aber seinen Kaufpreis zurück. Dasselbe, was von Kaufverträgen, gilt natürlich auch von andern Veräusserungen und lästigen Ver-

---

[26]) Siehe S. 95 Anm. 7.

[27]) So ist wol statt *irem gute eigem* zu lesen.

[28]) Dies ergibt sich aus der Vergleichung mit Brünner SchB. 498: *Si mulier maritata pro debitis tempore viduitatis vel prioris mariti praemortui per eam contractis in causam trahitur, non obstante quod pro nunc allegat maritum vivum sed absentem se habere, actoris querimoniis respondebit.*

[29]) Ebenso Münch. Stadtr. 118. Vgl. Blumer 1, 480.

trägen, und es fragt sich nur noch, ob auch die Frau auf Grund
der mangelnden Genehmigung ihres Mannes zur Anfechtung des
ohne ihn geschlossenen Geschäfts berechtigt, ob also das Geschäft
absolut oder nur relativ ungültig ist.   Mit Recht hat Kraut diese
Frage verneint [30]), schon aus der Analogie dessen, was oben
über die Prozessführung gesagt wurde, ergibt sich, dass nur der
Mann anfechten kann, dass also die Frau an das Geschäft gebunden ist, wenn der Mann von jenem Rechte keinen Gebrauch
macht.

In Notfällen treten alle jene Beschränkungen der weiblichen
Dispositionsfähigkeit in den Hintergrund, die Frau ist dann selbst
zu Veräusserungen und zur Prozessführung ohne den Mann berechtigt [31]).

§. 16. Verfügungsrechte des Mannes. Der Mann
hat die freie Verfügung über die gesamte fahrende Habe, die
er selbst zur Bezahlung seiner Schulden verwenden kann*). Dsp. 13

---

[30]) Vgl. Kraut 2, 399—402.

[31]) In der Regel werden solche Notfälle nur dann eintreten, wenn der
Mann abwesend oder selbst nicht dispositionsfähig ist. Von der Stellung
der Frau in einem solchen Falle werden wir §. 20 sprechen. Font. rer.
Austr. 21, 109 (1305): eine verheiratete Frau verkauft, ohne dass ihres
Mannes weiter erwähnt würde, mit Zustimmung ihrer Kinder *durch recht
nottuerft mein und meiner chind, . . . dorumme das ich mich und meinen
chind davon neret.* Dipl. Rot. 115 (1344): eine verheiratete Frau erscheint
ohne ihren Mann vor Gericht und *bestät mit ir aid, als mein herr buech
sagt, dass si das holz, das da heizzet Niederbuhel, nicht umgen mecht, si
must es vor hunger, vor vröst und vor recht ehhaft not verkaufen.* In demselben Sinne sind wol auch die wenigen Urkunden zu verstehen, in denen
Ehefrauen einfach ohne ihre Männer auftreten, wie Urk.-B. von Heiligenkreuz I No. 113 (1250). Schottenkloster No. 268 (1360). Zuweilen mag
es auch bloss vergessen sein, der Genehmigung des Mannes ausdrücklich
zu gedenken, so wenn Schottenkloster No. 438 (1414) erwähnt wird, dass
der Mann die Urkunde mituntersiegelt habe. In andern Fällen wird man
an Witwen oder geschiedene Ehefrauen zu denken haben, so namentlich
wenn die Frau, statt den Namen ihres Mannes zu führen, mit ihrem
Familiennamen bezeichnet wird. Mon. August. II No. 200 (1354) tritt *Anna,
diu Frickin genant, hern Hainrichs von der alten Schenegg saelig tohter,*
auf, die wir vier Jahre später (No. 235) als *Ytelfricken seligen wittiwe*
kennen lernen. Ebenso ist auch Mone 4, 353 (1297) die *Gertrudis, filia
quondam Swigeri dicti Felscher,* aufzufassen, ohne dass man mit Mone
(a. a. O. 353) an eine Gütertrennung zwischen den Ehegatten zu denken braucht.

*) Siehe unten Anm. 12.

(Schwsp. 9): *Und stirbet einem man sein weip, und sol er gelten, und hat nicht ze gelten und nimet er ein ander weip, und geit im deu vaerndeu guot, er gittet von vaernden guote wol. daz ist da von, daz der man seines weibes vogt ist und ir maister.* Dem scheint Schwsp. 23 zu widersprechen, wo es heisst: *Git ein man sinem wibe varnde guot ze histiur oder ander guot, daz guot mac er ir niiner ane werden;* allein der Widerspruch ist nur ein scheinbarer, wenn man die ursprüngliche Fassung der Stelle (Dsp. 24) daneben in Betracht zieht: *Geit ein man seinem weibe guot ze heistewer, oder ander guot, ân vaerndes guot, daz guot mag er ir nimmer ân werden.* Hier wird das Veräusserungsverbot ausdrücklich auf die Immobilien beschränkt, gleichzeitig erregt die Stelle aber den Eindruck, als könnte fahrende Habe nicht zur Widerlegung gegeben werden; diesem Misverständniss suchte der Verfasser des Schwsp. vorzubeugen, übersah dabei aber, dass der von ihm gewählte Ausdruck nach einer andern Seite hin ein neues Misverständniss schuf. Diese Textesgestaltung zeigt sich am deutlichsten in dem Landrechtsbuch Ruprechts von Freisingen c. 20: *Geit ein man seinem weib varends guet zue haussteur oder ander guet, ân varentz guet, das guet mag er nimmer mer ân werdn.* Indirect wird die Veräusserungsbefugniss des Mannes auch Schwsp. 146 anerkannt, indem es von der Auseinandersetzung bei der Ehescheidung heisst: *Swaz si zuo im brahte, daz fuoret si hin, ob ez da ist. braht si vaernde guot zuo im, daz sol si mit ir fuoren; ist ez vrlorn, und mac man daz bewaern, als reht ist, si muoz ez mangeln.*

Der Grundsatz des Dsp. und Schwsp. wird Bair. Lndr. 99 (11, 6) fast wörtlich wiederholt, und wenn das Stadtr. v. Wiener-Neustadt (Arch. f. K. österr. Gesch. 10, 119) bestimmt, *quod quicunque civium moriatur, si uxorem habeat vel liberos, in voluntaria ordinatione sua consistant omnia mobilia bona sua,* so hat man dabei unzweifelhaft an die gesamte Fahrhabe, nicht bloss an die von dem Manne herrührende, zu denken. Denn wegen seines freien Verfügungsrechts wird der Mann in den Quellen häufig als Eigenthümer der Mobilien bezeichnet. W. v. Binzikon §. 15 (Gr. 4, 274): *Was sie danzemal varends gut hat, so bald sie sich entgürt, das ist des mans.* W. v. Altorf §. 36: *Es sprechent*

die hoflüt, wenn ir einer griff zu der e, und das so ferr kom, daz
sich die frou engürt vor dem bett, so sig all ir varend guot des
mans [1]*).*

Dies gilt auch von Kapitalien, sie sind Eigenthum des
Mannes, er kann mit denselben schalten und walten wie er will,
und wenn er Grundstücke dafür kauft, so gehören dieselben in
der Regel ihm und nicht der Frau [2]). Daher die häufige auf
Gesetz oder Vertrag beruhende Verpflichtung des Mannes zur
Widerlegung, durch welche der sonst nur für Immobilien der
Frau geltende Rechtsschutz auf ihr Mobiliarvermögen ausgedehnt
wird [3]).

Das Brünner Recht stellt jede Verpflichtung des Mannes,
eine derartige Widerlegung zu bestellen, ausdrücklich in Abrede.
SchB. 193: *Soluto coniugum utriusque dotalitio, mulieris amici*
virum de iure non possunt artare, quod caveat, ne dotalitium
deficiat et minuatur. est enim vir tam mulieris quam dotalitii
dominus et rector, potens cum ipso emendo, vendendo ac modis
aliis, quibus casus fortuiti sunt admixti, sibi et uxori vitae ne-
cessaria conquirere, sicut placet. Dieser Standpunkt ist an sich
ein ganz correcter, wenn man berücksichtigt, dass das Brünner

---

[1]) Vgl. §. 42 desselben Weisthums (S. 78 Anm. 6). Zuweilen ist der
Mann jedoch auch in Betreff der Fahrhabe an die Zustimmung der Frau
als der Eigenthümerin gebunden. Gr. 5, 204 §. 5: *Wo ain frou clich zuo*
ainem man kümpt, und bringt si im guet zuo, es sige ligent oder varentz,
und kompt der man mit ir überain, das ir dasselb ir guet verkouft oder
verendert wurdi, und wenn denn der man von todes wegen abgangen ist,
und ob er ir dasselb ir guet nit zue iren handen verschaffet und bracht
hetti, des soll si nit entgelten, dann was si kuntlich kan machen, das si
zue im bracht habe, das soll si erben. Hier ist freilich nur von einem
der Frau zu leistenden Ersatz, nicht von der Ungültigkeit der ohne sie
geschehenen Veräusserung die Rede. In einer niederbairischen Urk. von
1415 (Dipl. Raitenhasel. 111) werden *etleiche kleinat und silberschir* von
den Ehegatten und den Kindern gemeinsam veräussert.

[2]) Siehe S. 77f. 80.

[3]) Vgl. S. 77—81. W. v. Thurthal v. 1487: *Was oder wie vil dann*
die frou guts zu irem man bringt, das alles sol iro der man daselbst im
Turtal anlegen an aigen und an erb, umb das si wise, wo si iro haimstür
suchen und nemen sölle, ob si iren man überlepti ungefarlich.

Recht der Frau keine Gewere zugesteht, sie als *non domina* ansieht[4]; allein diese Auffassung ist nur für die beerbte Ehe consequent festgehalten[5], im übrigen ist die Gewalt des Mannes auch nach dem Brünner Recht keineswegs unbeschränkt. So darf er über die Morgengabe, die er ihr bestellt hat, ohne ihre Erlaubniss nur in Fällen echter Not verfügen[6], und ebenso darf er Immobilien seiner Frau nur in Notfällen und nach Erschöpfung seines eigenen Vermögens angreifen. SchB. 160: *Vir indebitatus et prae inopia solvere non habens, si mulierem divitem absolute de hoc non caventem in uxorem ducit, de bonis duntaxat ad eam pertinentibus ad solvendum debita prius contracta, non obstante quod reclamet, compellitur iustitia mediante*[7].

Diese erweiterte Befugniss des Mannes in Notfällen, mit Rücksicht darauf dass er den Unterhalt für die Familie zu beschaffen hat[8], gilt auch nach den übrigen Rechtsquellen ganz allgemein[9]. Dsp. 24 (Schwsp. 23): *daz guot*[10] *mag er ir nimmer ân werden, die weil er ander guot hat. twinget in aver ehaft not, er wiert ez wol ân mit recht. geit si im auch sogtan guot*[11], *er sol daz sein e ân werden e daz ir*[12]. Freis. Stadtr. S. 186: in

---

4) Siehe §. 15 Anm. 20.

5) Davon §. 20. Vgl. SchB. 185.

6) Siehe S. 62. SchB. 197 (s. S. 64).

7) Siehe auch SchB 192 (oben S. 66). 437 (s. S. 107 Anm. 20).

8) Vgl. §. 14 Anm. 21.

9) Siehe S. 57f. Augsb. Stadtr. Fr. 97 (W. 280 §. 2). Gr. 5, 204 §. 5: *es wer dann sach, das si bi einander gearmet und iro güter geschwinen wärint, des soll si entgelten nach minderung der güter und glichen billichen sachen ungeverlichen.* Dipl. Rot. 236 (1387): *Es wär dan, ob in ein ehaft not angieng, das er nicht ersparn möcht, da soll ich und mein tochter in daran nicht bei irem lebentigen leib engen noch irren.*

10) Die Widerlegung. Siehe S. 83.

11) Heimsteuer. Natürlich sind Widerlegung und Heimsteuer nur Beispiele, es handelt sich um das ganze Immobiliarvermögen.

12) Wenn es Dsp. 13 (Schwsp. 9. Bair. Lndr. 99) heisst: *Geit dem manne sein weip ander guot, denne vaernden guot, davon enmag er niht vergelten, wan nach ir willen,* so ist dies also nur mit der Beschränkung zu verstehen, dass der Mann im Falle echter Not auch ohne die Frau zur Veräusserung ihres Immobiliarvermögens befugt ist. Daraus ergibt

treib dan soltein notturft darzu, daz arm und reich sechent, daz das rechteu notturft sei, so mag er es wol ân werden durch ir paider notturft. . Bair. Lndr. 108 (11, 15): *Wolt aber der man der frawen ir haimstewer, die si zuo im pracht hat, pei ir lebentigem leib ân werden, daz mag er wol tuon, ez sol aber daz lest guot sein.* 109 (11, 16): *Muoz aber der man seiner hausfrawen (ir haimsteuer) ân werden, si hab chint oder nicht, durch sunder notdurft die er geweisen may mit seinem aide, und er auch ander hab nicht hat, die er ân werden müg, daz sol er auch nemen in den ait, so mag er ez wol ân werden.* Weiter wird dann noch eine eventuelle Ersatzpflicht des Mannes anerkannt: *Hat er aber ander hab, der er nicht ân werden mag, der sol er der frawen geben, alz vil irer hab gewesen ist, ob er alz vil hat.*

Die Ausnahme im Notfall dient nur zur Bestätigung der Regel, dass der Mann die seiner Frau gehörigen Immobilien nur mit ihrer Genehmigung veräussern kann [13]); dasselbe gilt von seinen eigenen Immobilien, wenn er sie ihr direct oder in Pfandesweise als Widerlegung, Morgengabe, Leibzucht eingeräumt hat [14]). Auch kann in beiden Fällen die fehlende Genehmigung der Frau nicht etwa dadurch ergänzt werden, dass der Mann ihr statt der

sich aber, dass der Dsp. 13 wie Dsp. 24 berührte Gegensatz zwischen Mobilien und Immobilien der Frau nur auf die völlig freie Veräusserlichkeit der ersteren bezogen werden kann. Wenn daher Dsp. 13 von einer Veräusserung behufs Tilgung vorehelicher Schulden des Mannes die Rede ist, so greift der Verfasser damit nur ein beliebiges Beispiel heraus, keineswegs aber will er das Veräusserungsrecht des Mannes auf jenen Fall (als einen Fall echter Not) beschränken; dann fiele ja der von ihm selbst betonte Gegensatz zu den Immobilien fort. Viel zu künstlich ist die Entwickelung bei Kraut 2, 477—491. Unrichtig auch Albrecht, Gewere 269. Hasse i. d. Zeitschr. f. gesch. RW. 4, 86. 89. Vgl. dagegen Roth i. d. Jahrb. d. gem. deutsch. Rechts 3, 318. Siehe übrigens auch Schwsp. 147a (unten §. 21).

[13]) Der Frau gehörige Leibeigene dürfen nur mit ihrer Erlaubniss freigelassen werden. Schwsp. 73b. Das dem Manne Bair. Lndr. 107 (11, 14) und Freis. Stadtr. S. 188 eingeräumte freiere Verfügungsrecht bezieht sich auf die Verhältnisse nach dem Tode der Frau.

[14]) Vgl. Brixener Stadtr. v. 1380 S. 219: *Es mag auch ain man seiner hausfrauen, das ir ist von erbe, oder ir haussteur oder ir morgengab nicht ân werden, versetzen noch verchaufen, ân iren willen.* Der Schutz der Morgengabe und des Leibgedinges ist uns im ersten Buche wiederholt entgegengetreten. Wegen des letzteren ist noch zu vergleichen Mone 2, 96. 6, 229. Kopp, Urk. II No. 7. Zeerleder No. 365. 609. Tr. Garst. 223.

veräusserten eine andere Sache als Ersatz (recompensatio) gewahrt [15]).

Von grösster Wichtigkeit ist es nun aber, dass der Mann auch über sein freies Immobiliarvermögen nicht einseitig verfügen kann, dass also die sämtlichen Immobilien, gleichviel von wem sie herrühren, auch materiell éine Masse bilden, über die nur von beiden Ehegatten gemeinsam, also mit gesamter Hand, verfügt werden darf. Dsp. 34: *Ein weib may ir guotes (niht) hin gegeben án ir mannes willen, noch ein man seines guotes án sein weib, wan als hie gesprochen ist* [16]). Weniger deutlich heisst es Schwsp. 34: *Ein wip mag ir guotes niht gegeben hin áne ir mannes willen. noch ein man áne sins wibes willen, wan als daz buoch hie vor seit.* Das hier anerkannte Prinzip der gesamten Hand [17]) wird in den Rechtsquellen nur vereinzelt berührt [18]), um so häufiger tritt es aber in den Urkunden hervor, welche erkennen lassen, dass jenes Prinzip sich allgemeiner Anerkennung erfreuete. Nur das dem römischen Recht verwandte Ofener Stadtrecht und die (wenigstens theoretisch) eine Allgewalt des Mannes anerkennenden mährischen Stadtrechte scheiden hier aus [19]).

---

[15]) Vgl. S. 34. 46f. Mone 3, 360. Mon. August. I No. 128. 197. 292. II No. 47. Ebd. I No. 253 (1303): zwei Ritter verkaufen Grundstücke mit der Erklärung: *Et si uxores nostre superstites vel alie aliquid iuris racione dotis, donacionis propter nupcias vel recompensatione dotis, sive alio quocumque modo aliquid iuris habent in eisdem, omnes nos tres et quilibet nostrum in solidum absolvere huiusmodi inpetitionem tenetur.* Nur selten wird bloss die Entschädigung und nicht die Genehmigung der Frau erwähnt, z. B. Mone 3, 229. MB. 11, 71.

[16]) Nämlich in den Ausnahmefällen (fahrende Habe und echte Not).

[17]) Bekanntlich hat Walter (RG. §. 596 Anm. 2) und besonders Roth (JB. des gem. deutsch. R. 3, 317f.) das Verdienst, dies Prinzip auch für den Schwabenspiegel nachgewiesen zu haben. Beseler (Privatr. 2. Aufl. S. 572 Anm. 15) möchte die beiden Stellen auf Schenkungen unter Lebenden beschränken.

[18]) Augsb. Stadtr. W. 254: *Ist, dass ein man sein gut verkaufet oder verseze bei seines gemächts lebendigem leib, das thut er wol mit recht, er und sein hausfrau, aun ir beder kind wort.* Siehe auch Zipser Sachsenr. 2 (s. S. 104) und Wiener Wehb. S. 188.

[19]) Siehe oben S. 112f. Iglauer Stadtr. 10: *Quod quilibet homo racionis capax cum bonis suis poterit facere quicquid voluerit; et licet uxor reclamet et pueri contradicant. tamen dominium in suo stabit arbitrio.* -

1. Gesamte Hand im schwäbisch-alemannischen Recht [20]).
Mon. August. I No. 10 (1067): *cum manu coniugis suae* verschenkt ein Graf ihm zugehörige Grundstücke und eigene Leute.
No. 29 (1147): mit Zustimmung seiner Frau und seiner Söhne verzichtet ein Edelmann auf Zehnten, die er von seinen Vätern
geerbt hat. No. 157 (1286): ein Graf verkauft zwei von ihm selbst
erworbene Güter *de voluntate et assensu fratris nostri . ., uxoris
nostre ac aliorum heredum nostrorum.* No. 201 (1296): ein Augsburger Bürger verkauft mit Zustimmung seiner Frau, ihrer
Schwester und seiner Erben ein Grundstück, wobei die Frau
eidlich versichert, dass sie kein Morgengaberecht an demselben
habe (s. S. 33 Anm. 16). No. 406 (1329): ein Mann verschenkt
unter Mitwirkung seiner Frau ein zu Augsburg gelegenes Grundstück *mit allen den rehten und nüetzen, alz ich ez her brauht
han und min vatter salich an mich.* Eigenthümlich ist No. 192
(1294), wo ein Mann *mit miner husfrowen . . rate und mit irem
gutem willen und mit allre minre erben willen, und auch mit miner
tohter Annen, die ich bi minre erren wirtinne hete,* mehrere Höfe
verkauft: *da habent si mir umbe geben 230 tt. . . ., und da zu
litkauf miner hausfrowen und minen chinden, und auch miner
tohter Annen, die ich bi minre erren hausfrowen han.* Nur zwei-
mal (II No. 254 und 266) vermissen wir bei Veräusserung eines
verheirateten Mannes die Erwähnung, dass die Frau zugestimmt
habe. Dass die Genehmigung der Frau schon im 11. und 12. Jh.
für nötig gehalten wurde, geht aus den hier angeführten und
zahlreichen andern Belegen hervor, und es muss auf einem Irr-
thum beruhen, wenn Hoermann [31]) behauptet, dass sich in Kaufbeuern das Prinzip der gesamten Hand erst seit 1470 ausgebildet habe.

2. Gesamte Hand in Baiern. MB. 27, 3 (1118): Markgraf
Diepald verschenkt mit Zustimmung seiner Frau, seiner Mutter
und seiner Kinder ein Gut *quem hereditario successionis iure
possederat.* Tr. Berchtesg. 115: *unacum uxore sua et natis eorum
tradidit . . . predium . . petitione ministerialis sui S., a quo*

---

[20]) Weitere Belege im §. 18.
[31]) De liberae civitatis Kauffburae privilegiis (Erlangae 1763) S. 45f.

emptum est idem allodium. Ebd. 2: *unacum uxore sua A. ac
filio G. tradidit . . . quicquid ei ex hereditate matris obvenerat . . .
tam in mancipiis quam in possessionibus.* Tr. Emmeram. 130:
*consentiente S. uxore sua predium quoddam proprium et heredita-
rium . . . delegavit . . et . . aureo denario proximi sui heredis
redimi . . constabilivit.* Tr. Obermuenster. 3: *cum uxoris sue H.
consensu sui proprii iuris predium . . tradidit.* Tr. Augiens. 148
(um 1160): *predium suum . ., quod a liberis parentibus receperat,
nec potestati uxoris subiici poterat, tradidit ad altare . . . cum
abnegatione uxoris sue M. et pignorum suorum.* Ebd. 146
(vgl. 149): Mann und Frau verschenken gemeinsam ein *predium
emptitium.* Ebd. 206 (1287). Meichelb. IIb No. 11 und 12 (1248).
24 (1250). 218 u. 219 (1308). Dipl. Rot. 243 (1337): Mann und
Frau verkaufen *unsern hof datz Ebräch, der mich anerbet von
meinen annen und der mein rechts aigen gewesen ist.* Dipl.
Fürstencell. 48 (1316): ein Mann verkauft mit Genehmigung
seiner Frau, seiner Kinder und seiner Brüder ein Erbgut für
51 Pfd.: *und wan ich den 51 ℔. han angelait mainer hausvrowen
und meinen chinden, da si in baz gelegn sint, so gib ich den vorg.
gut auf mit salmans hant.* In einer Münchener Urk. v. 1467
(Dipl. s. Clarae Monac. 453) bekennt ein Mann, als Heiratgut
seiner Frau u. a. einen halben Hof empfangen und ihr für ihre
Morgengabe einen andern halben Hof, den er gekauft, verpfändet
zu haben; er verpflichtet sich: *Ich sol auch . . den benanten halben
hof, den mir mein benante hausfrau zu heiratguet zupracht hat,
und den halben hof, den ich erkaufet hab, weder versetzen, noch
verkaufen, noch verkumern, noch an werden, es sei dann mein
obg. hausfrau . . selbs dapei und damit, und iren willen irem
mann darzu geb. ob ich aber . . das daruber tät und den benanten
hof verkafat oder verkumrät . . ., das sol ganz von unkreften sein
und kein kraft haben in kain weis.* Natürlich darf man aus dieser
Versicherung [22]) nicht schliessen, dass der Mann ohne dieselbe
frei über die besagten Grundstücke hätte verfügen können, und
ebenso wenig wird durch diese ausdrückliche Anerkennung des
Prinzips der gesamten Hand für Heimsteuer und Morgengabe

---

[22]) Vgl. Dipl. Rot. 235 v. J. 1409 (MB. 2, 61).

dasselbe Prinzip für die Sondergüter des Mannes ausgeschlossen.

3. Gesamte Hand in Oesterreich. In österreichischen Urkunden [23]) werden alle Verfügungen über Immobilien (Veräusserungen, Verpfändungen, dingliche Belastung) regelmässig
mit gesamter Hand vollzogen, auch letztwillige Verfügungen
unterliegen derselben Beschränkung. Ich führe hier nur solche
Urkunden an, welche sich auf Güter des Mannes (Erbgut oder
Kaufgut) beziehen. Tr. Garst. 8. Tr. Formbac. 32. 198. 230.
263. Dem 13. Jh. gehören die folgenden Beispiele an. Meiller,
salzburg. Regesten S. 569 No. 12 (um 1220): Graf Eberhard
von Dornberg verkauft mit Genehmigung seiner Gemahlin *omnia
sua bona, castrum videlicet Dornberg, universam eius familiam
omnesque possessiones, quibus tam paterno quam materno iure
successerat.* Urk.-B. d. Landes ob der Enns III No. 222 (1255):
ein Edelmann verschenkt einen Hof *(iure proprietatis mihi attinentem)* mit Zustimmung von Frau und Kind *(bona voluntate et
pleno consensu uxoris mee et heredum meorum)*; in einer besondern Urkunde (No. 227) erklärt dann die Frau: *Cum ergo
ego in his, que ad salutem pertinent animarum, ordinationi mariti
mei non debeam obviare* [24]), *ego cum heredibus meis predictam
donationem . . . ratam habeo*; sie spricht dabei von *curiam
nostram, iure proprietatis nobis attinentem.* Siehe noch ebd.
No. 291. 384. Urk.-B. von Heiligenkreuz I No. 155 (1260):
*per manus dilecte uxoris mee . . duorum talentorum redditus . .,
quos ego de propriis mihi facultatibus comparavi et quiete possedi,
ob remedium animarum nostrarum libere tradidi.* Ebd. 158. 177.
179. 185. 190 (um 1270): *cum uxore mea . . aream . . . vendidi
pro tribus talentis, datis etiam uxori mee quibusdam chlenodiis,
simul cum ea in eadem possessione omni iuri meo abrenuncians
et proprietati.* 192. 199. 210f. 220. 240. 243f. 270. 301. 290 (1290):

---

[23]) Ebenso in steiermärkischen, wie fast jede Seite des Urk.-B. der
Familie Teufenbach (Brünn 1867) beweist. Auch in czechischen Urkunden
des 13. und 14. Jb. finden wir die gesamte Hand. Vgl. das Urk.-B. von
Hohenfurt in Böhmen (Font. rer. Austr. XXIII) No. 4. 5. 33. 34. 107.

[24]) Natürlich bloss moralische Verbindlichkeit.

zwei Brüder verzichten auf eine ihnen zustehende Vogtei, der eine *manu communicata uxoris mei .. et filiarum mearum*, während der andere als *uxorem aut liberos nondum habens* bezeichnet wird. Urk.-B. d. Schottenklosters 61. 63. 69. 72. Aus dem 14. Jh. sind anzuführen: Urk.-B. des Schottenklosters No. 91. 163. 255. 265f. 319. 344. 365. 169 (1331): *meines rechten aigens .., als ichs in aigens gewer herpracht han .., mit meinem insigel und auch mit meiner vrowen insigel .., mit der gunst und guten willen dise sache gewandelt ist.* Urk.-B. v. Heiligenkreuz II No. 23. 39. 47. 62. 66. 143. 151. 155. 162. 170. 221. 279. Ebd. Anhang No. 4. Ebd. 26 (1308): ein Mann verkauft ein Gut, *ze den zeiten du ich niht housvrowen noch dehainen erben het und iz ledichleich und vreileih wol getuen moht.* Ebd. 216 (1356): gemeinsamer Verkauf von Renten, welche der Mann *umb mein aigenschafts rarund gut* gekauft hatte. Urk.-B. von Altenburg (Font. rer. Austr. XXI) S. 22. 61. 66. 119. 130. 141. 188. 201. S. 79. 81. 95. 100. 131. 151. 167. 185.

Neben dieser grossen Zahl urkundlicher Belege können die wenigen Urkunden, in denen bei Veräusserungen verheirateter Männer einer Mitwirkung ihrer Frauen nicht gedacht wird, in keiner Weise in Betracht kommen. Das sind geringe Ausnahmen, die theils einer Nachlässigkeit des Schreibers zur Last fallen, theils besondern Umständen (echte Not, Eheverträge) zuzuschreiben sind.

Jede vom Manne ohne die erforderliche Mitwirkung seiner Frau vorgenommene Verfügung kann von dieser angefochten werden. Darum heisst es in einer österreichischen Urkunde des 11. oder 12. Jh. (Tr. Garst. 209) von der Schenkung eines Dienstmannes: *Verum quum absque presentia coniugis sue et filiorum hoc fecerat, ... manu uxoris et filiorum suorum traditionem, quam ipse prius per se solum fecerat, secundo confirmavit,* und zwar erst als er selbst auf dem Sterbebette liegt. In einer bairischen Urk. des 12. Jh. (Tr. Weihensteph. S. 467) ist gleichfalls von einer ohne die Frau geschehenen Schenkung die Rede: *Post vitam vero eius uxor sua G. prediolum hereditario iure dicens sibi debere succedere werram fratribus intulit;* sie vergleicht

sich mit dem Kloster dahin, dass sie auf ihr Anrecht verzichtet,
das Gut aber als Precaria empfängt. Noch ausführlicher ist eine
um 1159 abgefasste Urkunde (MB. 12, 48): *Postea vero, cum
sepe dictus advocatus (sc. donator) vita decessisset, uxor illius
predictas possessiones impetere et iuri suo ascribere cepit, quasi
non posset rata esse traditio, quam se absente vir suus fecisset.
unde compulsus eiusdem monasterii abbas . . eidem advocate
tantum pecunie dedit, ut pariter cum filio . . earundem possessionum prorsus impulsiones omitteret et a iure illarum penitus se
abdicaret.* In einem oberbairischen Schiedsspruch von 1346
(RB. 8, 75) wird einer Frau volle Gewalt eingeräumt, nach dem
ohne ihr Wissen durch ihren Wirt veräusserten Gute zu klagen.
Auch eine augsburgische Urk. v. 1231 (Mon. August. I No. 63)
dürfte hierher gehören, in welcher von einer Schenkung Konrads
von Erringen berichtet wird, mit dem Zusatze: *Post obitum vero
eius uxor sua A. advocatiam iam dicte curie sibi et W. filio suo,
quoad viverent, obtinuit.*

Nach den vorstehenden Urkunden erfolgte die Anfechtung
regelmässig erst nach dem Tode des Mannes, und dies wird
auch Dsp. 24 vorausgesetzt: *Wirt er aver ân ir guot, daz si
zuo im pracht hat, und stirbet der man, und may si erzeugen
selbe dritte, daz es ir wille nicht enwaz, man sol ir ir guot wider
lazzen, und swaz daz guot vergolten hat; ez ensei, daz der man* [25])
*dar ge und berede mit sein aines hant, daz si im seln seite, daz
er recht hete.* Die letzten Worte sind in der Handschrift unzuverlässig, denn „si“ steht über der Zeile und „seln“ ist aus
„sein“ corrigirt. Die richtige Lesart hat Schwsp. W. 23: *daz
im sin sin seite, daz er reht hæte* [26]); es ist die bona fides des
Käufers gemeint, die ihn, unzweifelhaft in Folge römischrecht-
licher Einflüsse, von der Restitution der Früchte befreien soll,
während die Frau von dem böswilligen Erwerber ausser der
Sache auch die seit der rechtswidrigen Veräusserung gezogenen
Früchte fordert. Am deutlichsten tritt dies in Ruprechts Rechtsb. 20
hervor: *Es berede dann der man, das im sein guet gewissen seit,*

---

[25]) d. i. der Käufer.
[26]) Schwsp. L. 23 fehlen die Worte *swaz daz guot vergolten hat.*

das er recht an dem guet het, damit behabt er den nutz, den das guet vergolten hat, und noch besser in der Lesart einer Königsberger Schwabenspiegelhandschrift: *is berede denne jener, das er nicht enwuste, das das gut der vrowen was, da er is kaufte; so beheldet er den nucz, und nicht das gut, das mus er doch wider lan* [27]). Das Recht auf die Früchte wird der Frau auch bei widerrechtlicher Veräusserung ihrer Morgengabe zugestanden, hier kann sie aber die Klage schon bei Lebzeiten des Mannes anstellen. Dsp. 23 (Schwsp. 20): *Und ist, da(z) ein man seines weibes morgengabe verchaufet oder versetzt oder er ir án wiert, daz si mit ir willen oder án ir willen, die weil der man lebet, und chlaget si dar auf, man sol ir richten umbe ir morgengabe: wil si auf ir zeswen zophe, ob si in hat, swern, daz ez ir wille nie wurde, der richter sol ir ir morgengabe wider antwurten, und wil si sein niht enpern, man muoz ir allen den nutz wider geben, den daz guot vergolten hat* [28]). Der Erwerber hat Anspruch auf Entschädigung aus dem Vermögen respective dem Nachlass des Mannes [29]), und wir werden wol nicht fehlgreifen, wenn wir dieselbe Ersatzpflicht auch bei andern widerrechtlichen Veräusserungen des Mannes annehmen [30]). Viel zweifelhafter ist es, ob auch darin eine Uebereinstimmung besteht, dass die Frau ebenso andere Veräusserungen des Mannes schon bei seinen Lebzeiten anfechten könne. Für die Heimsteuer ist, wie wir sahen, das Umgekehrte die Regel, die Anfechtung wird erst nach dem Tode des Mannes zugelassen, und dasselbe muss auch von allen übrigen rechtswidrigen Veräusserungen gelten; die Ausnahme in Betreff der Morgengabe rechtfertigt sich hinlänglich

---

[27]) Nach einer Mittheilung von Hasse in der Zeitschr. f. gesch. RW. 4, 89. Gengler, der in seiner Ausgabe des Schwabenspiegels sonst Wackernagel folgt, hat diese Lesart aufgenommen.

[28]) Vgl. oben S. 36. Bair. Lndr. 129 (s. S. 45). Dipl. Steingad. 87 (1305).

[29]) *Und sol der richter, der ir da richtet, dem richten, der daz guot verleuset, hintz ir wierte, oder ein richter der ez ze recht tuon sol. ob der wiert lebet, so sol er im erstaten vollichleichen den schaden, der im geschehen ist; und ist er tot, die erben schüllen ez tuon von dem guote, daz si geerbet hat (l. hant), und niht von der vrowen guote, ob guot da ist.*

[30]) Vgl. S. 109.

aus der bevorzugten Stellnng, welche diese auch sonst einnimmt.
Nur éine, dem Dsp. übrigens fremde Stelle des Schwsp. (73b)
könnte zu der Annahme verleiten, dass auch bei der Veräusserung von Heimsteuergegenständen die Frau sofort an-
fechtungsberechtigt sei: *Und ist, daz man einr frowen eigen liute
git ze histiure zuo ir man, er mag ir niht vri gelazen áne ir
guoten willen; si sprichet si mit reht an, der man si lebende oder
tot, si behebt si mit rehte; daz sol si tuon vor ir rihtœr, wil et
si swern uf den heiligen, si eine, daz ez nie ir guot wille wurde,
so hat si ir lute behebet mit rehte, und sol irs der rihtœr antwurten in ir gewalt.* Man muss diese Stelle aber als eine Ausnahme von der Regel auffassen und deshalb streng wörtlich
nehmen, darf ihre Bestimmungen also weder auf eigentliche
Veräusserungen, noch auf die ganze Heimsteuer ausdehnen; den
Grund für diese Ausnahme findet Kraut wol mit Recht darin,
dass man das Schicksal der durch den Mann Freigelassenen
nicht so lange unentschieden lassen wollte[31]).

Also die Frau kann in der Regel erst nach Auflösung der
Ehe von ihrem Anfechtungsrecht Gebrauch machen, vorher steht
ihr die Achtung, die sie den Verfügungen ihres Meisters und
Vogts schuldig ist, ferner das eheherrliche Verwaltungs- und
Nutzungsrecht, endlich auch wol der Umstand entgegen, dass
die Frau nicht ohne ihren Mann klagen kann, seine Mitwirkung
bei Anfechtung einer von ihm selbst vollzogenen Veräusserung
aber theils als undenkbar, theils als unsittlich erscheinen muss.[31a])

Dass die Frau für gewöhnlich ohne ihren Mann weder
klagen, noch eine Klage beantworten kann, haben wir bereits
S. 107f. gesehen. Es fragt sich nur noch, wie weit die selbständigen Befugnisse des Mannes in gerichtlichen Angelegenheiten seiner Frau gehen. Zuweilen finden wir den Mann als
Vertreter seiner Fran vor Gericht[32]), dies geschieht aber regelmässig auf Grund einer von ihr ertheilten Vollmacht, und nicht
kraft eigenen Rechts[33]), denn wie Veräusserungen von Liegen-

---

[31]) Vgl. Kraut 2, 491—494. Hasse, a. a. O. 4, 89f.

[31a]) Vgl. §. 20 Anm 4.

[32]) Tr. Aspac. 50 (um 1190). Dipl. Fürstenfeld. 143 (1416).

[33]) Rechtsqu. v. Basel Nr. 19 (1364): *das ein ieglich frowe wol mag*

schaften nur mit gesamter Hand vollzogen werden dürfen, so ist auch in Prozessen, welche die Frau betreffen, ein gemeinsames Handeln beider Ehegatten notwendig, der Mann ist nicht selbständiger Vertreter, sondern nur gesetzlicher Beistand seiner Frau [34]). Dagegen bedarf es in persönlichen Angelegenheiten des Mannes und in solchen Prozessen, bei denen es sich ausschliesslich um sein Vermögen handelt, der Mitwirkung der Frau nicht, denn ihre Zuziehung bei Veräusserungen beruht auf ähnlichem Grunde wie die Zuziehung der nächsten Erben, von deren Mitwirkung bei Prozessen doch auch niemals die Rede ist [35]). Ausgedehnter ist die Befugniss des Mannes nach dem Prager Recht, welches ihn auch in Angelegenheiten seiner Frau ohne weiteres als Vertreter zulässt [36]). Dies muss wol mährischen

---

setzen an iren elichen man ze gewünnende und ze verlierende, umbe was si an ze sprechende hat, das man ime dar umbe antwürten sol. were aber, das man an si ützüt züge ein warheit ze sagende, dar umbe si sweren selte, das sol si selber tuon vor gerichte. spreche ouch ieman ein frowen an, dem sol si antwürten, als ein recht ist. Regensb. Stadtr. S. 41 (s. §. 14 Anm. 8). Ebd. S. 31 findet sich eine ganz unverständliche Bestimmung. Dipl. Furstenfeld. 117 (1377): eine Frau klagt vor Gericht, und also gab die vorg. Adelhait ir clag auf vor dem rechten irem wirt . ., und der clagt an ir stat. Arnold, Gesch. d. Eigenth. 373 (1293).

[34]) Prager Statutarr. 119 §. 13: Spricht man aber man und weip mit ein andir vor gerichte umb schult oder umb ander sache, daruber der clager keine beweisung hat, beide, man und weip, sullen dorauf antworten. Höchst charakteristisch ist eine Urk. v. 1308 (Mon. August. I No. 278): eine Frau wird in einem Prozesse um ein Grundstück durch ihren Bruder und durch ihren Ehemann vertreten, der letztere erscheint zugleich als Vertreter eines Verwandten; der erwählte Schiedsrichter spricht der Gegenpartei das Grundstück zu, die Frau erhält eine Geldabfindung, welche zu Händen ihres Bruders (recipienti loco et nomine suo sororis) entrichtet werden soll, hinterher (No. 277) aber doch an den Ehemann gezahlt wird. Der letztere verspricht, die Genehmigung seiner Frau zu beschaffen: procurare, quod . . eius uxor, ante quam predicte 20 fl. solvantur, confirmet et ratificet omnia et singula subscripta. Dies geschieht bald darauf: domina Agnes, uxor subscripti domini W., presente et consentiente ipso domino W. voluntarie et vultu alacri pro se et suis heredibus confirmavit, approbavit, laudavit et ratificavit ac sibi placere dixit omnia et singula subscripta.

[35]) Während bei Veräusserungen regelmässig Mann und Frau neben einander genannt werden, geschieht dies bei Prozessurkunden immer nur in Angelegenheiten der Frau.

[36]) Prager RB. 71: Ob ein weip vor gerichte geloden wirt, di einen celichen man hat, das stet an ires mannes wilkur, ob er vor si antworten

Einflüssen zugeschrieben werden, denn das Brünner SchB. 487
enthält die einfache Bestimmung: *quod vir ad agendum vel
respondendum pro uxore rigore iuris compelli non potest; si vero
voluntarie causam uxoris sibi assumit, in iurando sicut in causa
propria cadit et causam amittit* [37]).

§. 17. **Verfügungen mit gesamter Hand.** Unsere
bisherige Betrachtung hat ergeben, dass die Frau, wenn sie nicht
Handelsfrau ist, nur innerhalb eines engen Wirkungskreises selbständig verfügen kann, während der Mann über sämtliche
fahrende Habe freie Hand hat, im Falle der Not auch seine
Liegenschaften, äusserstenfalls selbst die seiner Frau einseitig
veräussern oder verpfänden kann. Die Regel aber ist die, dass
über Liegenschaften, ohne Rücksicht auf ihre Herkunft, mögen
sie zum Eingebrachten oder zur Errungenschaft gehören, nur mit
gesamter Hand (communicata manu) verfügt werden kann, sobald es sich um die Substanz der Sache, nicht um blosse Ver-
waltungs- oder Nutzungsmassregeln handelt. Dabei kommt es
nur auf die Mitwirkung beider Ehegatten an, die Form ist gleichgültig, es können beide Ehegatten gemeinsam handelnd auftreten,
oder es kann bloss einer von ihnen handeln, während der andere
einfach zustimmt oder sich mit der Rolle eines stummen Zu-
schauers begnügt; auch kann die Genehmigung schon im voraus
ertheilt, ebenso ein bereits einseitig abgeschlossenes Geschäft
hinterher von dem andern Theile anerkannt werden. Für alle

---

*wil oder nicht; wer abir der wirt do heim nicht, si hat den schub an iren
wirt.* Prager Statutarr. 119 §. 11 (s. S. 101).

[37]) Siehe ebd. 16. 497: *Quamvis mulier in absentia viri, qui personam
et actoris et rei pro ipsa gerere potest, in causam ex consuetudine non
trahatur.* Ebd. 650 sehen wir, wie ein Ehemann nach dem Tode seines
Schwiegervaters im Namen seiner Frau gegen die Testamentsexecutoren
(vgl. S. 99) klagt: *Domini iudex et iurati, ego . . vice uxoris meae K.,
filiae legitimae quondam domini et soceri mei M., coram vobis propono
cum querela, quod D. et J. et A. de tertia parte, quae de bonis per dictum
socerum meum sine testamento mortuum dimissis ratione portionis hereditarie ad eam pertinet, frivole sine mandato . . se contra iustitiam intro-
miserunt. super quo mihi et uxori meae ab ipsis . . iuris rogo plenitudinem
exhiberi.*

diese Formen liefern die Urkunden eine Menge von Beispielen [1]).

Häufig begnügt man sich aber nicht mit der einfachen Form,
es treten noch besondere Feierlichkeiten hinzu, von deren Er-
füllung die Gültigkeit des Geschäfts abhängt. Als solche Förm-
lichkeit haben wir bei der Veräusserung von Morgengabe und
Witthum das feierliche Abschwören kennen gelernt [2]). Dieselbe
Form wurde schon früh auch auf Heimsteuer und Widerlegung,
überhaupt auf das ganze Frauengut übertragen [3]). So verzichten
nach dem Formelbuche des Bernold von Kaisersheim (Qu. z. bair.
Gesch. IX. 2. S. 908) Eheleute bei einer gemeinsamen Veräusserung eidlich auf alle Anfechtung *iure hereditario, racione
dotis vel dotalicii,* darauf die Frau allein *specialiter et expresse
confessa fuit publice coram nobis, quod hanc vendicionem approbat
et eidem consenciebat, mota propria ac spontanea voluntate, non
coacta, et renuncians expresse privilegio dotis seu dotalicii, auxilio
velleiani et omni iuri pro mulieribus introducto.* Dem hier auf-
gestellten Muster entsprechen zahlreiche schwäbisch - alcman-
nische wie oberbairische Urkunden [4]), also gerade aus den Ge-

---

[1]) Vgl. Kraut 2, 478f. Tr. Ransbof. 42 (um 1150): *Yrmgard .. dene-
gavit se predii .., astante marito suo .., dans illud in proprium, consentiente et secum dante viro suo.* Tr. Weihenstepb. S. 399 (1138—47):
ein Mann verschenkt ererbte Grundstücke *propria et uxoris sue manu.*
MB. 13, 84: eine Frau verkauft ein Grundstück, ihr Mann *iuramento fir-
mavit, uxorem suam potentem esse tradere idem predium .. sine contradictione mulieris et viri omnino in proprietatem de potentibus manibus.*
Arnold, Gesch. d. Eigenthums S. 476 (1386): *per manum, auctoritatem et
consensum .. sui mariti tamquam eius curatoris presentis et consentientis
ac auctorizantis vendidit, tradidit et assignavit.* Dipl. s. Clarae Monacens. I
No. 298 (1419): mehrere Schwestern lassen vor Gericht ein gemeinsames
Grundstück auf; statt der einen erscheint ihr Ehemann, *der zaigt da vor
offen rechten ain versigleten gewaltsbrief von seiner eleichen hausfrawen B.,
das er iren vollen gewalt het.* Aehnlich finden wir bei einem Münchener
Erbvergleich v. 1475 (MB. 21, 225) den Mann als *volmachtigen anwalt
und procurator an stat und von wegen seiner eelichen hausfrawen.*

[2]) Siehe S. 30—34. 46f. 58f. 75 Anm. 16.

[3]) Vgl. S. 34 Anm. 17. Schletters JB. 10, 199.

[4]) Zeerleder No. 256 (1243). 289 (1249): ein Mann verkauft ein Gut
cum manu et assensu B. uxoris mee et heredum nostrorum, .. ita quod ..

bieten, in welchen der eidliche Verzicht auf die Morgengabe
üblich war.

Schon in der vorigen Periode ist es uns mehrfach begegnet,
dass der Frau behufs der Veräusserung neben ihrem Manne noch
besondere Beistände gesetzt werden[5]). Dasselbe kommt auch in
unserer Periode nicht selten vor[6]), und zwar in der Regel unter

---

*uxor mea super sancta sanctorum iuravit, quod dictum allodium ullo modo
repetere non presumat.* Ebd. 421 (1261): ein Herr von Jegistorf verkauft
Grundstücke: *et hec omnia confirmata sunt consensu et voluntate puerorum
meorum et uxoris mee E., que corporale prestitit iuramentum, quod contra
dictam venditionem et traditionem non veniret.* Mone 14, 348 (1293): ein
tübingischer Edelmann verkauft Grundstücke, seine Frau stimmt zu, *renuncians expresse et ex certa sciencia privilegio dotis, dotalicii seu donacionis propter nupcias, auxilio velleiano et omni iuris auxilio pro
mulieribus introducto, quibus predicta possent aliqualiter irritari.* Mon.
August. I No. 197 (1295). 206 (1297). Aus dem 14. Jh. sind die folgenden
Urkunden anzuführen. Mon. Zoller. I No. 267 (1319). Mon. August. I
No. 269. 290—92. 294. 298. 345. 355. 369. 375. 396. II No. 47. 213. 238.
270. 330. 384. Dipl. s. Ulric. 46. 77. 87f. 90. 94. 128. 139. Mater. z. ötting.
Geschichte 2, 46. 310. Dipl. Steingad. 116. Dipl. Schoenfeld. 80. 83.
Dipl. Diess. 59. Dipl. Benedictobur. 102. MB. 16, 39. 22, 325. 335. 339.
MB. 6, 420 (1347): derselbe Verzicht der Frau, mit dem Bemerken: *als
sich ain frau durch recht irer morgengab und ander ir recht verzeihen
sol, als meins herrn rechtpuch sagt.* Aehnlich heisst es in einer Münchener
Urk. v. 1385 (MB. 20, 27): *nach des puechs sag.* Das Bair. Lndr. v. 1346
enthält keine dahin gehende Bestimmung, es kann also nur die Vorschrift
des Schwsp. über die Veräusserung der Morgengabe gemeint sein. Mone
8, 220 (1360): Mann und Frau verkaufen *mit gesameter hant* einen Acker,
die Frau verzichtet noch besonders: *won er min waz und von mir dar
kummen ist.* Dem 15. Jh. gehören u. a. an Dipl. Püterich. 17 und MB. 22,
489. Auch wenn Witwen eine Veräusserung vornehmen. findet jener allgemeine Verzicht häufig Anwendung. Mon. August. I No. 402. II No. 194.
263. Dipl. s. Ulric. 124. 150. Dipl. Diess. 55.

[5]) Siehe Bd. 1, 132.

[6]) Meichelb. Ib No. 1133: *Dedit . . femina per manum advocati sui . .
in praesentia etiam mariti sui.* Zeerleder No. 312 (1252): Mann und Frau
verkaufen Grundstücke, *et ad maiorem cautelam cum manibus domini
G. de R., ex parte patris ipsius Berhte consanguinei propinquioris.* Mone
8, 376 (1344): ein Mann verkauft ein Gut *mit willen und gunste . . miner
elichen wirtinnen und mit willen und gunste G. mines bruoder, der vorg.
miner wirtinne vogte.* Mon. Zoller. I No. 267 (1319): *do wart ertailt, daz
der selbe Ruodolf und sin sune solten verswern und verzihen sich . . .
alles des rehtis . . an das vorg. guot . ., und das frou Jut sin wirtinne
mit sim willen selt nemen an vogt und mit des hant solti bringen ir reht.*

Anwendung besonders feierlicher Formen, indem die Frau von
ihrem Beistande (Vogt) dreimal aus dem Gericht und wieder ins
Gericht geführt und jedesmal gefragt wird, ob sie frei und ungezwungen in die Veräusserung einwillige[7]).

§. 18. Stellung der Verwandten bei Verfügungen
der Ehegatten. Von dem Vermögen seiner Frau darf der
Mann nach Dsp. 13f. (siehe S. 110f.) zur Bezahlung seiner vorehelichen Schulden ohne weiteres nur die fahrende Habe verwenden, zur Veräusserung von Liegenschaften ist die Genehmigung der Frau erforderlich. *Hat aver si erben, die des
quotes wartunde sint nach ir tode, so enmag ez der man niht an
werden umbe sein erer gulte*[1]). *gewinnent aver si erben samit, die
weil die lebent, so wirt er dez quotes wol an*[2]). Diese dem Ssp.
fremde Bestimmung bedarf mehrfacher Erklärung. Zunächst ist
sie nicht auf die Bezahlung von Schulden zu beschränken, sondern
gilt überhaupt von der Veräusserung des Frauengutes: über
fahrende Habe verfügt der Mann allein, über Liegenschaften
beide Ehegatten mit gesamter Hand[3]). In dem letzteren Falle

---

In einer oberbairischen Urk. v. 1443 (MB. 22, 494) wird ein „Träger" des
weiblichen „Heirats- und Verweisungsguts" erwähnt, der bei der Veräusserung besonders verzichten muss. Vgl. Kraut 2, 479 Anm. 5.

[7]) Vgl. S. 15. 33f. Kraut 2, 479 Anm. 6. Kraut, Grundriss S. 360
(4. Aufl.). Arch. f. K. österr. Gesch. I. 3 S. 112 (1375): Gräfin Agnes
von Montfort und Gräfin Anna von Werdenberg verzichten auf ihre
elterliche Erbschaft, indem ihnen mit Genehmigung ihrer Eheherren, die
sich *der vogtai willeklich entzigent, alz reht ist*, der Richter einen Vogt
setzt, mit dem sie dreimal *von dem geriht uf dez richs strasse* gehen, bis
derselbe erklärt, dass sie es freiwillig und ungezwungen thäten; erst hierauf folgt der Erbverzicht, endlich dessen Bestätigung durch die beiden
Grafen. Sehr bezeichnend ist auch eine Urk. v. 1480 (Mone 3, 370), nach
welcher eine Frau in der angegebenen Weise in die Veräusserung eines
ihr für Heimsteuer, Morgengabe und Widerlegung verpfändeten Grundstücks willigt, nachdem das Gericht ihrem Manne die Berechtigung zum
Verkaufe abgesprochen hat, bevor seine Frau *nach ordnung der rechte
verzihung gethon hette.*

[1]) Hier beginnt Dsp. 14.

[2]) Die Züricher HS. zu Schwsp. 9 (W. 10), im übrigen gleichlautend,
fügt hinzu: *daz si im gap*. Vgl. unten §. 19.

[3]) Siehe §. 16 Anm. 12.

müssen ausserdem die warteberechtigten Verwandten der Frau
zugezogen werden, doch treten sie bei beerbter Ehe, so lange
Descendenz vorhanden ist, in den Hintergrund, und die Veräusserung erfolgt ohne ihre Mitwirkung. Bis hierher ist die
Stelle klar, aber zwei Fragen bleiben noch unbeantwortet:
1. müssen in diesem Falle die Kinder zugezogen werden?
2. bedarf es hier überhaupt der gesamten Hand, oder ist der
Mann bei beerbter Ehe allmächtig? [4])

Letzteres ist nur im Brünner und wol auch im Iglauer Recht
der Fall [5]), während schon das Stadtrecht von Wiener-Neustadt
die einseitige Verfügung des Mannes nur für Mobilien anerkennt,
für Immobilien also stillschweigend in Abrede stellt [6]). Das
Recht der Zipser Sachsen reservirt den Kindern zwei Drittel
des ganzen Vermögens, über den Rest können die Ehegatten
mit gesamter Hand unter Lebenden wie von Todes wegen frei
verfügen [7]). Am deutlichsten sind die Bestimmungen des sog.
Wiener Weichbildrechts, welches Mitwirkung der Frau, nicht
aber der Kinder verlangt [8]). Wiener Wchb. S. 189 (Art. 73):
*Nimbt ain man ain hausfrawen, und bringen zu enander erbe und
aigen, und gewinnen auch kind mit einander, alles das der vater
und die mueter tuent mit allem dem guet das si habent, die weil
si lebent, und auch mit gesambter hant, mit verseczn und mit verkaufen, mit geschafte und mit gabe, da mugen si ire kind nichtz
an geiren mit ainem wort; thuent si [9]) es aber dar uber, das ist*

---

[4]) Der letzteren Ansicht ist Eichhorn, RG. II S. 687 und auch wol
Hasse, Zeitschr. f. gesch. RW. 4, 91. Anderer Meinung, aber von unserer
Auffassung gleichfalls abweichend, Kraut 2, 484—491. Roth (Jahrb. d.
gem. deutsch. R. 3, 319) verneint die erste Frage, verlangt aber Mitwirkung der Frau.

[5]) Brünner SchB. 185 (s. S. 63). Vgl. 187. Aus 186 scheint hervorzugehen, dass die durch Geburt eines lebenden Kindes begründete Allgewalt des Mannes auch durch den Tod des Kindes nicht wieder aufgehoben wird. Iglauer Stadtr. 10.

[6]) Arch. f. K. österr. Gesch. 10, 119 (s. S. 111).

[7]) Zipser Sachsenr. 2 (s. S. 104). Dass die Stelle von den Verhältnissen bei beerbter Ehe handelt, folgt aus der Vergleichung mit Art. 13
(s. S. 63).

[8]) Vgl. Roth a. a. O. 3, 346 Anm. 144.

[9]) d. h. die Kinder.

wider das recht [10]). Ganz ähnlich spricht sich das Münchener Stadtr. 214 aus: *Ob aber ain man oder ain frau varndeu oder unvarendeu guot habent, und daz si geerbt habent von iren vodern, oder daz si selber gearbait habent, ob si sogetan guot wellent verchaufen, als der stat recht ist, daran mag si chain ir erb, der des selben erbs wartet, nicht geirren, und gebent ez wol ze chaufen wem si wellent, und habent die selben erben nimmer mer nichts darauf ze sprechen* [11]). Denselben Standpunkt nimmt das Augsburger Stadtrecht ein [12]), nur darin zeigt sich eine Abweichung, dass die „Kleinodien" der Mutter zu Gunsten der unausgesteuerten Kinder der Veräusserung entzogen sind [13]). Endlich erfahren wir aus dem st. gallischen Landr. v. Wildenhaus §. 4 (Gr. 5, 202), dass auch in der Schweiz dasselbe System bekannt war: *Wan zwei ehemenschen eheliche kinder bei einandern überkämend, so sollend doch vater und muoter gewaltige hand sein über alles das si habend, diewil si beide lebend, und den kindern nünt ze geben schuldig sein, dan essen und trinken in irem haus, auch umb und an, so vil si dan zuo den ehren nottürftig sind ungevahrlich.*

---

[10]) Vgl. ebd. S. 193 (Art. 76): *Was der vater dann verkauft hat bei seinem lebentigem leib mit sambt seiner hausfraun, das hat kraft, wann der sun hat nichts nit dar an tailes.* Ebd. S. 192 (Art. 75) klagen Kinder nach ihrer Eltern Tode wegen von diesen veräusserter Erbgüter, werden aber abgewiesen, weil der Beklagte beweist: *das er das erb kauft hab redlich und auch recht umb sein guet von irem vater und von irer mueter, und habent im auch dasselb erb gechauft mit gesambter hant, zu den czeiten du si baide wol gethuen mochten.*

[11]) Vgl. Roth, a. a. O. 3, 346 Anm. 143. Das Bair. Lndr. 99 (11, 6) kann hier nicht in Betracht kommen, da es die oben besprochene Bestimmung des Dsp. im wesentlichen nur wiederholt; doch ergibt sich aus Art. 109 (11, 16), dass der Mann auch bei beerbter Ehe nur im Falle der Not freie Verfügung hat.

[12]) W. 254: *er und sein hausfrau, aun ihr beder kind wort* (s. S. 115 Anm. 18). Siehe auch W. 248 §. 1. Fr. 91. Vgl. Roth, a. a. O. 3, 346 Anm. 141. Lewis, Succession des Erben 59.

[13]) W. 252. Sind die Kleinodien im Verhältniss zu der Vermögenslage der Eltern zu zahlreich, so können sie gegen Ueberlassung der einen Hälfte an die (unberatenen) Kinder freie Verfügung über die andere erlangen. Uebrigens haben wir schon früher (S. 103) gesehen, dass die Kleinodien zum vorbehaltenen Frauengute gehören.

Die angeführten Rechtsquellen stimmen grösstentheils darin überein, dass sie bei beerbter Ehe freie Verfügung mit gesamter Hand der Ehegatten anerkennen und weder den Descendenten, noch den übrigen Verwandten ein Warterecht zugestehen. Weiter gehen nur die mährischen Stadtrechte, welche die absolute Herschaft des Mannes aufstellen; weniger weit das Zipser Sachsenrecht und das Augsburger Stadtrecht, indem sie den Kindern gewisse Vermögenstheile (ersteres zwei Drittel, letzteres die mütterlichen Kleinodien) vorbehalten.[13a]

Ein vollständiges Bild können wir nur erhalten, wenn wir die lückenhaften Angaben der Rechtsquellen durch die Urkunden zu ergänzen suchen, die hier noch schwerer als sonst ins Gewicht fallen.

1. Oesterreichische Urkunden. Alle Veräusserungen erfolgen mit gesamter Hand, daneben werden bei kinderloser Ehe regelmässig die Verwandten des Theils, um dessen Vermögen es sich handelt, zugezogen. Nicht selten begegnet dabei die ausdrückliche Versicherung, dass die Ehe kinderlos sei[14], offenbar nicht um die Zuziehung der Verwandten zu begründen, sondern um die fehlende Zuziehung der Kinder zu entschuldigen, denn nach den Urkunden kann kein Zweifel darüber sein, dass Veräusserungen nur unter Mitwirkung der Kinder erfolgen konnten[15].

[13a] Vgl. W. v. Weitnau v. 1344 §. 82: *Het ein man und ein frowe gros gut, das mügen sü nit verkofen âne ir liberben willen* (Burckhardt, Hofrödel 251. Gr. 1, 314).

[14] So löst i. J. 1262 eine Frau mit Zustimmung ihres Bruders mit ihren Erbgütern verpfändete Güter ihres Mannes aus: *nullum adhuc mecum habens heredem.* Fund. Zwetl. I No. 162. Urk.-B. v. Heiligenkreuz I No. 212 (1275): *per manum utique et consensum uxoris mee D. predia mea . . . vendidi absque omni heredum successione, presertim cum eo tempore liberis caruerim.* Ebd. I No. 244 (1280): Verkauf, *concurrentibus in id voto et assensu dilecte consortis mee G., nec non consanguineorum meorum . . qui predictum mansum ad se tamquam propinquos devolvi debere, si sine heredibus decederem, asserebant.* Fund. Zwetl. S. 379 (1306): Schenkung von Gütern der Frau mit ihrer Genehmigung und mit Zustimmung ihrer Verwandten (S. 380): *wand ich chainer geerben ze der selben zeit nicht enhet.*

[15] Siehe auch Urk.-B. v. Heiligenkreuz I No. 148 (1259). 179 (1268). Fund. Zwetl. S. 153 (1302). 586 (1311).

So hielt schon um 1176 (Urk.-B. v. Heiligenkreuz I No. 6) Herzog
Heinrich von Oesterreich es für notwendig, bei einer Schenkung
an das Kloster Heiligenkreuz sich der Zustimmung seiner Söhne
zu versichern: *una cum compare mea Theodora ac dilectissimis
filiis Liupoldo atque Henrico.* Tr. Garst. 209 (s. S. 119). Urk.-B.
v. Heiligenkreuz I No. 156 (um 1260): ein Mann verkauft ererbte Renten *sub nomine meo ac dilecte coniugis mee liberos ex
me tunc non habentis;* er übernimmt die Gewähr *contra omnem
impeticionem predicte coniugis mee seu futurorum liberorum meorum
vel etiam germanorum meorum . ., sive omnium quorum ad consensum intererat dextras dare iuxta communem terre formam.* Ebd. I
No. 170 (1264): ein Mann verschenkt Grundstücke *ex assensu . .
coniugis mee nec non liberorum meorum;* er fügt hinzu: *Ad
augendam quoque huius beneficii gratitudinem spopondi, me pre-
fatas possessiones ab omni puerorum meorum querela, tam videlicet
eorum quos nunc habeo, nec dum valentes causas huiusmodi propter
etatis teneritudinem discernere, quam eorum quos forsitan deo
largiente habiturus sum in posterum, fideliter ac plenarie, quamdiu supervixero, defensurum . post finem quoque huius vite mee,
si pueri mei me adhuc superstite tam intelligibilis etatis non fuerint,
ut prenotatam donacionem scire possint aut intelligere atque memorie
tenaciter comendare, ne, quod absit, eam revocent aut infringant
inposterum, E. de P. patruelis meus ipsis, dum creverint, eiusdem
donacionis mee seriem explicabit, abducens eos ab omni via in-
festacionis seu querimonie super donacione prefata.* Ebd. I No. 290
(1290): die Brüder Wichard und Cadold von Baumgarten verzichten auf ein ihnen zustehendes Vogteirecht: *manu communicata
uxoris mei Wichardi . . et filiarum mearum ex eadem genitarum
minorum triennio, me Cadoldo uxorem aut liberos nondum habente.*
Ebd. I No. 313 (1295): Verkauf von Renten, *urgente me cuius-
dam imminentis michi necessitatis articulo,* aber doch *manu comuni-
cata uxoris mee legitime G. et liberorum meorum, qui infra annos
discrecionis existunt.* Auch in Wiener Urkunden des 14. Jh. wird
die Zustimmung der „Erben" regelmässig erwähnt, von ihrer
namentlichen Aufführung aber Abstand genommen [16]. Sonst fand,

---

[16] So z. B. häufig in dem Urk.-B. des Schottenklosters. Ebenso in
dem steiermärkischen Urk.-B. der Familie Teufenbach.

wie die vorstehenden Urkunden ergeben, in der Regel eine ge-
nauere Bezeichnung der Zustimmenden statt, namentlich pflegte
man anzugeben, ob sie bereits die volle Handlungsfähigkeit erlangt hätten oder nicht. In letzterem Falle bediente man sich
häufig noch besonderer Kautelen, an denen namentlich das Urk.-B.
der Benedictinerabtei zu Altenburg in Niederösterreich (Font. rer.
Austr. XXI) reich ist. So stellte i. J. 1281 (a. a. O. Seite 22)
ein Mann, indem er mit Zustimmung seiner Frau ein Gut ver-
kaufte, noch besondere Sicherheit: *Licet eedem possessiones post
mortem amite mee . . ad me fuerint specialiter iure successorio
devolute et ex eo liberiorem potestatem habuerim has vendendi,
tamen propter filium meum S. adhuc in triennio constitutum et
propter alios, qui iam dictam ecclesiam pro predictis possessionibus possent calumpniose imposterum supervacuis impetitionibus
molestare* u. s. w. In einer Urk. v. 1284 (ebd. S. 34) verkaufen
Frauen mit Genehmigung ihrer Männer Erbgut und versprechen
Gewährschaft *pro suis heredibus, quos tenellos tunc duos vivos
habebant.* Ebd. S. 63 (1291): zwei Söhne und eine Tochter
stimmen zu, dann aber wird noch Sicherheit bestellt, bis diese
*prelibati heredes mei ad etatem legittime maturitatis pervenerint
et fidem debite defensionis super premissis possessionibus . . . ple-
nariam valeant exhibere.* Aehnlich ebd. S. 90 (1299): Zustimmung
zweier Söhne, einer Tochter und *aller meiner gerben,* Sicherheitsbestellung: *untz daz unser chinde gewahsen und ier glub mug
chraft haben.* Eben deshalb hob man es auch wol ausdrücklich
hervor, dass die Kinder schon das gehörige Alter erreicht hätten:
*cum consensu bono et favore filiorum nostrorum . . ac filiarum
nostrarum iam adultarum . . omniumque heredum nostrorum beni-
vola voluntate* (ebd. S. 69 v. J. 1293). — Wenn in den beiden
zuletzt angeführten Urkunden neben den Kindern noch andere
„Erben" genannt werden, so können damit sowol entferntere
Descendenten, als auch sonstige Verwandten gemeint sein. Im
allgemeinen glaubte man freilich der Zuziehung der letzteren
entraten zu können, wenn man sich nur der Genehmigung der
Descendenten versichert hatte [17]. Wer aber besonders sicher

---

[17] In dem eben besprochenen Urk.-B. von Altenburg treten neben
den Ehegatten durchweg entweder nur Descendenten, oder nur sonstige

gehen wollte, zog wol auch neben den Descendenten die übrigen Verwandten zu. So heisst es in einer um 1176 abgefassten Urkunde des Herzogs Heinrich von Oesterreich (s. o. S. 131): *Villam emimus a ministerialium nostrorum uno .., qui illam iusta possidebat hereditate, volente simulque tradente uxore sua, annuentibus etiam spontanea voluntate liberis suis omnibus, et universis qui consanguinitate seu affinitate heredes possent succedere.* Urk.-B. v. Heiligenkreuz I No. 196 (1272): ein Mann verkauft ein von seinen Vorfahren ererbtes Burglehn, das er *tamquam primus heres* besitzt, und zwar *paupertatis sarcina nimium increscente necessitatis legitime stimulo coartatus*, mit Genehmigung seiner Frau, eines Sohnes und einer Tochter: *annuerunt etiam huic mee vendicioni, porrectis super hoc manibus suis, omnes couterini mei et couterinorum liberi, qui memorate curie coheredes videbantur.* Fund. Zwetl. S. 386 (1268): ein Mann verkauft Heimsteuergrundstücke *de consensu uxoris sue domine G., ad quam pertinebant specialiter ipsa bona, liberorumque suorum . . ., patre quoque suo . .* [18]) *consentiente, licet ad eum bona eadem non magnopere pertinerent, consobrini et sui filii, scilicet prefati A. . . .* [19]), *eidem venditioni voluntarie consenserunt.* Ebd. S. 344 (1274): Verkauf von Heimsteuergegenständen mit Genehmigung der Frau und eines Sohnes: *verum quia predicte ville possessio, si ego absque liberis decessissem, domino R. de P., meo socero, cedere debuerat, sicut eidem videbatur, cum tamen idem eandem possessionem ad suam filiam, meam coniugem, pro dote cum prescriptione mihi debita resignasset, ipse quoque dominus R, totum suum ius . . resignavit.* Ebd. S. 312 (1297): *quia predictos redditus ab uxore mea per dotem possederam, ipsos non solum cum voluntate eiusdem uxoris mee et filii nostri venditos resignavi, sed etiam accedente unanimi consensu proximorum consanguineorum predicte uxoris mee .., qui ipsa bona ut pote proximi successores*

Verwandten auf, beide neben einander nur einmal (a. a. O. Seite 165 v. J. 1324).

[18]) Des Mannes.

[19]) A. war der Vater der Frau, es ist also von der Zustimmung ihrer Verwandten die Rede.

hereditarii forsitan sortirentur, si me et uxorem meam et filium nostrum decedere contingeret omnino sine propagine liberorum. Ebd. S. 599 (1312): mit Zustimmung seiner Frau, seiner Kinder und des Bruders seiner Frau verkauft ein Mann *durch ehaft noet alles daz guet, daz ich gehabt han datz P. . ., paide, daz mier mein vorg. hausvrou pracht hat, und daz ich selb umb mein guet gechauft han, daz alles mein rechtes aigen gewesen ist*[19a].

2. Bairische Urkunden[19b]. Die Zuziehung der Kinder begegnet auch hier regelmässig[20]), selbst wegen eines Kindes im Mutterleibe bedarf es besonderer Versicherungen. Dipl. Rot. 111 (1343): Mann und Frau verkaufen *von gelts not* einen Hof, *und han uns des guts lauterlichen verzigen in dez herrn abts hent, und sunderlichen ich genante Margrete, wann ich ze denselben zeiten ains kindleins swanger war, han ich mich des vorg. hofs genzlich mit dem gurtel verziechen, die ich gerekt han, da engegen waren unsere gemegen und auch der (l. des) kindleins, daz ich ze denselben zeiten unter meinem herzen trug.* Schon diese Vorsichtsmassregeln dienen zum Beweise, dass die Mitwirkung der Kinder als unbedingt notwendig angesehen wurde. War sie daher unterblieben, so musste die nachträgliche Genehmigung ausgesprochen werden[21]), wenn das Kind es nicht vorzog das Geschäft anzufechten. Dass es hierzu berechtigt war, ergibt sich aus

---

[19a]) Andere Beispiele s. S. 118 f.

[19b]) Vgl. S. 116 f.

[20]) Tr. Berchtesg. 151: *unacum uxore sua A. et filiis suis fecerunt quod Teutonici dicunt furciht predii.* 205: eine Frau veräussert *consentiente marito suo W. et renuntiantibus suis pueris.* Ebd. 2. 97. 115. 132. Tr. Scheftlarn. S. 394 (1140—53). Tr. Aug. 5. 41 (1130). 148 (um 1160). 171 (1240): *in presentia et permissione uxoris sue G. et abnegatione filii sui.* Tr. Chiems. 70 (1177). Tr. Baumburg. 151: *uxore petente liberisque consentientibus.* Tr. Ranshof. 72: *filiis ipsius et uxore proprietatem eiusdem predii abdicantibus.* Tr. Gars. 80 (1230). Dipl. Steingad. 116 (1348). Dipl. Ettal. 2 (1303). Dipl. Diess. 59 (1335). Dipl. Polling. 41 f. (1307. 1310). MB. 27, 3 (1118).

[21]) Tr. Berchtesg. 145: *uxor advocati Ratisponensis et filius eius F. fecerunt, quod vulgo fuorciht dicunt, prediorum .. que maritus eiusdem .. ante tradiderat.* Sie bekommen 5 Pfd. Entschädigung.

Tr. Berchtesg. 165: ein Mann hatte *cum uxore sua ante pro-*
creationem filiorum ein Grundstück verkauft: *Deinde filius eius*
H., ipsius persuasu, super eodem predio querimoniam movit .
tandem . ., datis rursum 8 talentis . ., tam pater quam filius
fecerunt quod Teutonici furziht vocant, pro uxore quoque et filiis,
ea ratione, ut, si ipse aut aliquis filiorum, heredum aut successorum
suorum deinceps aliquam querimoniam super ipso predio moverit,
dominus W. et filius eius H. uterque 40 talentorum preposito
Berhtersgadmensi et successoribus eius debitor existat. Uebrigens
kam es nur auf die materielle Genehmigung der Erben an, dieselbe war daher an keine Formalitäten gebunden: *dann es ge-*
schähe oft, dass sich ain wirt für sich, sein hausfrauen und erben
umb ain wissentliche sach verschrieb under sein selbs aigen insigel,
das muste dannoch gehalten werden [22]). In Münchener Urkunden
wird regelmässig nur so viel Rücksicht auf die Erben genommen,
dass Mann und Frau (oder nur der erstere für sich und seine
Frau) die Erklärung abgeben, auch für ihre Erben handeln zu
wollen [23]); eine wirkliche Mitwirkung der Erben ist mir nur
einmal (Dipl. s. Clarae No. 180 v. 1367) begegnet, während sie
regelmässig namhaft gemacht werden, wenn die Verfügung nicht
von den Ehegatten gemeinsam, sondern von einem Witwer oder
einer Witwe ausgeht. Uebrigens sind hier mit den „Erben"
immer nur die Descendenten gemeint, denn die übrigen Verwandten müssen, wenn keine Descendenten vorhanden sind, auch
bei Verfügungen mit gesamter Hand zugezogen werden. So
gehen in einer Dachauer Urk. v. 1465 (Dipl. Püterich. 34) ver-
äussernde Ehegatten die Erklärung ab: *das das benant gütl ir*
ledigs freis aigen gewesen wär, und das von gelts und besunder
not wegen verchauft und nicht ersparn haben mügen, und irn
erben zu chainer gevärd, und das si das auch die erben vor an-
potten haben. Diese Berücksichtigung der Verwandten tritt auch

---

[22]) Dipl. Fürstenfeld. 171 (1497). Vgl. Dipl. Rot. 79. 81. 104. 141. 192.
194. Dipl. Attil. 31. 36. 42. 47. 49—52.

[23]) So u. a. MB. XIX S. 15. 32. 45. 47. 63. 370. 520. 540. 546. 582. 590.
592. 605.

sonst häufig hervor [24]), aber immer nur bei unbeerbter Ehe,
wärend neben der Zustimmung der Descendenten die der übrigen
Verwandten nur ganz ausnahmsweise erwähnt wird [25]).

3. Schwäbisch-alemannische Urkunden. Die gesamte Hand
der Ehegatten macht hier ebenso wenig wie bei den Baiern und
Oesterreichern die Zuziehung der Kinder überflüssig [26]), man
hält es daher selbst für notwendig, früher übergangene Kinder
wenigstens nachträglich noch um ihre Genehmigung anzugehen [27]).
Auch die Augsburger Urkunden huldigen dieser Anschauung;
so verschenkt i. J. 1147 ein Edler mehrere von seinen Vätern
ererbte Zehntrechte *cum uxore sua A. et filiis suis* [28]). Aber im
allgemeinen sind die Beispiele, dass die Kinder persönlich zugezogen werden, wenig zahlreich [29]), in der Regel begnügt man
sich mit einer einfachen Bezugnahme auf die „Erben“, ohne dieselben namhaft zu machen [30]). Bei unbeerbter Ehe ist die Zuziehung der Verwandten gebräuchlich [31]), zuweilen kommen sie
aber auch neben den „Erben“ vor [32]).

Die hier zusammengestellten Urkunden ergeben, dass die
Ehegatten mit gesamter Hand in der Regel doch nur insoweit

---

[24]) Tr. Emmer. 130: *consentiente S. uxore sua predium quoddam proprium et hereditarium . . delegavit . . et . . aureo denario proximi sui
heredis redimi . . constabilivit.* Tr. Ranshof. 167 (um 1200). Dipl. Steingad.
85 (1303).

[25]) Tr. Berchtesg. 203. Dipl. Fürstenfeld. 48 (1316).

[26]) Zeerleder I S. 144 (1189). 149 (1191). 330 (1239). 460 (1255). 476.
496. 501. 657. II S. 127. 157. 191. 279 (1283). Geschichtsfreund 20, 306
(1247): *sine contradictione uxoris mee et cum manu filii mei R. et omnium
puerorum meorum.* Siehe S. 116.

[27]) Mone 3, 160 (1211): *cum felicis memorie M. comes de R. cum
uxore sua . . predium ipsorum . . . contulissent, et postmodum heres predicti comitis Adelhaidis . . . factam donationem ratam approbasset et,
quantum in ipsa fuit, iterasset.*

[28]) Mon. August. I No. 29.

[29]) Vgl. Mon. August. I No. 227 (1299). 369. 379. 408 (1329).

[30]) Vgl. Mon. August. I No. 274. 327. 345. 355. 406.

[31]) Zeerleder No. 312 (1252): *et ad maiorem cautelam cum manibus
domini G . . ., ex parte patris ipsius Berhte consanguinei propinquioris.*
Mon. August. I No. 157. 163. II No. 47.

[32]) Vgl. Mon. August. I No. 70. 201. 291.

frei verfügen konnten, als sie nicht durch warteberechtigte Verwandten beschränkt waren; diese mussten zugezogen werden, und zwar bei beerbter Ehe die Descendenten, bei unbeerbter Ehe die sonstigen Verwandten des Ehegatten, über dessen Vermögen verfügt werden sollte. Descendenten und andere Verwandten neben einander wurden auch nicht selten zugezogen, aber wol immer nur der Vorsicht halber, nicht weil es rechtlich notwendig gewesen wäre. Rücksichtlich der Descendenten genügte vielfach eine blosse Bezugnahme auf dieselben, so dass von ihrer ausdrücklichen Genehmigung abgesehen wurde; die völlige Absorption der Descendenten durch die gesamte Hand der Eltern ist nur in einigen Stadtrechten zur Regel erhoben.

§. 19. Rechtsgeschäfte unter Ehegatten. Ssp I, 21 §. 2 und darauf hin Dsp. 24 findet sich die Bestimmung, dass die Frau bei unverschuldeter Scheidung ausser ihrem Vermögen auch das ihr von dem Manne etwa an seinem Eigen eingeräumte Leibgedinge behalten solle. Dies ist Schwsp 24 dahin erweitert: *und ir lip gedinge, daz er ir gab, und sin eigen, mit siner erben urlobe, ob si ze ir tagen chomen warn. swelch erbe ze sinen tagen nit chomen was, dem schadet och diu gabe niht, die der vater getan hat.* Hier wird anerkannt, dass der Mann mit Genehmigung seiner Erben (auch der Kinder) die Frau nicht bloss zu Leibgedinge, sondern selbst zu Eigenthum beschenken kann. An einer andern Stelle werden dann auch Vergabungen auf dem Todtbette für zulässig erklärt, wofern nur keine unberatenen Kinder mehr vorhanden sind: *Lit ein man an sinem tot bete unde hat siniu kint uz gestiuret und sinem wibe niut varendes guotes gegeben, swaz er varndes guotes hat, daz git er sinem wibe gar, ob er wil* (Schwsp. 164). Dass Schenkungen der Frau an den Mann gleichfalls zulässig sind, ergibt sich zunächst schon aus dem Umstande, dass Ssp. I, 31 § 2 weder in den Dsp., noch in den Schwsp. aufgenommen ist [1]), dann aber ganz besonders

---

[1]) Kraut 2, 315 findet den Grund hierfür darin, dass dem Süddeutschen die Gewere des Mannes unbekannt gewesen sei. Da dies aber nicht der Fall war (s. S. 98 f.), so dürfte der Grund gerade in den abweichenden Grundsätzen von den Schenkungen unter Ehegatten zu suchen sein.

vermöge des argumentum e contrario aus Dsp. 35 (Schwsp. 35): *Ein weib mag auch ierm manne dhain erbe gegeben, des si dannoch niht geerbet hat und si dannoch wartunde ist. also enmag auch der man ir.* Auch eine Lesart der Züricher HS. zu Schwsp. 9 (s. §. 18 Anm. 2) ist wol hierher zu beziehen; die Lesart selbst ist aber unverständig, da der betreffende Artikel von der Heimsteuer handelt.

Ebenso erkennt das Augsb. Stadtr. Fr. 94 (W. 251 §. 8) die Zulässigkeit der Schenkungen unter Ehegatten ausdrücklich an: *Ist auch, daz sich zwai egemachide gesament mit der e, hat daz eine danne gut daz ez geerbet hat von sinen vordern, ez si aigen, lehen, oder swelher hande gut daz ist, unde git ez daz sime gemachide, so sol ez sin sin.* Nicht so weit gehen verschiedene schweizerische Rechtsquellen, welche an Erbgütern nur Uebertragung zu Leibzucht gestatten. Landr. v. Ragatz v. 1482: *Wo [der man] auch sonder zwei ehelich menschen einandern das ir mit recht uf machend oder verschaffen wollend, das sie auch gwalt haben, das soll bestohn sin lebtag bis zu end seiner wil, und nit füro, noch lenger.* Stadtr. v. Bülach v. 1483 §. 5: *Und das enkein ir burger sin zins eigen, das er geerpt hat von sinem vatter, oder welchen weg es in angefallen ist ee das er sin elich wib geneme, mag geben sinem elichen wib in keinen weg, dann zuo libding.* §. 10: *Ist ouch, das ein man und ein frou elich zuosamen komend, was denn ir ietwedr eigens ze dem andern bringet, . . ., machent aber si es einandern, so hat ir ietweders das eigen, das im gemacht ist, zuo libding untz an sinen tode, und fallet denn wider an die rechten und nechsten erben.* §. 11: *Gewinnend aber si liberben mit ein andern, an die fallet das eigen ledenclich, es sie gemacht oder nit* [2]. Nach dem Stadtrecht von Basel können kinderlose Ehegatten *einander ir varende guot vergaben* und *ir ligende guot widemen.* Rechtsqu. v. Basel I No. 119 v. 1431. No. 113 v. 1424 (s. S. 74 Anm. 13 und 15).

Das bairische Recht steht auf einem ganz ähnlichen Standpunkt, indem es Kinderlosigkeit verlangt und durch nachgeborene Kinder die Ehestiftung gebrochen werden lässt, übrigens aber

---

[2]) Ebenso Stadtr. v. Winterthur III §. 13. 19 f.

sowol Uebertragungen zu Eigenthum wie zu Leibgedinge anerkennt. Bair. Lndr. 112 (11, 19): *Wo zwai wirtläut sind, die
nicht kinde habent, da may ains dem andern sein hab wol machen
und geben mit briefen ..; gewinnen si aber nach dem gemächeit
kinder mit einander, so sol daz gemächet ab sein.* Dazu kommt
noch eine besondere Formvorschrift Art. 111 (11, 18. Freis.
Stadtr. S. 189): *Es sol auch chain frawen dhain brief fürtragn
noch kraft habn, den si von irem wirt hat mit sein ains insigel,
es sei dann ains seins freuntz insigl dapei oder ein ander gewärtz
insigel oder des gerichts insigel, dez man an ofner schrannen
begert. das ist darumb fundn, das die frau den man an dem pett
hat und daz insigel in dem schrein.*

Von den österreichischen Rechtsquellen ist das Ofener Stadtrecht leider unvollständig, denn Art. 381 finden wir zwar den
Vordersatz: *Was ein weip irem man wil verjehen und vorgeben
ader in purgschaft für in stehen,* aber der Nachsatz fehlt-, und
wir wissen nicht, ob er bejahend oder verneinend gelautet hat.
In Prag bestimmte ein Statut v. J. 1380 (Statutarr. 133): *Si
mulier contraxerit cum viro, et mulier illa habet propria bona
immobilia, tunc mariti non sunt illa bona, nisi mulier sibi resigna-
verit, videlicet bona immobilia.* Dazu Prager Rechtsb. 149 §. 4:
*Gibt ein man seinem weip sein gebeude, daz auf eines andern
mannes hofstat leit, bei gesunden leib vor den zinsherrn, und besizt
is mit biderwen leuten, stirbt der man du kint, sein nechsten frunt
haben an dem gut nicht, ob die frowe bezogt, daz is ir gegeben
sei mit recht.* §. 5: *Ist abir das aigen des mannes, da das gebeude auf stet, so muz ers ir vorlangen vor gericht. odir es hat
nicht craft.*

Nach den angeführten Rechtsquellen waren Schenkungen
unter Ehegatten in Süddeutschland allgemein zulässig, man hat
also den Standpunkt des altdeutschen Rechts, den nur das
langobardische und zum Theil das westgothische Recht verlassen
hatten, festgehalten [3]). Auch die Bedingung der Kinderlosigkeit
bei Vergabungen von Todes wegen, die in der Regel die Gestalt

---

[3]) Siehe Bd. 1, 139f.

der Leibzucht annahmen, haben wir schon in der vorigen Periode
kennen gelernt [4]).

Was die Urkunden angeht, so können wir die Bestellung
der Heimsteuer, Morgengabe, Widerlegung nicht als ein Rechtsgeschäft unter Ehegatten auffassen, da sie regelmässig vor der
Eheschliessung oder doch unmittelbar darauf erfolgt [5]). Nur das
Brünner Recht bildet eine Ausnahme, indem es selbst während
der Ehe, sogar wenn Kinder vorhanden sind, gestattet, dem
andern Ehegatten ein dotalitium (Heimsteuer, Morgengabe) zu
bestellen und Grundstücke dafür zu verpfänden [6]). Sonst trägt
auch diese Verpfändung, die Widerlegung im ursprünglichen
Sinne [7]), nicht den Charakter eines Geschäfts unter Eheleuten,
ausgenommen wenn der Frau für eine ihr gehörige und mit
ihrer Erlaubniss veräusserte Sache Ersatz (recompensatio) geleistet werden soll [8]). Ebenso gehört es zum Wesen des altdeutschen Witthums, dass es vor der Eheschliessung vereinbart
wird, und wir haben schon früher bemerkt, dass aus diesem
Grunde das erst während der Ehe bestellte Leibgedinge trotz
seiner Benennung nicht mehr als Witthum, sondern nur noch
als einfaches Rechtsgeschäft unter Ehegatten aufgefasst werden
kann [9]).

In den schwäbisch-alemannischen Urkunden nehmen die Zuwendungen von Todes wegen (vgl. Schwsp. 161. 164) eine be-
vorzugte Stellung ein. Sie werden als „Gemächt" oder „Widergemächt" bezeichnet [10], sind bald einseitig, bald gegenseitig,

---

[4]) Siehe Bd. 1, 157—165.

[5]) Siehe jedoch S. 15.

[6]) Siehe S. 64 und S. 66 Anm. 17. SchB. 195 (s. S. 65 Anm. 16).
Vgl. dagegen S. 70.

[7]) Siehe §. 12.

[8]) Siehe S. 33 f. 77.

[9]) Siehe S. 74--76.

[10]) Vgl. S. 28 Anm. 9. Mone 3, 363 (1303). Mon. Zoll. I No. 501
(1407): Graf Fritz von Hohenzollern hat seiner Frau (und ihren Erben)
eine mit dem 15fachen Betrage ablösbare Rente *zuo irem widergemæcht
nauch minem tod geordnet, gemacht und gegeben* und sie dafür auf mehrere
Pfänder „bewiesen". Sein übriges Vermögen vermacht er (No. 530) seinem
Bruder.

übertragen bald Eigenthum, bald Leibzucht [11]), und beziehen sich
bald auf das ganze Vermögen, bald auf einzelne Vermögenstheile [12]). Besonders charakteristisch sind die Baseler Urkunden,
weil solche Ehegemächte gerade in Basel zu einer feststehenden
Gewohnheit geworden waren [13]). Schon in einer Urk. v. 1292
heisst es, dass zwei Ehegatten *ein ander machten nach der burger
von Basil sitte und gewonheit alles das varnde guot, das (sie)
iendert im künigriche oder anderswa hatten; ze dem selben male
do widemotte der vorg. her H ... sinre wirtin rechte und redeliche
die reben und swas er guotes hat ligende in dem dorfe und in dem
banne ze S.*[14]). Im Jahre 1301 wird bekundet, dass zwei Eheleute von Klein-Basel *ein ander gaben und widemten nach lant-
rechte in Briscawe, er ir mit ... siner geswistriden willen und
handen, und si ime harwider, alles das guot ligenz und varndes,
older swie ez si, das si in disem küngriche older iender anderswa
hatten, âne ein hus ... das diu vorg. B. ir selben sunderlich vor
us behuop, ez ze gebende swar si wil, und dur mitte ze schaffende
swas si lustet. und geschach dis also: sweders das ander überlepte,
das das das vorg. ir beider guot gar niezen sol unz an sinen tot;
und swenne aber das erstirbet, so sol das halptail des selben guotes
vallen swar ez dus hiez geben, die wile ez lepte, da(s) e da erstirbet, und der ander halpteil swar in och bi sime lebende be-
schiket das nach hin stirbet. und were, das si vor ir beider tode
des egen. guotes ein teil older gar notdurftig wurden ze verkoufende,
das si das mit ir beider willen und gunst wol mügent tuon, und
nicht eins âne des andren willen* [15]). In einer Urk. v. 1321 [16])
bestätigt das Leonhardstift zu Basel eine „donacio causa mortis"
Betreffs eines von ihm lehnbaren Hauses: *si contingeret predictum*

---

[11]) Vgl. S. 74. Schauberg 2, 110 (1437). Das W. von Küssnacht §. 5
gestattet nur Leibzucht. Eigenthumsübertragung finden wir u. a. in der
Anm. 10 angeführten Urk. v. 1407. Vgl. Blumer 1, 500 f.

[12]) Ein Schwizer Gemeindebeschluss v. 1294 (Kopp, Urk. II No. 90.
Blumer 1, 558) verbietet: *dc (l. daz) de vrowe ir manne mache me, danne
halbes ir guot.*

[13]) Vgl. Mone 4, 469 (1352).

[14]) Arnold, Geschichte des Eigenthums i. d. deutsch. Städten 371.

[15]) Arnold, a. a. O. 400.

[16]) Arnold, a. a. O. 432.

Johannem ipsi Adelheidi sue coniugi premori, quod eadem Adelheidis duas partes ipsi Johanni competentes pro consuetudine civitatis et iure a nobis sibi locato habere deberet pro tempore vite sue . . .; sit quidem, si predictam Adelheidim premori contingeret ipsum Johannem, quod idem Johannes terciam partem dictarum rerum, ipsi Adelheidi . . competentem, similiter pro tempore vite sue habere deberet; hoc tamen predicto Johanni salvo, si ipse . . premoreretur et quoque ipsa (sc. Adelheidis) ad secundas nupcias . . volaret, quod dicte due partes ipsum respicientes in dominum W. . ., si de predictis aliud non disponeret, . . volvere et cadere deberent. Im Jahre 1390 erklären kinderlose Ehegatten: *das si einander das varende guot machen wollent nach unser stat rechte und gewonheite, si im und er ir hin wider;* die Verwandten der Frau erheben auf Grund eines angeblichen früheren Heiratsvertrags Widerspruch, werden aber abgewiesen, weil sich der Grund nicht als stichhaltig erweist[17]). Häufig wurden die Ehegemächte in Basel nur auf bestimmte Zeit, z. B. ein Jahr, abgeschlossen und nach Ablauf dieser Zeit erneuert; diese Erneuerung konnte nach einem Statut v. 1441 formlos geschehen, während die Errichtung eines Ehegemächts regelmässig vor dem Schultheissengericht, in Krankheitsfällen auch wol im Hause der Paciscenten in Gegenwart einer Gerichtsdeputation stattfand[18]). — Ausser den Erbverträgen kommen als Rechtsgeschäfte unter Ehegatten besonders häufig Verpfändungen vor[19]), die nicht selten mit Vergabungen von Todes wegen verbunden sind[20]).

Auch in bairischen Urkunden sind die Ehegemächte eine sehr gewöhnliche Erscheinung. Bemerkenswerter ist darunter nur eine Urk. v. 1475, in welcher eine Frau vor Gericht durch ihren Fürsprecher erklären lässt: *Ich hab meinem lieben hauswirt .. alle meine hab, liegende und fahrende, nichts ausgenommen, die*

---

[17]) Rechtsqu. v. Basel I No. 48. Siehe unten Anm. 31.

[18]) Rechtsqu. v. Basel I No. 50 (1390). 130 (1441). Später verlangte man jährliche Erneuerung. No. 144 (1451).

[19]) Chmel, österr. Geschichtsforscher 1, 184 (1332). Mon. Zoller. I No. 389 (1384). Dipl. s. Ulric. 220 (1451).

[20]) Vgl. Anm. 10.

ich ietzo hab oder füran gewinn mit erbschaft, kaufen oder
andern . . ., geeignet, vermacht und verheurat nach laut eins briefs;
sie beruft sich dabei auf *des buechs sag,* d. h. Bair. Lndr. 112
(s. S. 139). Ihren ausser Landes befindlichen Brüdern behält sie
für den Fall der Rückkehr die Einlösung der Grundstücke mit
300 fl. vor: *und alle andere fahrende hab, parschaft und kleineter*
soll hinfüran bei meinem lieben hauswirt und seinen erben beleiben..,
und soll auch ausserhalben meinen obg. lieben brüdern kein mein
erb oder freund in als (d. h. alles) mein erb, liegents und fahrents,..
fürhin nichts nimmer mehr erben .., sunder bei dem benanten
meinen lieben hauswirt und seinem erben beleiben; ausgenommen
mein silbergeschirr, das mag ich verschaffen . . . wem mich verlust.
Nachdem auf dreimaligen Aufruf kein Widerspruch erhoben ist,
wird das Geschäft durch den Richter bestätigt [21]. Die Urkunde
scheint sich auf eine Schenkung unter Lebenden zu beziehen,
ihr Inhalt ist Eigenthumsübertragung. Uebrigens fehlt es auch in
Baiern nicht an Zuwendungen von Todes wegen und zur Leibzucht [22].

Die österreichischen Urkunden gewähren besonders Beispiele
für Schenkungen der Frau an den Mann. Das älteste ist wol

---

[21] Dipl. Rot. 263 (MB. 2, 96).

[22] Tr. Weltenburg. 76 (MB. 13, 350): *predium .. dedit uxori sue H.*
ea conditione, ut, quoad ipsa viveret, haberet, post mortem vero eius ..
ecclesia haberet. Dipl. Baumb. 1 (MB. 2, 173): ein Graf vermacht auf
dem Todtbette, *quia herede caruit, libera traditione* sein ganzes Vermögen
(zu Leibzucht) an seine Frau, weil er nicht will *eo moriente suo quoque*
patrimonio eam privari. Tr. Neocell. 537 (1142—58): eine Witwe hat von
ihrem Manne ein Grundstück erhalten, mit der Bedingung: *ut, si eis he-*
redes nascerentur, in eorum succederent hereditatem; sin autem ille sine
herede obisset, illa, quousque viveret; post obitum vero sui ad proximos
heredis reverteretur. Tr. Weihensteph. 389. Tr. Scheftlar. 404 (1153—60):
maritus meus delegavit mihi sine omni omnium contradictione hereditatem
predii .. in usus proprios, quoad viveret (l. viverem), ea ratione et eo
tenore, ut post obitum meum filii mei O. esset propria in perpetuum. Dipl.
Undersdorf. I No. 44 (1379). Mon. Monac. 255 (1462): ein Mann vermacht
sein ganzes Vermögen an seine Frau: *wär aber sach, das mein sun W.*
noch pei leben wär und mich uberlebte, so sol das gemacht nichts sein,
und stet der heirat zwischen unser (l. uns) nach der stat recht. Vgl. S. 76
Anm. 5.

Tr. Reichersberg. 109 (Urk.-B. ob der Enns I S. 332): ein Mann
vertauscht unter Zustimmung seiner Frau ein Grundstück, *quam . .*
ex donatione uxoris sue . . possederat [23]). Im Jahre 1259 gibt
die Gemahlin des Edeln von Nifen demselben ein Erbgut auf:
illud totum ius dans in manus mariti sui . . ., ut ille haberet
huiusmodi possessiones seu proprietates disponendi ac divertendi
pro ipsius arbitrio plenam facultatem [24]). In einer Urk. v. 1395
schenkt eine Frau ihrem zweiten Ehemanne *und seinen leiberben,*
die wir mit einander gewinen, mein morgengab di mir mein erster
wirt selig . . gebn hat, und zwar zu freiem Eigenthum [25]). Auch
an Zuwendungen von Seiten des Mannes fehlt es nicht. So verschreibt in einer Urk. des 11. Jh. [26]) ein Graf von Ratelnburg
seiner Gemahlin und den mit ihr zu erzeugenden Kindern zu
Eigenthum *(in proprium legavit)* mehrere Güter, die er theils
geerbt, theils früher von seiner Frau erhalten hat *(quod de eadem*
Mathilda uxore sua habuit, cui et idem in hac delegatione reddidit);
in Betreff seiner Frau bestimmt er: *si autem filios non haberent,*
et si illa supervixerit, super his bonis possidendi vel quodlibet
faciendi liberam deinceps potestatem haberet. Im Jahre 1262
(Urk.-B. v. Heiligenkreuz I No. 102) überlässt ein Mann sein
ganzes Vermögen seiner Frau, die ihn mit Aufopferung ihres
Vermögens aus der Gefangenschaft befreiet hat: *ad manus suas*
libere resignavi, ut ipsa de eisdem bonis faceret, ordinaret atque
disponeret, quicquid in vita vel post mortem utriusque, videlicet
meam et suam, melius iudicaret. In einer Urk. v. 1279 (Ludewig,
rel. manuscr. 4, 264) bekundet König Rudolf, dass mit seiner
Genehmigung ein Edler *omnia bona sua uxori sue M., si eundem*
praemori contigerit, contulit et donavit, ita quod praedicta bona
ad eandem M. superstitem devolvantur. Herr Heinrich von Wallsee, im Dienst des römischen Königs nach Köln gehend, ver-
richtet sich i. J. 1303 mit seiner Frau dahin: *Ist, daz ich von*

---

[23]) Aehnlich Urk.-B. ob der Enns III No. 351 (1264): *que nobis*
accesserunt ex dono uxoris nostre.

[24]) Hormayr, Beitr. z. Gesch. Tirols 2, 147. Vgl. Urk.-B. v. Heiligenkreuz I No. 299 (um 1290).

[25]) Urk.-B. d. Fam. Teufenbach No. 170.

[26]) Font. rer. Austr. 8, 239.

gotes verhegenusse stirbe of der vart, so sol si in ir gwalt haben alles min guet, min satzunge und swi is genant ist, und min leut und mineu chint, und sol si dar an niemen irren, alle di weile und si der chinde gwalt gehaben mage und di weile si ir gehorsam sint. swenne si aber ir ungehorsam werdent, also daz si sich ir dnen wil, so han ich ir beschaiden und geschaffet daz guet daz hie benennet ist, und sol si daz haben dn allen chrieg unz an ir tode . . .; swas dar uber anders mines quotes wirt, daz sullen min sune haben [27]).

Von den Ehegemächten, die nichts weiter sind als während der Ehe geschlossene Erbverträge der Ehegatten, sind die Heiratsverträge zu unterscheiden, welche vor Eingehung der Ehe abgeschlossen werden und nicht bloss das Erbrecht der Ehegatten, sondern auch die Verhältnisse während der Ehe zuweilen erheblich modificieren [27a]). Wir haben schon früher gesehen, wie verschiedene Verabredungen z. B. bei der Morgengabe vorkommen können, indem sie bald mit unmittelbarer Wirkung, bald nur der überlebenden Frau, bald zu Eigenthum, bald zu Leibzucht bestellt wird. Die Quellen bezeichnen diese Heiratsverträge als „Gedinge" oder „Ehteiding". Dieselben können den verschiedensten Inhalt haben, wenn sie nur nicht den allgemeinen Rechtsprinzipien und dem Wesen der Ehe widersprechen [28]). Namentlich kann durch Gedinge das Vermögen der Frau ganz oder zum Theil der Gewalt des Mannes entzogen und der Frau vorbehalten werden [29]), auch Bestimmungen

---

[27]) Notizenblatt 1852 S. 374. Den Töchtern wird eine von der Mutter zu entrichtende Heimsteuer ausgesetzt. Siehe S. 88 Anm. 22.

[27a]) Vgl. Beseler, Lehre v. d. Erbverträgen II. 2 S. 122.

[28]) Vgl. Jäger, schwäb. Städtewesen 1, 333.

[29]) In einer Lesart des ältesten Druckes des Schwsp. zu Schwsp. W. 10 (L. 9) heisst es: *Ob die erben nit seind, man mag es mit worten wol auss dingen, das ir ir farend guot beleibt. si oder ir freund einer sprech also: „Wir dingen, das ir mit dem farenden guot nit czethuon habent, wann nach unser beider notturft und nach ewer wirtin willen."* Brünner SchB. 160: *si mulierem divitem absolute, de hoc non caventem, in uxorem ducit* (vgl. S. 106 u. 113). Prager Statutarr. 59 heisst es nach den früher (S. 107 Anm. 19) angeführten Worten: *ausgenummen, het ain frau gut oder clainet daz ir aigen gut ver, und auch daz sie ausgenummen het*

über die Verhältnisse bei Auflösung der Ehe sind sehr gewöhnlich [30]).

Aus der grossen Zahl der uns erhaltenen Heiratsverträge,
die uns grösstentheils schon früher beschäftigt haben, da ihr
Hauptgegenstand die Festsetzung von Heimsteuer, Morgengabe,
Widerlegung u. s. w. zu sein pflegt, mögen hier nur die folgenden
Beispiele einen Platz finden. In dem Heiratsvertrage des Grafen
Albrecht von Görz mit der verwitweten Gräfin von Hardeck
v. J. 1275 (Arch. f. K. österr. Gesch. 2, 198) wurde verabredet,
dass bei kinderloser Ehe der Graf die Leibzucht an dem Vermögen seiner Frau, die letztere dagegen die Leibzucht an der
ihr eingeräumten Widerlegung haben solle; ausserdem traf man
Bestimmungen über das Verhältniss zwischen den in dieser Ehe
zu erzeugenden Kindern und dem Sohne des Grafen aus erster
Ehe. In einem steiermärkischen Heiratsvertrage v. 1366 (Urk.-B.
d. Fam. Teufenbach No. 69) wird nach Festsetzung der Morgengabe bestimmt, dass beim Tode des Mannes die Frau alle seine
fahrende Habe bekommen solle, *als gewönleich und recht ist in
dem lund ze Steyr.* Von der Heirat Heinrichs von Blumberg mit
der Tochter des Truchsessen von Diessenhofen i. J. 1429 (Schauberg 2, 106) wird berichtet: *Als die nun elichen zesamen kommen
und gestossen sind, ist in diser gemahelschaft zwischent baiden*

---

*da sie im wart gelubt, daz sie beweisen mocht mit briefen oder mit des
gerichtes puch der stat . . ., daz selbe gut daz mag sie schaffen wem sie
wil, án alle hindernusse.* Vgl. S. 78 Anm. 6.

[30]) Schwsp. 161. 164 (s. S. 157f.). Bair. Lndr. 107 (11, 14): *es sei dann, das
im die haimsteur mit besunderm geding geben werd, dez süllen si pedenthalben
brief haben* (vgl. S. 114 Anm. 13). Freis. Stadtr. S. 158. Stadtr. v. Memmingen 42
(Freyberg 5, 306): *wer aber ander sätz getan hett* u. s. w. Augsb. Stadtr. W. 243
§. 1: *mit welchem geding die zesamen kommen sind, das soll stet sein,* und
weiter unten: *man gewinne es ihm den ab inner jahr und inner tag*
(nach dem Tode des einen Theils) *mit briefen oder mit gedinge.* Ebd.
Fr. 69 (W. 243 §. 3): *es enwære danne als verre, daz ez mit rehten ge-
dingede dahin chomen wäre, da si sich gesæmenten mit der e: was ir do
geheizzen wart, waz man ir sins gutes geben solte, ob si in uberlæbte, mak
si daz bringen mit hantfesten, ob si si hat, daz sol stæte sin; hat si der
niht, so sol si ez bringen selbe sibende mit erbæren gemeinen friunden,
die da bi waren.* Gr. 4, 345 §. 11: *oder da wär denn ein anders bedinget.*
Gr. 5, 106: *es were denn sach, daz einer sins selbs vorus in der eteiding
vorbehept hette.* Jäger, a. a. O. 1, 332. Ofner Stadtr. 282 (S. 67).

tailen von ir anerbornen und nechsten fründen hierinne beredt und bediuget worden, dass die Frau von ihrem Vater eine Heimsteuer von 800 fl. und von ihrem Manne eine ebenso hohe Widerlegung erhalten solle; bei unbeerbtem Tode ihres Mannes solle ihr ausser Heimsteuer, Widerlegung und Morgengabe *der halbe tail der varenden hab, so ir man denne nach tod verlassen hat,* zufallen, und zwar die Widerlegung zu Leibzucht; sterbe die Frau vor ihrem Manne, so solle dieser an der Heimsteuer und der Morgengabe Leibzucht haben[30a]. Weiter werden dann noch Verabredungen rücksichtlich der Kinder getroffen. Von ganz besonderm Interesse ist eine Baseler Urk. v. 1390[31]), in welcher der Bruder der Frau einer von ihr beabsichtigten Zuwendung an den Mann widerspricht, indem er behauptet: *das die vorg. sin swester dem egen. herren G. das varende guot niut machen mæchte noch sœlte mit deheinem rechten . . ., wand si zuo hern G. komen were in sœlicher wise, das ir guot, so ir geben were zuo hern G., in estiur wise liggen und bliben sælle und ein verfangen guot heisse und sie, ir und iren erben, das si doch niemant vergeben noch vermachen mœchte ze disen ziten, wand si niut kinde hette, âne ir muoter und ir geswistrigiten willen und verhengnisse.* Muss schon der hier behauptete Inhalt des Heiratsvertrags unser Interesse erregen, so ist dies in noch höherem Grade bei dem der Fall, was wir über den Abschluss jenes Vertrags erfahren. Die Frau erwiedert nämlich: *das si des guotes von irem vatter seligen ze erbe komen sie; sient da ir muoter und geswistrigit mit hern G. M.*[31a]) *überkomen, das es in estiur wise ligen sælle, das sie geschehen in der zite, da si klein und niut zuo iren tagen komen were; si hab sich ouch in den sachen niutzit verbunden noch entzigen, und getruwe gotte und dem rechten, sider si zuo iren tagen komen were und iren vatter geerbet hette, das si die sache wol widerruefen mœge und ir guot vermachen und vergeben dem si welle, und damitte lassen und tuon als mit dem iren, âne ir muoter und geswistrigit willen, und bete ir darumb ze erkennende was recht were.* Das Schultheissengericht erklärt, die Sache sei ihm

---

[30a] Siehe S. 35 Anm. 19.

[31]) Rechtsqu. v. Basel I No. 48. Siehe S. 142.

[31a]) d. h. ihrem Manne.

zu schwer, und bittet den Stadtrat um Belehrung. Dieser erkennt, dass die Frau *die überkomunge und briefe, so von iren
wegen geschehen und gemacht sint in iren kintlichen tagen, wol
widerruefen may, sid si zuo iren tagen komen ist.*

Diese Urkunde beweist, dass, obgleich die Heiratsverträge
regelmässig unter Mitwirkung der beiderseitigen Verwandten geschlossen zu werden pflegen, doch die Ehegatten die eigentlichen
Contrahenten sind, es also vor allen Dingen auf ihre Einwilligung
ankommt; ferner, dass ein rechtmässig zu Stande gekommener
Heiratsvertrag nicht einseitig widerrufen werden kann, sondern
nur durch gemeinsamen Beschluss der Ehegatten und mit Genehmigung derjenigen dritten Personen, denen etwa aus dem
Heiratsvertrage selbständige Rechte erwachsen sind. Dies wird
auch anerkannt Schwsp. 164: *daz gedinge sol stete sin, ez si
danne verendert mit der erben willen*[32]).

Was die Form der Heiratsverträge angeht, so bestimmte ein
Ulmer Statut v. 1420, dass sie schriftlich auf der geschworenen
Kanzlei abgefasst würden[33]), während ein Prager Statut v. 1364
forderte: *daz daz vorbrift werd inwennik drein vierzehen tagen,
oder geschriwen werd in des gerichtes puch der stat in gehegier
pank*[34]). Das Landshuter Erbrechtsprivileg v. 1423 S. 322 verlangt keine besondere Form: *Es may auch allermenniglich zu
Landshuet wol heuraten mit geding, wie ihn verlust, doch dass es
verbrieft soll werden, oder er may es geweisen.* Hier ist neben
dem Beweise durch Urkunden auch jede andere Beweisführung
zugelassen, es muss daher schon die bloss mündliche Errichtung
vor Zeugen als genügend erachtet werden, und dasselbe ist
offenbar auch der Standpunkt des Augsburger Rechts[35]).

§. 20. Veränderungen des ehelichen Güterrechts
bei bestehender Ehe. Wir erfahren nicht, ob die Heiratsverträge immer vor der Eheschliessung errichtet werden müssen;
zwar ist in den Quellen von andern nie die Rede, allein da mit

---

[32]) Vgl. Jäger, a. a. O. 1, 333. Lewis, Succession des Erben 59.
[33]) Jäger, a. a. O. 1, 284.
[34]) Prager Statutarr. 59. Siehe S. 49.
[35]) Siehe Anm. 30.

Zustimmung der Betheiligten gültige Heiratsverträge während
der Ehe abgeändert und selbst aufgehoben werden können, so
ist man wol zu der Annahme berechtigt, dass auch die Errichtung neuer Eheberedungen, natürlich mit derselben Mass-
gabe, während der Ehe zulässig sei.

Wenn wir uns in dieser Frage von den Quellen verlassen
sehen, so sind wir über einen andern Punkt eingehender unterrichtet: die Frau kann bei schlechter Wirtschaft des Mannes
die Befreiung ihres Vermögens aus seiner Gewalt verlangen.
Der Dsp. spricht an zwei Stellen (48. 59b) von der Absetzung
eines Vormunds über unverheiratete Weiber, und auch eine dritte
Stelle (68) würde man ihrem Wortlaute nach auf diesen beziehen, wenn nicht die Ueberschrift: *„Ob ein frowe einen ungeraten man hat"* andeutete, dass es sich üm die Balemundung
eines Ehemannes handelt. Besser ist diese Stelle Schwsp. 76
gefasst: *Und ist, daz ein frowe ein man hat der uber (l. ubel)
geraten ist und wil ir guot âne werden daz ir ir vater gap oder
ander ir 'friunde, si may ez mit rehte wol versprechen und behaben. si sol mit ir vormunde clagen* [1])*, und mac si behaben mit
der kuntschaft, daz er ungeraten ist und in der unvuore ist, daz
si ir guotes vor im angest hat, daz sol zi erziugen, zuo ir selbe
zwene man, die suln swern mit ir, daz si ez warz wizen. so sol
der rihtœr sinen boten geben ir vormunde, unde suln uf daz guot
varn und suln sich des under winden. und swer ir dar nach dehein
leit dar an tuot, der ist vridebrœche, daz sol der rihtœr rihten, als
[er] reht ist. und ist, daz er ir hat gegeben morgengabe, die sol si
vor gerihte behaben, als hie vor gesprochen ist, und sol si der
rihter uf ir morgengabe beschirmen* [2])*.* Die Frau stellt also unter
Mitwirkung eines vor Gericht angenommenen Vormunds an den
Richter den Antrag auf Aufhebung der Güterverbindung, indem sie
mit zwei Zeugen nachweist, dass durch die schlechte Wirtschaft des
des Mannes ihr Vermögen gefährdet sei. Der Richter setzt den
Vormund in Besitz und Verwaltung ihres Vermögens (auch der

---

[1]) Dsp.: *Si sol varn fuer ir richter und sol ze dem ersten einen vormunt nemen, und sol ir der helfen chlagen.* Ebenso Schwsp. W. 60.

[2]) Vgl. Kraut 2, 565 ff.

Morgengabe) ein, und der Ehemann darf sich bei Strafe des Fried-
bruchs nicht mehr hineinmischen, er kann daher seine Rechte auf
die Nutzungen von dem Vermögen der Frau nur noch durch die
Vermittelung des Vormunds geltend machen[3]. Zugleich erlangt
die Frau jetzt das Recht zu sofortiger Anfechtung aller widerrechtlichen Veräusserungen des Mannes, während sie sonst in der
Regel bis zu seinem Tode hätte warten müssen[4]. Diese Bestimmungen des Schwsp. sind im wesentlichen in das Bair.
Lndr. 102 (11, 9) übergegangen: *Het ein frau auf dem lande einen
man, der als ungeraten wär, daz er der frawen und iren kinden
das guet unendlich ân würde, die sol mit iren freunden zu dem
richter gien und sol dann mit iren freunden und mit iren nacht-
gepaurn weisen, das ir man alz unendlich (ungeraten?) sei; so
sol ir der richter zwen pfleger ir nächsten germagen geben, und
die sullen sich des guetz underwinden, bis man siecht, daz der
man recht wil tun[5].* Hieraus sieht man, dass das frühere Verhältniss auf Antrag der Frau und ihres Vormunds jederzeit
wiederhergestellt werden kann. Auch das Augsb. Stadtr. Fr. 110
(W. 328) kennt ähnliche Massregeln gegen den Ehemann: *Hat
ein vater einen sun, dem geholfen ist, wirt der ungeraten, unde
daz in sin vater unde sine friunt davon niht genœmen mugen, so
hat der vater des mannes oder der frowen wol den gewalt, daz
er sich mit reht des gutes wol underwindet, daz da ist; unz an
den tak, daz man siht, daz er also geraten ist, daz daz gut bi
im behalten ist, im unde siner husfrowen unde ir chinden, so sol*

---

[3]) Ueber das Nutzungsrecht des Mannes auch nach der Balemundung
ist besonders die unten anzuführende Glarner Landessatzung zu vergleichen. Ueberhaupt wird in den materiellen Verhältnissen nichts ge-
ändert, der Mann kann deshalb über seine Immobilien nach wie vor nur
mit Genehmigung der Frau verfügen; die Quellen geben freilich keine
Antwort auf diese Frage, die ihnen wohl müssig erschien, weil die Balemundung mehr oder weniger eine Erschöpfung des Vermögens des Mannes
voraussetzt. Bei Verfügungen der Frau über ihr Vermögen tritt vielleicht
statt der Genehmigung des Mannes die des Vormunds ein.

[4]) Vgl. S. 120.

[5]) Ebenso Freising. Stadtr. S. 187, mit dem Hinzufügen: *und hat auch
sein verpinden auf sein hab furbas chain chraft, uncz das im der rat
und gesworn wider das erlouben.*

manz im wider antwurten. Dazu kommt ein späterer Zusatz-artikel, welcher der Frau, allerdings in etwas unklarer Weise, die Initiative überlässt: *Ist, dass ein man ungeraten ist der weib und kind hat und sein gut alls vertun will, hat die frau den icht gutes, und lat das ihr beeder kinder fuer, des ensoll noch enmag sie der mann nit irren* (W. 329 a). Von den schweizerischen Rechtsquellen ist eine Glarner Landessatzung v. 1465 bemerkens-wert [6].: *Welher in unserem land ein fröwen zuo der ee nimpt . . ., wil er denn der selben siner fröwen ir guot ze ungewonlich ver-tuon, und ir fründ oder nachpuren oder ander from lüt das wolt bedunken, das er ze unbescheidenlich mit ir guot wölt umbgan und vertuon, so mügen die selben . . . gan zuo einem land aman und den anrüffen, das der selben fröwen guot bevogtet werde. und wenn es dann bevogtet wirt, so sol der man daran kein gewalt nit me haben das ze verkoufen oder ze vertuon, denn den bluomen von dem selben guot sol er mit sinem wib in sinem huse essen und trinken.* Von den österreichischen Quellen kommen die folgen-den Bestimmungen des Brünner SchB. in Betracht. 193: *Si manifeste bonorum dilapidator et inutilis est consumtor, tunc ad petitionem mulieris vel amicorum eius iurati, quorum interest inutilia corrigere, possunt talem defectum intercipere et virum super eo corripere, sicut videtur expedire.* 501: *Quum mulieres a domo parentum per patrimonium emancipatae sui iuris sint effectae, si sagaces sunt et aetatis legitimae et maritos habent bonorum dissipatores, bona per se ipsas regere possunt et immi-scere contractibus sicut viri.*

Dass es nach dem Brünner Recht nicht der Berufung eines neuen Vormunds bedarf, erklärt sich einfach aus dem Umstande, dass ihm die Geschlechtsvormundschaft ausserhalb des ehelichen

---

[6]) Blumer 1, 481. Schwizer Landesbeschl. v. 1399 (ebd): *das ein ietlicher landman sines eewibs vogt sin sol, er werde dan under sinen nachpuren oder under siner fründschaft widertheilt zu einem vogt.* Lndr. v. Thur-thal v. 1487: *Were oder beschäche aber, das ain man so liederlich und unordenlich hushielti, oder hetti sorgen halb, das er umb das sin komen weri oder komen welti, und das ain gericht . . . bedunkte, wenn dann ain frou das begerti, so sol man si und ir guot bevogten, umb das ain man siner frowen das ir nit möge verthun ungefarlich.* Landr. v. Wattwil §. 18 (Gr. 5, 201).

Verhältnisses unbekannt ist[7]). Deshalb erscheint die Frau auch alsdann völlig selbständig, wenn der Mann durch körperliche oder geistige Mängel an der eigenen Vermögensverwaltung behindert ist, oder wenn er in persönlicher Unthätigkeit es ruhig geschehen lässt, dass die Frau die ihm obliegenden Geschäfte besorgt. SchB. 512[8]): *Si maritus naturaliter, puta senio, aetate, decrepita aegritudine etc., ad illum statum pervenerit, quod curam domesticam cum ceteris, quae ad officium patrisfamilias spectant, regere non poterit vel negligat, rationabile iudicatur, quod uxor legitima, si circumspecta, provida fuerit et honesta, omnia faciet, ordinet et disponet, quae in venditionibus, emtionibus et singulis aliis contractibus ipso marito praehabitis, non obstantibus impedimentis ex eo quod caput est mulieris et dominus, competere dinoscuntur. et idem censendum est, si vir rationis compos, corpore sanus et defectibus carens, uxorem suam scienter et publice hincinde coram populo modo praemisso curam regiminis ad se pertinentis agere patiatur.*

Was nun bei Geschäftsunfähigkeit des Mannes gilt, muss naturgemäss auch dann platzgreifen, wenn er durch längere Abwesenheit die Frau zwingt ohne ihn zu handeln[9]). Deshalb bestimmt das Brünner Recht, dass die Frau, wenn der Mann über Jahr und Tag abwesend sei, gültig verklagt und zur Antwort genötigt werden könne, vor Ablauf jener Zeit aber die Antwort verweigern dürfe, wofern sie nur beweise, dass ihr Mann noch am Leben sei[10]). Dagegen ist sie zur Klageanstellung auch bei

---

[7]) Vgl. S. 94.

[8]) Vgl. ebd. 654.

[9]) Vgl. S. 110 Anm. 31. Kraut 2, 441 f.

[10]) SchB. 487: *Item mulier habens maritum a civitate declinantem et anno et die legitime non impeditum absentem existentem, si medio tempore civiliter, h. e. pro possessionibus vel debitis, in causam trahitur, ad respondendum compelli non potest. post dictum vero tempus . . ., non obstante mariti absentia, si mulier ad iudicium citata fuerit, ad motas sibi querimonias compellitur respondere. 497: Quamvis mulier in absentia viri . . . in causam ex consuetudine non trahatur, tamen, si praetextu praedictae absentiae ad iudicium vocata se vult tueri, debet parti adversae requirenti de vita mariti fidem et certitudinem facere.*

längerer Abwesenheit des Mannes nur dann befugt, wenn sie
Sicherheit dafür bestellt, dass ihr Mann nach seiner Rückkehr
den Beklagten nicht noch einmal in Anspruch nehme; doch kann
sie sich von dieser Kautionspflicht durch den Nachweis der Ver-
schollenheit befreien [11]). Auch der Dsp. und Schwsp. gestehen
der Frau das Recht zu, in Abwesenheit des Mannes ohne ihn
vor Gericht aufzutreten, verlangen aber dabei, den Bestimmungen
über die Geschlechtsvormundschaft entsprechend, die Mitwirkung
eines Interimsvormunds [12]). Schwsp. 75 (Dsp. 66. 67): *Und hat
si einen eman, der innen landes ist, der sol ez tuon; und ist er
nit innen landes, so sol si ir einen nemen vor dem rihtær, der
sol sin ir wirtes mac oder ir selber mac . . . . Sin vormun-
schaft diu wert niht langer, wan unz ir man wider hein kunt,
oder als lange so si wil. uf iegelichem gerihte nimt si wol vormunt und lat jenen varn.*

Noch sind die Veränderungen zu erwähnen, welche in dem
Güterrecht der Ehegatten durch Ablauf von Jahr und Tag oder
durch die Geburt eines Kindes eintreten, Veränderungen die
zwar vorzugsweise eine erbrechtliche Bedeutung haben, aber doch

---

[11]) SchB. 187: *Praenotato etiam tempore anni et diei currente, si mulier
aliquem iudicio convenerit, ex hoc quod vivum habet maritum qui non adest,
conventus non compelletur eius obiectionibus respondere.* Ebd. 496: eine
Frau hatte wegen fahrlässiger Tödtung ihres Sohnes geklagt, der Beklagte
aber wegen Abwesenheit ihres Mannes die Antwort verweigert; das Gericht erkannte, die Frau solle nach ihrem Manne, der schon seit mehreren
Jahren verschollen, sechs Wochen lang im Lande suchen und ihn, wo
möglich, herbeiführen. Nachdem sie dies, ohne eine Spur von ihm zu
finden, vollbracht hatte, drang sie darauf, ihrer Klage Fortgang zu geben.
Der Beklagte weigert sich abermals: *repetens fideiussores ab ea, quod a
marito ipsius sit securus et in posterum per eum, si unquam ipse redire
contingeret, minime impetatur.* Die Klägerin lehnt wegen ihrer Armut die
Kaution durch Bürgen ab, erbietet sich aber zu eidlicher Kaution: *promittere sub iuramento voluit, quod, si maritus ipsius unquam rediret, et
ipsum hominem . . . ipsa ab impetitione fideliter removere vellet.* Das
Gericht entscheidet: *Cum mulier sex septimanis, sicut iurati . . . sententia-
verunt, maritum suum intra terram quaerens non invenerit, ipseque multis
annis, — nec adhuc, ubi sit, sciatur —, absens fuerit: reus debet eius
querimoniis secundum formam iustitiae respondere, dictaeque mulieri est
tam plena iustitia sicut marito suo, acsi personaliter compareret, secundum
puncta iuris singula facienda.*

[12]) Vgl. S. 96 Anm. 8.

auch schon die Verhältnisse unter Lebenden mehr oder weniger
berühren. Sie beruhen auf dem Gesichtspunkt, dass die Vereinigung der Ehegatten zu vollster Lebensgemeinschaft nicht
schon mit der Trauung oder Bettbeschreitung eintrete, sondern
erst durch eine gewisse Dauer oder durch Erzeugung eines gemeinsamen Erben die rechte Innigkeit gewinne [13]).

Nach Prager Statutarr. 105 (s. S. 109) kann eine Witwe,
die sich wieder verheiratet, binnen Jahr und Tag nach der Eheschliessung wegen früherer Schulden belangt und zur Zahlung
gezwungen werden, ohne Rücksicht auf die vogteilichen Rechte
des Mannes, die erst nach Ablauf jener Zeit in Wirksamkeit
treten. — Stirbt die Frau binnen Jahr und Tag, so bleibt nach
dem Stadtr. von Memmingen (s. S. 35) und nach dem Recht der
Zipser Sachsen (s. S. 56) die Morgengabe bei dem Manne, dagegen muss er die Heimsteuer sofort an die Erben der Frau
herausgeben. Daraus folgt, dass, wenn die Frau später stirbt,
sie ihre Morgengabe vererbt, der Mann aber auch gewisse erbrechtliche Ansprüche auf ihre Heimsteuer machen kann. - Wie
hier, so ist auch nach Augsb. Stadtr. W. 243 §. 1 ein gegen-
seitiges Erbrecht der Ehegatten erst nach Jahr und Tag vorhanden, vorher haben sie nur die im Ehevertrage ausgemachten
Rechte: *Wo sich ehleut gesament, stirbet der eins, eh jahr und
tak fuerkomt, mit welchem geding die zesamen kommen sind, das
soll stet sein. wer aber, das jahr und tag fuerkam, und dass
dann eintweders sturb aun erben, was das dem andren lat, das
ist sein, man gewinne es ihm den ab inner jahr und inner tag
mit briefen oder mit gedinge*[13a]). Denselben Standpunkt finden wir
auch in bairischen Quellen [14]), vorzüglich im Landshuter Erb-

---

[13]) Vgl. S. 97. §. 23 Anm. 1. Bd. 1, 101.

[13a]) Vgl. §. 22 Anm. 6.

[14]) Münchener Urk. v. 1467 (Auer LXXX): *Wann zwo eelich und zusammen verheurat personen mit einander die teck besliessen und jar und
tag bei einander ersitzen, das dann ir guet, so sie hetten oder dernach
erbten, ein guet were, und derselben person eine die andern nach irem
abgang ön menigkleichs eintrag erbe.* Ebenso eine gleichfalls von Auer
angeführte Urk. v. 1484 (Mon. Monac. 282): *auch bei einander gesessen
sind jar und tag als burger und burgerin.* Vielleicht ist auch Gr. 1, 278
in diesem Sinne zu verstehen.

rechtspriv. S. 319, wo es nach den oben (S. 97) angeführten Worten heisst: *es wær denn, dass ains vor dem andern in jahrsfrist abgieng, so soll desselben heuralguet halbs dem lebendigen bleiben und folgen, und halbs soll es hinwider erben auf des abgangen næchst freund, davon es her kommen ist. vergieng sich aber das jare, und dass sie beide lebten, und dann ains vor dem andern abgieng, so soll dem, das dannoch lebendig ist, desselb (l. dasselb) ir beider heuralguet und fertigung geruelich ganz beleiben und volgen.*

Dem Ablaufe von Jahr und Tag wird die Geburt eines Kindes völlig gleichgestellt[15]), denn das Privileg fährt unmittelbar darauf fort: *Hielten oder gewuenen sie aber leiblich erben mit einander, da soll es auch bei beleiben, und ein guet sein.* So tritt denn auch nach zahlreichen Quellen das Erbrecht der Ehegatten erst ein, wenn ein lebendes Kind geboren ist, und zwar dann ohne Rücksicht darauf, ob es am Leben bleibt oder nicht[16]). Darum bricht Kinderzeugen Ehestiftung[17]), auch die Morgengabe muss nun häufig einer andern Ordnung Platz machen[18]). Oft wird ausdrücklich gesagt, dass die neue Ordnung der Dinge schon unter Lebenden eintreten solle, aber auch wo dies nicht hervorgehoben ist, versteht sich von selbst, dass die Vereinigung des Vermögens von Todes wegen schon unter Lebenden ihre Bedeutung hat. Erst mit diesem Augenblick tritt dann das Prinzip der gesamten Hand oder, wie im Brünner Recht[19]), die Allgewalt des Mannes in Kraft.

---

[15]) Ebenso im Stadtr. v. Memmingen (s. S. 35).

[16]) Dorfrecht von Schöllbronn v. 1485 §. 56 (Gr. 5, 231): *Sopald sie mit einander ein oder mer eelich kind gewinnen und erobern, sopald und von stund, so die kind das leben haben und die vier wend beschrient, die kind belibent joch kurz oder lang lebentig, so ist alles das guot, das dieselben zwei eegemachit zusamengepracht hound, ererbt oder gewonnen hound, also gefallen, und fellt der erbfall für und für sich hinuss, also das solich guot nicht wider hinder sich fallen soll.* Vor der Geburt eines Kindes hat der überlebende Theil nur Leibzucht an dem Nachlass (ebd. §. 57). Ganz ähnlich W. v. Oberuzwil §. 42—44 (Gr. 5, 197). W. v. Wattwil §. 7 (Gr. 5, 199). Brünner SchB. 201.

[17]) Bair. Lndr. 112 (11, 19). Stadtr. v. Bülach 11. Siehe S. 138 f.

[18]) Brünner SchB. 185 f. 201 (s. S. 63). W. v. Wattwil §. 6 (s. S. 70. Vgl. Anm. 16). Zipser Sachsenr. 13 (s. S. 63). Vgl. ebd. 2 (S. 104 u. 128).

[19]) Brünner SchB. 185, verglichen mit 187 (s. S. 62). Vgl. S. 113.

Zweites Kapitel.
Verhältnisse nach Auflösung der Ehe.

§. 21. Deutschen- und Schwabenspiegel. I. Ueber die Stellung des Mannes beim Tode der Frau erfahren wir nicht viel. Die fahrende Habe wird ihm Dsp. 333 zugesprochen, aber die Stelle ist unzuverlässig, weil sie Ssp. III, 76 §. 2 entnommen ist und im Schwsp. fehlt [1]. An der Morgengabe hat die Frau zwar schon während der Ehe Eigenthum [2], aber wir sind nicht darüber unterrichtet, ob sie dieselbe auf ihren Mann oder auf ihre Verwandten vererbt. Ihre Grundstücke müssen den letzteren herausgegeben werden, nur auf die bis zu ihrem Tode verdienten Früchte soll der Mann Anspruch haben [3]. Sind Kinder vorhanden [4], so bleibt das Vermögen bis zum Tode des Vaters, auch wenn er sich wieder verheiratet, ungetheilt [5]; alsdann aber haben die erstehelichen Kinder ein ausschliessliches Erbrecht auf die aus erster Ehe von ihm oder von der Mutter herrührenden Grundstücke, so dass zur Theilung mit ihren Stiefgeschwistern ausser der fahrenden Habe nur diejenigen Grundstücke kommen, welche der Erblasser seit dem Tode seiner ersten Frau erworben hat. Schwsp. 287: *Und nimet der vater ein ander wip, und gewinnet er kint bi ir, und hat er erbe guot zuo ir braht daz er (vor) helte, daz erbent diu erren kint, wan ez e kint sint.* Diese den Kindern erster Ehe vorbehaltenen Güter können ihnen auch durch keine Verfügungen ihres Vaters entzogen oder geschmälert werden, sie sind ihnen verfangen [6], und so bleibt ihm nur die Verfügung über die freien Grundstücke und über die fahrende Habe. Schwsp. 161: *Unde ist, daz ein man wip unde*

---

[1] Vgl. Roth i. d. Jahrb. des gem. deutsch. Rechts 3, 320.

[2] Siehe S. 36.

[3] Dsp. 334 (Schwsp. 149). Vgl. S. 99.

[4] Nur durch Vermittelung nach der Mutter gestorbener Kinder kann er die erstere vollständig beerben. Schwsp. 324. Vgl. Bd. 1, 168.

[5] Grossjährige Söhne haben zwar auf eine Ausstattung, nicht aber auf völlige Auseinandersetzung Anspruch. Siehe S. 12 Anm. 3.

[6] Diesen wichtigen Nachweis verdanken wir Roth, a. a. O. 321 f.

*kint hat, ez sin süne oder tohtera, sin wip stirbet, er nimet ein
andrun, diu gewinnet ein kint oder me, der man gelit' an dem
tode und schaffet siner kinde ding und sinz wibes unde siner sele,
und git sin erbe, daz er bi der erren frouwen hatte, sinen erren
kinden, unde git siner wirtin ir guot wider, unde sins guotes alse
vil als si ze samene kamen (mit gedinge). âne gedinge so teilt er
gelich under wip und under kint, und ie der sele ir teil: also sol
er teilen sin varende guot*[7]).*

II. Die letzte Stelle ist auch für die Rechte der Frau beim
Tode des Mannes von Bedeutung; zwar wird der Nachlass hier
durch den Mann selbst unter Frau und Kinder vertheilt, da er
dies Geschäft aber auf dem Todtbette vornimmt, so darf er nicht
nach Willkür, sondern nur nach den Regeln des gesetzlichen
Erbrechts verfahren[8]). Hiernach empfängt die Frau zunächst
ihre eingebrachten Grundstücke zurück, demnächst erhält sie
was ihr etwa in einer Ehestiftung (als Morgengabe, Widerlegung,
Leibgedinge u. dgl.) ausgesetzt ist, endlich wird die gesamte
Fahrhabe in Ermangelung entgegenstehender Abreden gleichmässig unter die Frau und die Kinder vertheilt. Diese Art der
Theilung der fahrenden Habe wird in andern Stellen genauer
dahin angegeben, dass nur die unberatenen Kinder mit der Mutter
concurrieren[9]), diese also, wenn alle Kinder ausgesteuert sind,
den ganzen Mobiliarnachlass nimmt. Dsp. 8 (Schwsp. 5 a): *Ist
der vater ân geschæfte vervarn, daz er niht geschaffet hat von dem
værndem guote, man sol der sele ein tail geben und dar nach ge-
leichen tail under weib und under chint, deu niht aus geben sint.*
Schwsp. 164: *Lit ein man an sinem tot bete, unde hat siniu kint*

---

[7]) Die Ergänzungen in dieser wie in der vorigen Stelle ergeben sich
aus Schwsp. W. 142 u. 236.

[8]) Vgl. Schwsp. 162: *Ist, daz ein man ein wip hat und kint bi ir hat,
der si vil oder liuzzel, der lit an sinem tode, daz varende guot daz teilet
er mit dem wibe und mit den kinden: mag er mit rehte einem me geben
danne dem andren? Wir sprechen also: an dem tot bette muoz er gelich
teilen.* Vorher kann er einem doppelt so viel geben wie dem andern,
aber nicht mehr. *Unde ververt er âne gescheffede, diu muoter unde die
friunde teiln daz guot alse hie vor gesprochen ist.* Vgl. ebd. 163.

[9]) Vgl. S. 11, wo 162 statt 164 zu lesen ist.

uz gestiuret und sinem wibe niut varendes guotes gegeben: swaz
er varndes guotes hat, daz git er sinem wibe gar, ob er wil, das
tuot er mit rehte, unde der sele ir teil, si sin danne mit gedinge
ze samene kumen [10]). Schwsp. 147 a: *Stirbet einem wibe ir man,*
und belibet si in dem guote ungeteilt mit ir kinden lanc oder kurz:
als si sich scheident, so nimt diu frowe ir morgengabe vor hin
dan; und hat si varnde guot, daz ir man an sinem tode niht ge-
schaffet hat, man sol ez teiln gelich under wip und under kint,
und der sele ir teil; und hat er damit iht geschaffet mit gesundem
libe, daz sol stæte sin.

Es unterliegt keinem Zweifel, dass zu der fahrenden Habe,
welche zur Theilung kommt, auch die von der Frau herrührende,
soweit sie nicht durch Widerlegung Immobiliarrechte erlangt hat,
gehört [11]); dagegen steht es dahin, ob mit den „gleichen" Theilen
Halbtheile oder Kindestheile gemeint sind [12]). Von einem gesetzlichen Anspruch der Witwe auf Grundstücke des Mannes, zu
denen wegen seines Nutzungsrechts auch die erkoberten Immobilien
gerechnet werden müssen, erfahren wir nichts, es lässt sich daher
annehmen, dass ein solcher Anspruch überhaupt nicht existiert [13]),
die Witwe also nur ihre eigenen Grundstücke zurücknimmt, oder,
wenn sie ohne ihre Erlaubniss veräussert waren, auf Kosten der
Erben vindiciert [14]). Aber auch diese sind ihren Kindern aus
dieser Ehe verfangen, denn Schwsp. 287 heisst es 'nach den oben
(S. 156) angeführten Worten: *Daz selbe reht hant ouch diu kint*
an der muoter guote unde an ir erbe [15]).

Auch das Recht des Beisitzes ist unsern Rechtsbüchern bekannt, wenn aber der Dsp. denselben auch in einer zweiten Ehe

---

[10]) Vgl. S. 146. (Gezwungen zur Vertheilung ist der Mann nicht, darum
heisst es: *ob er wil.* Will er aber nicht, so tritt ab intestato ganz dasselbe ein.

[11]) Vgl. S. 110 f. S. 113 Anm. 12.

[12]) Ersteres ist u. a. die Ansicht von Kraut 2, 488. Siegel, Erbr. 149.
Bluntschli, zürch. RG. 1, 284.

[13]) Vgl. Kraut 2, 489 Anm. 18. Hasse, i. d. Zeitschr. f. gesch. RW. 4, 95.

[14]) Siehe S. 120 ff.

[15]) Besser W. 236: *Daz reht hant diu kint ouch an der muoter erbe-*
guote.

fortbestehen lässt, so geschieht dies nur auf Grund des Ssp. III,
76 §. 1, und die Abänderung im Schwsp. ergibt, dass die
wiederheiratende Witwe zur Abtheilung mit den Kindern gezwungen ist [16]).

Während wir nach dem Vorstehenden über die Ansprüche
der Witwe bei beerbter Ehe ziemlich genau unterrichtet sind,
herschen in Betreff der unbeerbten Ehe erhebliche Widersprüche.
Zwar wegen der Grundstücke werden wir von vornherein dieselben Grundsätze wie bei beerbter Ehe annehmen dürfen, nur
dass natürlich keine Verfangenschaft eintritt; was gilt aber von
der fahrenden Habe? Aus zwei Stellen muss man schliessen,
dass sie der Witwe zufalle [17]), die sie ja auch erhält wenn keine
unberatenen Kinder da sind; dem widersprechen nun aber mehrere
Stellen, aus denen sich eine wesentliche Uebereinstimmung mit
den Grundsätzen des Ssp. zu ergeben scheint. Dsp. 26 (Schwsp. 25):
*Swa ein man stirbet, der ein weib let und niht chinde, die erben
suellen zuo der witwen auf daz guot varn uentz ze dem dreizzgistem, durch daz si bewarn, daz des guotes icht verlorn werde.*
Von dem Nachlasse wird zunächst der Gesindelohn entrichtet.
Darnach [18]) *muoz deu vrawe tailen gegen die erben die hofspeiz,
deu nach dem dreizzgistem beleibet.* Es folgt, wenn nötig, die
Entrichtung des Heergewätes an den Dienstherrn des Verstorbenen:
*So sol deu vrowe sein ros gesatelt oder sein pharde, daz peste
daz er hete, und den pesten harnasch den er hete ze seinem leibe,
und sein pestes swert, daz sol er (l. sie) gehen seinem herrn, ob er ein
dienstman waz.* Der Erbe bekommt die Sachen, die uns aus
dem Ssp. unter dem Namen „Heerpfühl" bekannt sind, hier aber
unter einer andern Bezeichnung: *ditz ist ein gemaine hinvart ze
geben.* Offenbar auf dieselben Gegenstände beziehen sich die
Ueberschrift *(von tot leibe)* und die Anfangsworte des folgenden

---

[16]) Schwsp. 147a (s. S. 158). Dsp. 333.

[17]) Schwsp. 165: *Unde stirbet ein man, der âne wip und âne kint ist,
und hat er varnde guot, und hat er da mit niut geschaffet, daz erbent die
nehsten erben, der si einer oder me, und ie der sele ir teil.* Dsp. 18
(Schwsp. 14): *Stirbet einem vater sein chint, und hat er weder chint noch
weip, der vater erbet des sunes guot.* Beide Stellen sind um so bezeichnender, wenn man sie mit Ssp. I, 17 §. 1 vergleicht.

[18]) Von hier an Dsp. 27 (Schwsp. 25 b.).

Artikels (Dsp. 28. Schwsp. 26): *Swa zwen man oder mer zuo
einem toteleib geporn sint, der ellist nimt daz swert vor hin dan,·
daz ander tailent si geleich.* Endlich (Dsp. 29. Schwsp. 26) kommt
auch die Witwe an die Reihe: *Nach dem totleib sol deu frowe ir
morgengabe nemen, und alles daz zuo dem værndem hæret.* Diese
Zugabe zur Morgengabe, *der vrawen værndes guot*, entspricht
wörtlich der sächsischen Gerade, nur der Name fehlt.

Hier sind wir vollständig in die Welt des Ssp. (I, 22—24)
versetzt: wir haben den Musstheil, das Heergewäte und den dazu
gehörigen Heerpfühl, die Morgengabe und die Gerade. Die Abweichungen sind gering, sie betreffen fast nur die Namen, in
denen Dsp. und Schwsp. eine grosse Unsicherheit zeigen [19]);
sachlich beachtenswert ist nur die Abweichung, wonach das
Heergewäte i. e. S. nicht an den Erben, sondern an den Dienstherrn entrichtet wird. In diesem Sinne nämlich war das Heergewäte auch in Süddeutschland bekannt, ebenso wie das Best-
haupt nicht selten eine der Gerade ähnliche Gestalt annahm.
Ausser diesen beiden Beziehungen lassen sich aber nur geringe
Spuren, die an Heergewäte und Gerade erinnern, im schwäbischen
Rechtsgebiete nachweisen. Sie mögen den Verfasser des Dsp.
wie des Schwsp. veranlasst haben, die Bestimmungen des Ssp.
nicht ohne weiteres zu streichen [20]); wenn er sie aber bis auf
die ihm unbekannten Bezeichnungen wörtlich wiederholte, so
liess er sich eine Gedankenlosigkeit zu Schulden kommen, die
um so schlimmer war, als er dabei mit sich selbst in Widerspruch geriet. Nicht bloss, dass wir oben (Anm. 17) Aussprüche
kennen gelernt haben, nach denen bei kinderloser Ehe die Witwe
Eigenthümerin der fahrenden Habe wird, auch mit den so klaren
Grundsätzen bei beerbter Ehe lassen sich die dem Ssp. entnommenen Bestimmungen nicht zusammenreimen. Wollte man

---

[19]) So wenn es an einer andern Stelle (Dsp. 31. Schwsp. 29) heisst:
*Swelch man von ritters art niht enist, der hat des herschiltes niht, der
erbet doch swaz er erben sol, an totleibe, der mag er niht geerben. totleibe
haizzet daz, swaz ein man het von værndem guet und von andern dingen,
den ich hie vor genennet han.*

[20]) Vgl. §. 22 Anm. 3 u. 10. §. 23 Anm. 15. 65f. Ueber den Musstheil
s. §. 23 Anm. 22.

die letzteren für die unbeerbte Ehe massgebend sein lassen [21]),
so würde es doch immerhin eigenthümlich erscheinen, dass bei
dieser eine Theilung nach Kategorien, bei beerbter Ehe dagegen eine Quotentheilung einzutreten hätte. Das wäre in hohem
Grade auffallend, aber doch immer noch nicht unmöglich. Nun
sprechen aber die von uns angefochtenen Stellen gar nicht ausschliesslich von der unbeerbten Ehe, denn Dsp. 28 (Schwsp. 26)
heisst es: *Swa die suene zuo iern jaren niht chomen sint, ir
eltister ebenpuertich nimet die tolleib eine und ist der chinde vogt
dar an . . .; er ist auch der witwen vormunt, die weil si ân
man ist.*

So bleibt nichts übrig, als alle diese Stellen einfach zu
streichen [22]) und sich an die mit ihnen im Widerspruch befindlichen (s. Anm. 17) zu halten, nach welchen bei unbeerbter Ehe
die ganze Fahrhabe der Witwe zufällt.

III. Wird die Ehe wegen eines impedimentum dirimens für
nichtig erklärt, so nimmt die Frau ausser ihrem eigenen Vermögen auch das, was der Mann ihr als Morgengabe, Leibgedinge
oder sonst in gültiger Weise zugewendet hat. Dsp. 24 (Schwsp. 24):
*Wiert ein man mit rechte von seinem weibe geschaiden, und daz
si baiden niht enwizzen, da(z) si bei ein ander ze unrecht sazzen,
si behabet ir selber guot und ir morgengabe und ir leibgedinge,
daz er ir gegeben hat auz seinem aigen* [23]). Die Stelle ist Ssp. I,
21 §. 2 entnommen und um so bezeichnender, als der Frau dort
von dem Vermögen des Mannes nur die Leibzucht, nicht aber
die Morgengabe zugesprochen wird [24]). Zur weiteren Erläuterung
dient Dsp. 331: *Wirt ein weip von ir manne geschaiden mit rechte,
si behaltet doch ir leipgeding . . .; ir værndes guot behabt si und
ir morgengabe. man sol auch ir wider lazzen und wider geben
swaz si zuo ir manne prachte, oder also vil des mannes guotes,
als ir gelobet waz do si ze manne chom.* Hier haben wir Ssp. III,
74 vor uns, nur dass, in demselben Sinne wie oben, statt *noch*

---

[21]) So Hasse, a. a. O. 4, 93. Kraut 2, 487f. Roth, a. a. O. 319.
[22]) Vgl. Siegel, Erbr. 148. 172f. Bluntschli, zürch. RG. 1, 284.
[23]) Ueber die Abweichung des Schwsp. s. S. 137.
[24]) Vgl. S. 36.

nicht der morgengave gelesen wird: *und ir morgengabe*, und statt *ire rade unde ire musdele* ähnlich wie Dsp. 29 (s. S. 160): *ir værndes guot*. Deutlicher ist die Fassung Schwsp. 146 (s. S. 111), wonach die Frau ihre eingebrachten Grundstücke und von ihrer eingebrachten Fahrhabe nimmt so viel noch vorhanden ist, also unter Anerkennung des von dem Manne während der Ehe geübten Veräusserungsrechts. Auf das Mobiliar- und Immobiliarvermögen des Mannes hat sie ohne besondere Abmachungen keinen Anspruch.

Die zweite Stelle scheint nicht wie die erste von der Nullitätserklärung, sondern von der Ehescheidung zu handeln, greift aber wol nur platz, wenn die Frau der unschuldige Theil ist.

§. 22. Das Augsburger Recht.*) I. Bei unbeerbter Ehe bleibt das ganze Vermögen einstweilen in den Händen des überlebenden Ehegatten. Rücksichtlich der Witwe geht dies schon aus dem Privileg des Bischofs Hartmann v. J. 1251 hervor, welches in Betreff der Zinsleute des Stifts verordnete: *Postquam autem decesserit, vestis melior, qua in foro et in ecclesia usus est, . . . persolvatur, nec amplius uxorem vel heredes ipsius volumus pregravari. et si nec uxorem vel heredes habuerit cognatos vel agnatos qui secundum consuetudinem civium succedere debeant. omnia bona que habuerit, mobilia seu immobilia. ad ecclesiam . . . devolvantur*[1]). Ueber sein eigenes Vermögen hat der Ueberlebende natürlich freie Verfügung, soweit er nicht durch das Warterecht seiner Verwandten beschränkt ist. Die eheliche Errungenschaft ist sein freies Eigenthum; an den Erbgütern des Verstorbenen steht ihm aber nur die Leibzucht zu[1a], doch ist ihm in Fällen echter Not auch hier die Veräusserung ohne Zu-

---

*) Wir trennen das Augsburger Recht von den übrigen schwäbischen Quellen theils wegen seiner nahen Verwandtschaft mit Dsp. und Schwsp., theils weil es für sich ein ziemlich vollständiges Bild gibt, das durch die Beimischung anderer Quellen nur verwirrt werden könnte. Zu vergleichen ist die treffliche Skizze von Roth (a. a. O. 3, 336 f.), der ich mich durchweg anschliessen konnte.

[1]) Freyberg, Samml. teutsch. Rechtsalterth. S. X. Vgl. Mon. August. I No. 163 (1288): *uxoris mee et aliorum heredum meorum voluntate*. Ebd. I No. 157 (s. S. 116).

[1a]) Vgl. Mon. August. I No. 424 (1330).

ziehung der Erben des Verstorbenen gestattet[2]). Fr. 91 (W. 248 §. 2): *Stirbet aber der gemœchide einz âne chint, swederz daz ist, unde âne geschœfte, so mak daz ander mit dem aigen, daz von ir ietweders vordern dar ist chomen, niht getun wan ze sine (l. sime) libe unde mit der erben willen, von der vordern ez dar ist chomen, wande niht chinde da ist; ez ensi danne als verre, daz ez notdurft darzu tribe oder getriben habe, daz ez des gutes iht âne worden si oder âne wœrde: swœr daz gut also gewunnen hat, mak der daz bringen mit hantfesten, den ensol noh enmak mit rehte daran niemen fuerbaz irren. gewinnent aber si aigen mit einander, âne daz aigen daz von ir vordern in gœben ist, da tut ir ietwederz wol mit swaz ez wil, unde enmak noh ensol ez niemen daran irren.* Fr. 93 (W. 251 §. 1 a. E. und §. 2): *Wœre aber, daz vater unde muter sturben beidiu âne chint, so suln daz gut erben immer die nœchsten erben unz an die sibenden sippe. Sint aber zwai elute bi einander, unde sterbent beidiu âne chint: swaz den man angevallen ist erbegutes von vater, von muter oder von andern sinen magen, daz vallet hinwider an sinen nehsten mak, ob er mit dem gute vor niht hat getan, unde ez dannoch unverwandelt ist. daz selbe reht hat diu frowe unde ir mage, als davor geschriben stat.* Dabei werden zu den „Erbgütern" nicht bloss Grundstücke, sondern auch ganze Kategorien beweglicher Sachen gerechnet[3]), woraus sich ergibt, dass die übrige fahrende Habe der freien Verfügung des überlebenden Ehegatten unterliegt[4]). Von der Morgengabe wissen wir, dass sie während der Ehe zum vorbehaltenen Frauengute gehört[5]); natürlich tritt darin durch den Tod des Mannes keine Veränderung ein. Dagegen lässt es sich nicht entscheiden, ob der Mann nach dem Tode der Frau an der Morgengabe, soweit sie aus Immobilien besteht, Leibzucht oder Eigenthum hat.

---

[2]) Veräusserung im Notfall ist dem Leibzüchter häufig gestattet, ohne dass die Eigenthumsverhältnisse dadurch berührt würden. Vgl. Gr. 1, 278. 5, 199 §. 45.

[3]) Fr. 92 (W. 251 §. 1). Vgl. Anm. 7. Der Zusammenhang mit den eben angeführten Stellen ergibt, dass dies auch bei kinderloser Ehe gilt. Vielleicht haben wir hier einen der Gründe für die Verirrungen des Dsp. und Schwsp. (s. S. 160) vor uns.

[4]) Vgl. Anm. 13.

[5]) Siehe S. 103.

Das Erbrecht der Ehegatten bei kinderloser Ehe erfuhr schon früh eine wesentliche Erweiterung, denn bereits die von Walch benutzte Hs. v. J. 1373 enthält einen Zusatzartikel (W. 243 §. 1), nach welchem der überlebende Ehegatte auch an den Erbgütern des Verstorbenen Eigenthum erwirbt; nur wenn der Todesfall innerhalb des ersten Ehejahres eintritt[6]), gilt das alte Recht (Leibzucht), das selbst durch letztwillige Verfügungen nicht entzogen werden kann, also das Minimum dessen enthält, worauf der überlebende Ehegatte Anspruch hat: *Wo sich ehlent gesament, stirbet der eins, eh jahr und tak fuerkomt: mit welchem geding die zesamen kommen sind, das soll stet sein. wœr aber, das jahr und tag fuerkam, und dass dann eintweders sturb aun erben: was das dem andren lat, das ist sein, man gewinne es ihm den ab inner jahr und inner tag mit briefen oder mit gedinge. lat aber man es ungerechtfertiget jar und tag nach sinen gemœchts tod, (es) si frau oder mann, sturb denn dasselb, des erben mag nieman gerechtfertigen. wurd aber ihm anbehabt, dass das gut wider heimfallen soll nach seines gemœchtes tod, so soll es jenes haben, diewil es lebt, es sei frau oder mann. wenn es denn nit en ist, so soll es hinwider fallen an die rechten erben von den es herkommen ist.* Weiter finden wir noch die Bestimmung, dass dies erweiterte Erbrecht der Ehegatten auch durch Wiederverheiratung nicht beeinträchtigt wird: *Gesament sich auch ein witwe und ein witwer die nicht kind hant, das soll stan in demselben recht.*

II. Bei beerbter Ehe ist zunächst der Beisitz des überlebenden Elterntheils mit den Kindern hervorzuheben. Der Vater hat die freie Verfügung über Lehn und fahrende Habe, soweit die letztere nicht zu den Immobilien gerechnet wird[7]). Die

---

[6]) Vgl. S. 154.

[7]) Siehe Anm. 3. Für diese können die Kinder Sicherheitsbestellung verlangen. Fr. 93 (W. 251 §. 4): *Ist, daz sich zwai elute gesament, unde stirbent der einz, swederz daz ist, unde lat dem andern chint, sint diu chint zir tagen chomen unde sprœchent nah sogtam erbegute, daz in ir vater gelazzen hat oder ir muter, daz sin bette, chezzel oder hœfer, oder swas erbegutes ist als davor geschriben stat, das sol der vater oder diu muter gœgen, waz duz si, unde sol man den erben daz gewis tun, das des gutes den chinden unde den erben iht miner wœrde, die wil vater oder*

Grundstücke dagegen (und zwar sowol seine eigenen wie die seiner Frau) sind dén Kindern verfangen [7a] und können nur mit ihrer oder ihrer Freunde (eventuell des Stadtrats) Einwilligung veräussert werden. Fr. 87 (W. 241): *Ist, daz ein frowe stirbet, unde lat ir wirte varnde gut, aigen oder lehen, mit dem varnden gute unde mit den lehen mag er wol tun gen sinen chinden, als in sin triwe leret unde er sinen chinden gebunden ist, wan ez hinze sinen triwen stat.* Fr. 87 (W. 242 §. 1): *Ist, daz zwai gemæchide chint mit einander hant, unde daz der einz stirbet, ist daz di frowe, unde lat ir wirte chint unde arbeit, wil der fuerbaz sin dinch niht verændern mit keiner e, hat er niht varndes gutes damit er sich unde siniu chint gefueren unde gehelfen muge, unde hat aigen, des mag er den chinden niht áne wærden áne gemeiner friunde rat.* Fr. 89 (W. 243 §. 2): *Swa zwai gemæchide sint, unde der einz enist, unde dem andern chint unde arbeite lat, unde diu chint niht geborner friunde hant: der vater mak den chinden weder eigen, noh erbegut, noh erbelehen, noh zinslehen niht áne wærden, sie wæren danne zir tagen komen, daz ez mit ir willen geschæhe. swelh vater ez daruber tut, daz hat cheine kraft, unde swenne diu chint zir tagen choment, so spræchent si mit rehte wol dar nach.* Fr. 93 (W. 251 §. 3): *Stirbet einem man sin husfrowe, oder einer frowen ir wirt, unde hant diu chint, unde lant den aigen, erbelehen, zinslehen, unde niht varndes gutes, der dewederz mak den chinten cheinen schaden an dem vorgenanten gute getun . . ., wande mit gemeiner friunde rate, ob si da sint. sint si da niht, dannoch mag ir dewederz nit getun, áne mit der ratgæben rate, die ze den ziten ratgæben sint.* Die Hs. v. 1373 fügt hinzu: *hat aber er varend gut und lehen, da mag er wol mit getun das er will, als davor geschrieben steht.* Endlich ist noch anzuführen W. 254 [8]): *Ist auch, das ein gemæcht das ander verlebt, so mag*

---

muter læbt, wæren aber diu chint zir tagen niht chomen, swer danne der chinde phlæger ist, oder ir næhster mak, der mak daz mit rehte wol vordern.

[7a]) Sind die Kinder theils ausgesteuert, theils noch zu Hause, so gilt die Verfangenschaft in der Regel nur zu Gunsten der letzteren. Siehe Anm. 16.

[8]) Den Anfang dieser Stelle s. S. 115 Anm. 19.

das ander nichts verkaufen noch versezen, wan mit der kind wort, ob sie ze iren tagen kommen sind, oder mit ihr gewiser pfleger, und den kinden ze gut.

Diese Verhältnisse werden nun auch durch Wieder- verheiratung des Witwers nicht verändert. Die freie Verfügung über Lehn und fahrende Habe behält er, alles übrige bleibt den Kindern aus erster Ehe verfangen[9] und fällt ihnen beim Tode des Vaters mit Ausschluss ihrer Geschwister aus zweiter Ehe zu[10].

Die Stellung der beisitzenden Witwe ist von der des Witwers nur darin verschieden[11], dass sie über die fahrende Habe unter Lebenden zwar frei verfügen, letztwillig aber nur über einen Theil derselben disponieren kann. Fr. 89 (W. 244): *Ist auh, daz diu frowe witewe belibet unz an ir tot, unde bi ir gesundem libe ir sele dinch schaffen wil, diu mak wol bi ir gesundem libe oder an dem totbette schaffen unde gæben durh ir sele willen swaz si versnitens gewandes hat daz si anhœret, unde darzu daz zæhende tail irs varnden gutes. ist aber varndes gutes da niht, so hat si cheinen gewalt ander ir gut ze gæbenne durh ir sele willen, âne der erben wort.* Der Beisitz der Mutter erlischt mit Eingehung einer zweiten Ehe. Fr. 89 (W. 243 §. 3): *Ist auh, daz einer frowen ir wirt stirbet, als davor geschriben stat umbe den man, unde lat ir der chint, daz sin sune oder tœhter, unde lat ir*

---

[9] Fr. 88 (W. 242 §. 2): *Ist, daz einem man sin wirtin stirbet, unde im chint lat, unde daz der sin dinch verændert mit der e, der mak mit sinem varnden gute unde mit sinen lehen wol tun gen der frowen als in sin triwe lert gen den erren chinden. ist aber aigen da, oder erbegut oder zinslehen, da mag er den erren chinden cheinen schaden fuerbaz ane getun, wande mit gemeiner friunde rate, durh chein sin notdurft.* Dies gilt nach dem unmittelbar folgenden Artikel (W. 242 §. 3) auch ausgesteuerten Kindern erster Ehe gegenüber.

[10] Fr. 92 (W. 251 §. 1): *Daz erbegut als davor geschriben stat, daz suln erben suene unde tœhter die von vater unde von muter rehtiu genoister- gide sint; âne harnasch unde âne swært unde âne geschuetze, das erbent die suene vor uz.* Hier wird also zu Gunsten der Söhne das Heergewäte ausgeschieden. Vgl. S. 160.

[11] Vgl. W. 251 §. 3 (s. S. 165) und §. 4 (s. Anm. 7).

chinden [12]) *varnde gut, aigen, erbegut, erbelehen oder zinslehen, ist, daz diu frowe niht mannes næmen wil unde ein wilewe sin wil, diu mak wol irre (l. irer) chinde getriwer phlœger sin an allen dem gute als davor geschriben stat* [12a]). Die Auseinandersetzung mit den Kindern erfolgt in der Weise, dass diese zwei Drittel des ganzen Mobiliar- wie Immobiliarvermögens erhalten und die Witwe nur ein Drittel in die zweite Ehe mitnimmt, und zwar ihren Antheil an der fahrenden Habe als Eigenthum, während ihr Immobiliarantheil den erstehelichen Kindern verfangen bleibt. Fr. 90 (W. 245): *Wil aber die frowe einen man næmen, dem mak si wol geben* [13]) *daz dritteil ir varnden gutes unde daz dritteil quelle an eigen, an erbegute, an erbelehen, an zinslehen, daz daz ir wirt mit ir nieze, die wile si læbt. unde als si en ist, su vallet daz aigen unde erbegut, daz erbelehen unde daz zinslehen iriu chint wider an.* Die Hs. v. 1373 fügt hinzu: *und was die kind denn anfallet, das sind die zwei theil des guts, als davor geschriben ist, des sollen sin pflegen der kind nechsten vater mage, ob sie da sind; sind sie da nit, so sollen sin pflegen die nechsten mutter mage.*

Ob der Vater, wenn er sich wieder verheiraten und mit den Kindern erster Ehe abtheilen will (wozu er, wie wir sahen, nicht gezwungen werden kann), nach denselben oder nach andern Grundsätzen theilt, erfahren wir nicht; am wahrscheinlichsten ist wol die durch die Analogie schweizerischer Weisthümer unterstützte Annahme, dass den Kindern nur ein Drittel, ihm dagegen zwei Drittel zufallen. Dass er überhaupt das Theilrecht hat, lässt sich nicht bezweifeln [14]).

Ausser dem Falle der Wiederverheiratung kommt das Theilrecht nur in beschränkter Anwendung vor, wenn sich nämlich der beisitzende Elterntheil zur Bestreitung der häuslichen Bedürfnisse oder zur Ausstattung eines Kindes genötigt sieht, den

---

[12]) W. *ihr und ihren kinden.*

[12a]) Vgl. Mon. August. I No. 297 (1312). 250 (1302).

[13]) d. h. als Heimsteuer zubringen. Die zugebrachte fahrende Habe verbleibt dem Manne, die Grundstücke muss er nach dem Tode der Frau sofort an seine Stiefkinder herausgeben.

[14]) Siehe die folgende Anmerkung.

gemeinschaftlichen Grundbesitz anzugreifen [15]). Fr. 93 (W. 251
§. 5): *Ist auch, daz zwai elute sich gesament, unde einz stirbet
unde lat dem andern chint, ... ist eigen da, des mugent diu chint,
den da geholfen ist, vater oder muter niht geirren, ern helfe den
chinden (den du nit geholfen ist) mit dem aigen [16]); fueget aber
im daz, daz er den chinden mit phenningen baz gehelfen mak danne
mit dem aigen, wande man des aigens danne niht wol geteiln mak,
so mag er daz aigen wol hingæben unde den chinden damit helfen,
nah friunde rate. ist auch, daz niht anders gutes da ist, wande
daz selbe aigen als davor geschrieben ist, so mak der vater oder
diu muter daz eigen wol verkaufen nah friunde rate, unde nimt
sinen gelichen teil mit den chinden, also daz im als vil wærde als
ieglichem chinde.* Ganz ebenso ist der Vorgang, wenn zur Be-
friedigung dringender Lebensbedürfnisse Grundstücke veräussert
werden [17]). In beiden Fällen haben wir es unter Umständen nur
mit einer partiellen Theilung zu thun: nur der aus dem Verkaufe des Grundstücks gelöste Preis wird nach Köpfen vertheilt,
die von dem Verkaufe nicht berührten Grundstücke bleiben nach
wie vor in der Gemeinschaft und den Kindern verfangen. Der
dem Vater oder der Mutter zugefallene Theil des Kaufpreises
wird freies Eigenthum, die Kinder haben auf denselben nur gewöhnliche Erb-, nicht aber Verfangenschaftsansprüche [18]).

III. Ueber die Ehescheidung sind wir durch Fr. 102 (W. 289
§. 1. 293) unterrichtet. Danach erhält die Frau unter allen Um-

---

[15]) Fr. 93 (W. 251 §. 3) lauten die oben (S. 165) ausgelassenen Worte:
*swederz sin dinch verændern wolte mit der e, oder durh notdurft ir libes
oder sust wolte æne wærden.*

[16]) Siehe Anm. 7 a.

[17]) So heisst es Fr. 89 (W. 242 §. 1) im Anschluss an die S. 165 mitgetheilten Worte: *die suln den chinden hindane scheiden, daz si von ir
aigen iht gescheiden wærden, unde swaz im (dem Vater) danne gevalle,
daz er sich damit bege, so er beste muge.*

[18]) Dies ergibt sich aus der in der vorigen Anmerkung angeführten
Stelle, deren Schlussworte lauten: *Wær aber, daz der vater daruber sturbe,
unde er sin dinch niht verændert hete, swaz des gutes dannoch da wære,
das solten diu chint erben.* In der Beerbung der Kinder steht der Vater,
sobald sie *von dem vater gescheiden wærdent*, hinter ihren Geschwistern
zurück.

ständen ihre (unbewegliche) Heimsteuer und von der fahrenden
Habe die eingebrachten Kleinodien zurück [19]), die Morgengabe
verliert der schuldige Theil [20]).

§. 23. Das schwäbisch-alemannische Recht. I. Bei
unbeerbtem Tode eines der Ehegatten fiel ursprünglich das bisher
geeinte Vermögen einfach auseinander und der überlebende Theil
konnte auf das Vermögen des verstorbenen nur auf Grund besonderer Zuwendungen Anspruch erheben. Dieser Standpunkt
ist jetzt allgemein aufgegeben, nur für das erste Jahr der Ehe
hat man ihn hier und da festgehalten. In letzterer Beziehung [1])
ist namentlich der Fischenthaler Hofrodel v. 1511 §. 15—17 bemerkenswert [2]): *Wenn ein frou bi irem eman nach elichem rechten
gewesen ist ein ganz jar sechs wuchen und dri tag, und darnach,
wenn ir man abgat, si nach irs mans tod ôn man ist ein ganz
jar sechs wuchen und dri tag [3]), die frou hat dann ir erecht besessen, und sol iro das gelangen nach irs hofs recht. ist aber, das
darin gebristet vor oder nach, also ob der man ee stirpt ee das
si ein jar u. s. w. bi im gewesen ist, oder ob si sich nach sinen
tod ee endert und einen andern man nimpt ee das sich ein jar u. s. w.
erloufend, so hat si ir erecht nit besessen, und sol ir ouch nit
gelangen. §. 16: Wenn ein hofman bi sinem weib nach elichem
rechten gewesen ist ein ganz jar u. s. w., so hat er sin erecht besessen, und ist im gefallen, und schadet im daran nütz wie bald*

---

[19]) Siehe S. 15 Anm. 11.

[20]) *Wærdent diu gescheiden vor geistlichem gerihte, als reht ist, ist,
daz diu frowe daz verworht hat, unde von ir schulden dar ist chomen,
unde daz mit rehter gewizzen dar wirt braht, daz diu schulde ir ist, so
hat si ir morgengabe verlorn. daz ist reht. ist aber, daz si gescheiden
wærdent von einander unde daz diu schulde des mannes ist unde niht der
frowen . . ., daz schadet der frowen an ir morgengabe niht, unde hat ir
morgengabe davon niht verlorn, si sule si han, unde sol si niemen daran
irren.*

[1]) Vgl. S. 154.

[2]) Pestalutz, Statute des Kantons Zürich 2, 82. Vgl. Bluntschli, zürch.
RG. 1, 288 f.

[3]) Vgl. W. v. Gryfenberg von 1475 §. 15 (Schauberg 1, 54): *Dass ein
frau, so si iren eeman überlebt, ir eerecht ein jar sechs wuchen und drei
tag mag besizen ohne argen lümbden.* Siehe auch Anm. 76.

er nach sins wibs tod ein ander wib nimpt. §. 17: *Stirbt ein man,
ee das sin wib ir errcht besessen hat, oder ob si sich nach sinem
tod als bald endert mit einem andern man, ee das si ir erecht
besiczt, so sol si nemen ir morgengab und verschroten gwand und
ir gut das si dar pracht hat, und söllend damit des mans erben
fürbas von ir unbekümbert sin.*

Regelmässig hat jetzt der überlebende Ehegatte auch an
dem Vermögen des verstorbenen einen gewissen Antheil, der
sein „Eherecht" oder „Erbrecht" genannt wird [4]); dieser Antheil
wird übrigens als eine Vergünstigung angesehen, auf die auch
verzichtet werden kann, wenn der Ueberlebende es vorzieht einfach sein Sondervermögen zurückzunehmen [5]). Im einzelnen ist
dies Eherecht sehr verschieden gestaltet, indem es sich bald nur
auf die Hinterlassenschaft, bald auf das beiderseitige Vermögen
der Ehegatten bezieht, bald das Ganze, bald nur eine grössere
oder geringere Quote umfasst, bald beiden Ehegatten gleichmässig, bald der Frau in geringerem Umfange als dem Manne
zusteht. Besonders sind aber diejenigen Verschiedenheiten zu
berücksichtigen, welche hervortreten, jenachdem es sich um
fahrende Habe, um die Errungenschaft oder um eingebrachte und
ererbte Liegenschaften handelt.

a. Das Eherecht an der fahrenden Habe ist ganz allgemein
anerkannt. Nach dem Stadtrecht von Winterthur III §. 12 besteht dies darin, dass die Witwe, und natürlich auch der Witwer,
die ganze fahrende Habe erhält: *das aines ieklichen burgers wip
erben sol nach ir mannes tode alles sine varend gut.* Dieser Grundsatz begegnet in zahlreichen schweizerischen Rechtsquellen [6]),

---

[4]) Landb. d. March v. 1427 §. 7 (s. Anm. 9). W. v. Altorf v. 1439
§. 37 f. (Gr. 1, 14). W. v. Stäfa §. 14 (Gr. 1, 46). W. v. Wangen §. 3
(Gr. 4, 352). Landr. v. Wildenhaus §. 1 (Gr. 5, 202). Landr. v. Wattwil
§. 2 (Gr. 5, 198). W. v. Küssnacht §. 2 (s. Anm. 14). Vgl. Blumer 1,
490. 495.

[5]) Die Quellen berühren dies Wahlrecht nur bei dem Falle, der in
der Praxis allerdings der einzig vorkommende gewesen sein dürfte, dass
die Witwe verzichtet, weil sie die Schulden des Mannes nicht übernehmen
will. Davon unten §. 28. Vgl. Blumer 1, 497.

[6]) W. v. Rheinau §. 12. W. v. Oberuzwil §. 42. Erbr. v. Altstetten
§. 6. Landr. v. Wattwil §. 2 f. Landr. v. Thurthal. Siehe Anm. 25. 40.

häufig finden wir ihn aber dahin modificiert, dass nur der Mann
die ganze Fahrhabe nimmt, die Frau dagegen sich mit einer
Quote derselben begnügen muss. So ist nach dem W. v. Altorf
der Mann schon während der Ehe Eigenthümer der gesamten
Fahrhabe [1]): *stirbt aber der man vor dem wib, wil denn die frou,
so mag si erben die varenden hab halb ze eigen* [8]). Noch gewöhnlicher ist es, dass der Frau nur ein Drittel zukommt, den Erben
des Mannes also zwei Drittel herausgegeben werden müssen [9]).

---

[1]) Siehe S. 112 oben.

[8]) W. v. Altorf §. 38 (Gr. 1, 14).

[9]) W. v. Stäfa §. 14: *Wer aber, das ein man abgat vor der frowen,
so ist der frowen gefallen ein dritteil als sins farentz gut(z) und ir verschrotten gewand.* §. 15: *Und wer, das ein frou abgieng vor ir mann,
was farentz guot ein frou hat, wie es si ankomen ist, das si eins manns
eigen* (Gr. 1, 46). W. v. Binzikon v. 1435 §. 15: *Und stirbt sie vor dem
man ab, so erbt der mann iro alles varend gut. were aber, dass der mann
vor der frowen absturbe, so sol die frau des ersten nemen ir verschrotten
gwand und iro heimstür, was sie zu irem mann bracht hat, das seie ligend
oder varend gut, nüzit ussgenommen, auch iro morgengab, als ver das
alles vorhanden ist und sie das zeigen kan und mit iro eid kundbar
macht. darzu so sol man iro auch ussweisen den dritten theil in varendem
gut, was iro mann hinder im lasst* (Gr. 4, 274). W. v. Gryfenberg v. 1475
§. 13 (Schauberg 1, 54): *Ein frau, so die iren ehomann überlebt, deren
soll vor allen gelten werden ir morgengab und ir zubracht gut, und darzu
der dritt theil in der varenden hab . . . Die frau mag ir morgengab behalten mit ir eid, wo sie die zeigt, sie mag auch ir heimstür und verschrotten gwand vor uss und vor ab hin nemen, so ver es verhanden ist.
und ob auch ein mann sin chefrau überlebte, so ist alles ir varent gut sin
eigen gut, und wass sie ligend gut hat, ist sin libding.* W. v. Pfäffikon
§. 11: `Gienge da die frou ab . . ., so wäre dem man gefallen waz si
farendz guot hetti, oder da wär denn ein anders bedinget. ouch sprächen
wir, daz die frou ouch die recht heigi, gienge der man ab . . ., so sol die
frou erben ir verschrotten gewand, und waz si dar bracht hat, und das
bettgewand daran si ze samen nider solten, und ein dritteil des farenden
guotz* (Gr. 4, 345). Landb. d. March §. 7: *So wär der frowen ir erbrecht
als gefallen, das ist ein tritteil des varenden guotz was ein man hat, und
sin verschrotten gewand suo ir heimstür, kan si es gezeigen unverändret.
und sol die frou den ir heimstür und ir morgengab zeigen und eroffnen
nach lantzrecht, als umb ander erb und eigen . . . . Wen ein frou stirbt
vor ir man än liberben, so ist eim man gefallen als ir farend guot das
si hat, und ir verschrotten gewand.* Siehe ebd. 21. 35. W. v. Appenzell
(Gr. 1, 190). Nach dem Stadtr. v. Bülach §. 4 (Schauberg 1, 88) erhält die
Witwe eines Gewerbetreibenden die ganze Fahrhabe, die eines andern Mannes
nur *einen dritteil sins verlassenen varendens guots.* — Vgl. Blumer 1, 50. 490.

Dieser Umstand mag da, wo die Drittelstheilung Eingang ge-
funden hatte, zuweilen Veranlassung gegeben haben, nun auch
das Recht des überlebenden Mannes zu beschränken und ihm
nur die zwei Drittel der fahrenden Habe einzuräumen, welche,
wenn sie ihn überlebte, die Frau seinen Erben zu entrichten
hatte. So heisst es in dem W. v. Dornheim im Schwarzwalde
v. J. 1417: *Wa ain aigen man ain zinserin nimpt, stirbt der, so
nimpt man von im die zwentail an varndem guot, und gät der
val an den tail. stirbt aber dieselb czinserin, so nimpt man den
drittail des varenden guotz*[10]). Dieselbe Art der Theilung findet
sich auch in der Schweiz, und zwar in dem W. v. Wiesendangen
v. 1473[11]) und in dem Landr. v. Ragatz v. 1482[12]), während
das W. v. Wangen §. 3, um die Frau nicht gegen den Mann
zurückzusetzen, ganz allgemein dem überlebenden Theil zuerkennt *zwen theil aller varenden hab so si heint*[13]). Dieselbe
Anerkennung der Gleichberechtigung beider Geschlechter hat in
einigen schweizerischen Gegenden zur Halbtheilung geführt[14]).

---

[10]) Gr. 1, 377. Hierher gehört auch wol das W. v. Winkel v. 1417:
*Lasset er aber nit liberben . . ., so erbt der lantgraf für die kind, doch
erbt dann ein frou in der varenden hab ein drittail* (Gr. 1, 87).

[11]) §. 13: *Gat aber ain gotzhusman ab . . ., so nimpt ein her zwentail
der farenden hab.* §. 14: *Gat ain gotzhus froe ab ône liberben . . ., so
nimpt ain her den drittail der farenden hab* (Gr. 1, 141).

[12]) *Umb farend guot, weders joch das bracht hat, so soll doch dem
man oder seinen erben die zwen theil erfolgen und werden, und der
frouwen oder iren erben der trittheil.* Vgl. Anm. 26 und 27.

[13]) Gr. 4. 352.

[14]) In einer Urk. des Deutschhauses zu Hizkirch v. 1285 (Geschichtsfreund 20, 309) heisst es von einem Manne, dem die Ordensbrüder ein
Grundstück geliehen haben: *daz er ez haben sol unt niessen die wile er
lebe, und sol enkens sin erbe daz nach ime han. gewinnet er ouch kint bi
siner elichen wirtin, du sullen erben sin varnde guot allez; unt sin wirtin
halbez und die broder daz halbe, ob er än kint stirbet.* St. Galler Hand-
feste v. 1291 §. 6 (Gengler, Stadtr. 409): *und hat er ein wib, und stirbet
er ône libes erben, und lat er varendez guot, so sol . . . der abbet danne
des übrigen varenden guotis nemen den halben teil und daz wip den andern.*
W. v. Küssnacht §. 1: *Dis ist von des eerechts wegen: wo zwei eemenschen
sind, und eis daz ander über lept, da nimpt es das varend gut halbs für
lidig eigen vor allen gelten . . . §. 2: Item, waz pluomas kumpt under
das tach, do mag man in ee rechten, es si denn ein frou oder ein man*
(Gr. 4, 357). Vgl. S. 147 und Anm. 28. 29. 40 a. E.

In der Regel wird da, wo die fahrende Habe zwischen dem
überlebenden Ehegatten und den Erben oder der Herschaft des
verstorbenen getheilt wird, nicht das ganze Mobiliarvermögen
zur Theilung gezogen, sondern es kommen gewisse Gegenstände,
z. B. das Ehebett und die verschnittenen Gewänder, dem Witwer
oder der Witwe als Voraus zu[15]). Abgesehen von diesem Punkte,
für den sich schon in der Lex Alamannorum eine Anknüpfung
findet[16]), entsteht für uns die wichtige Frage, ob bloss die Fahrhabe des verstorbenen oder zugleich die des überlebenden Ehegatten zur Theilung gelangt, ob wir es also nur mit einem erbrechtlichen Anspruch oder mit einer wirklichen Mobiliargemeinschaft zu thun haben, wie wir sie in den Quellen anerkannt
sehen welche dem überlebenden Ehegatten oder doch dem überlebenden Manne die ganze Fahrhabe überlassen. Einige Weisthümer[17]) nehmen den ersten, das Landr. v. Ragatz (Anm. 12)

---

[15]) Siehe Anm. 9. 17. 46. Das oben (S. 172) angezogene W. v. Wangen
bewilligt dem überlebenden Ehegatten als Voraus *als verschroten gewand,
und das bettgewand [so] daruf si die ersten nacht bi im lit, oder das
hindrost, der mag si nemen weders si wil.* W. v. Pfeffingen im
Oberelsass §. 25: *So einem biderman sin wib stirbet, das bett un die
kleider, so si hatt do er si sü der ee nam, bliben dem man.* Der Voraus
des Witwers geht zuweilen durch Wiederverheiratung verloren, es gilt
das Sprichwort: *Wenn denn das wib vornan in gat, so soll das bett hinden
usgon.* Siehe Gr. 4, 482 §. 3. 492 §. 51. 5, 108. W. v. Dornheim v. 1417:
*än versnitten tuoch und än ain bette, das belibt ir man unts an sin tot,
oder unts er sich verendert* (Gr. 1, 377). — Dieser Voraus mag den Verfasser des Dsp. und Schwsp. verführt haben die Gerade als einen Zuschuss
zu der Morgengabe darzustellen. Siehe S. 160.

[16]) Siehe Bd. 1, 144 Anm. 3.

[17]) Nämlich das W. v. Binzikon, das W. v. Stäfa und vielleicht das
W. v. Gryfenberg. Siehe die Anm. 9 angeführten Stellen und dazu W.
v. Stäfa §. 15: *Nach des manns tod nimpt die frou die erst pettstatt alder
die hinderst, weders die frou wil, die sin ist und da si uf gelegen sind,
und nimpt ir heimstür, die si zuo einem mann bracht hat alder ir worden
ist von den iren, ist es verhand, uf dem da ers ira gesetzet hat, ligentz
alder farentz, alder wa si es zeigen kan und das darf behaben bi den
heiligen, dabi sol man si lan beliben.* Eigenthümlich ist das W. v. Küssnacht. Indem es den Mann zur Widerlegung der Heimsteuer verpflichtet
(s. S. 77 Anm. 6), gleichwol aber beim Tode der Frau Herausgabe der
halben Fahrhabe an ihre Erben verlangt (s. Anm. 14), stellt es sich auf
den Standpunkt der Mobiliargemeinschaft; stirbt aber der Mann, so soll

und das W. v. Wangen (S. 172) aber noch entschiedener den
zweiten Standpunkt ein. Die übrigen Quellen sprechen theils
schlechtweg von der Theilung der fahrenden Habe[18]), und dies
scheint für Gütergemeinschaft zu sprechen, — theils weisen sie
der Witwe einen Antheil an der Fahrhabe des Mannes zu[19]),
und dies könnte den erbrechtlichen Charakter ihres Anspruchs
andeuten; erwägt man aber die freie Verfügungsgewalt des
Mannes über die gesamte Fahrhabe, als deren Eigenthümer er
geradezu angesehen wird[20]), so kann man es nur natürlich finden,
wenn sie auch bei seinem Tode als ganz von ihm herrührend,
von ihm hinterlassen bezeichnet wird. In der That lässt sich
bei jener unbeschränkten Disposition des Mannes und den
mannigfaltigen Veränderungen, denen die fahrende Habe während
der Ehe ausgesetzt ist, eine Auseinandersetzung in Betreff derselben kaum anders denken, als indem entweder das Mobiliarvermögen der Frau nach Art der sächsischen Gerade als ver-
tretbare Sache behandelt, oder die ganze Fahrhabe auch jetzt
noch als einheitliche Masse angesehen und dem überlebenden
Ehegatten ganz überlassen oder zwischen ihm und den Erben
des verstorbenen getheilt wird; da aber der erstere Ausweg dem
schwäbischen Recht unbekannt ist, so bleibt nur der zweite.
Will die Frau sich ihre eingebrachten Mobilien versichern lassen,
so kann dies im Wege der Widerlegung (§. 12) geschehen, und
dann bezieht sich die Theilung natürlich nur auf die Mobilien
des Mannes, ihre eigenen nimmt sie vorweg. So bestimmt auch
das Landb. d. March §. 7 (Anm. 9), dass die Frau vor der Fahrhabe ihre Heimsteuer *zeigen und eroffnen* solle *als umb ander*

die Frau ihr Eingebrachtes nicht einbüssen, entweder ist es ihr, wie das
Gesetz verlangt, sichergestellt, oder die Erben müssen es ihr so herausgeben, bevor es zur Theilung kommt. §. 4: *Item und ob einer frowen
nit gesetz wurd, und verliederlichet wurd, und waz si denn zu dem man
hat bracht, und daz mit guter kuntschaft an tag mag bringen, das sol
man ir nach des mans tod usrichten, oder ira aber darum setzen.* Vgl.
Anm. 21.

[18]) W. v. Altorf (S. 171), Pfäffikon (Anm. 9), Dornheim (S. 172).
S. Anm. 10. 11.

[19]) Siehe die Anm. 9 angeführten Stellen aus dem Landb. d. March
und dem Stadtr. v. Bülach. Siehe auch Anm. 14.

[20]) Vgl. S. 110f.

erb und eigen; was sic nicht auf diese Art nachweisen kann, d. h. was nicht in Liegenschaften besteht oder durch Widerlegung Immobiliarrechte erlangt hat, fällt demnach in die Theilung [21]). Dass die letztere sich auf die beiderseitige Fahrhabe bezieht, folgt auch aus dem Umstande, dass der Witwer die bis zum Tode seiner Frau gezogenen Früchte, die doch unter sein Nutzungsrecht fallen, zur Theilung bringen muss: *Waz pluomas kumpt under das tach, do may man in ee rechten, es si denn ein frou oder ein man* [22]). Ueberhaupt wird die Annahme einer Mobiliargemeinschaft durch die aus dem folgenden sich ergebende völlig gleichartige Behandlung der Errungenschaft erheblich unterstützt.

b. Die eheliche Errungenschaft, so weit sie aus beweglichen Sachen besteht, unterliegt denselben Grundsätzen wie die übrige fahrende Habe [23]), hier können demnach nur noch die erworbenen Liegenschaften in Betracht kommen. Das Stadtrecht von Winterthur III §. 18 behandelt die Errungenschaft ebenso wie die fahrende Habe, d. h. es überlässt dieselbe dem überlebenden Ehegatten zu Eigenthum: *Ist aber, das sü dne lip erben sint, sweders denne under inen stirbet, so sol daz ander daz aigen erben, daz sü mit (ain) anderen gekofet hant, und tuon swar es wil* [24]). Ebenso verhalten sich das W. v. Oberuzwil und die Landrechte von Wattwil und Thurthal [25]). Auch das Landr. v. Ragatz v. 1482

---

[21]) Aehnlich wol auch das W. v. Pfäffikon (Anm. 9). Vielleicht sind selbst die Weissthümer von Binzikon und von Stäfa in diesem Sinne zu verstehen. Vgl. Anm. 17.

[22]) W. v. Küssnacht §. 2 (vgl. Anm. 14). Der umgekehrte Fall, wenn die Witwe Früchte von ihren Liegenschaften in die Masse einwerfen muss, kann zur Entscheidung unserer Frage nichts beitragen. Diesen Fall hat das Landb. der March §. 35 im Auge. Uebrigens hat die Theilung der Feldfrüchte vielleicht die Aufnahme des sächsischen Musstheils in den Dsp. und Schwsp. veranlasst. Siehe S. 160.

[23]) Siehe Anm. 22.

[24]) Siehe S. 170. Gleichlautend ist das Stadtr. v. Bülach §. 9. Vgl. Bluntschli 1, 286.

[25]) Siehe Anm. 6. W. v. Oberuzwil §. 43: *Und ob si so lang bi enander wärint, das si guot bi enander gwunnint ald erkoftint, es wär ligend oder varend guot, das sol ietweders von dem andren erben für aigen*

theilt die Errungenschaft nach denselben Grundsätzen wie die
fahrende Habe, der Mann oder sein Erbe erhält zwei, die Frau
oder ihr Erbe ein Drittel: *Wer auch sach, dass zwei ehemenschen
bei ein andern richetend, guot kaufend ligends oder farends, dass
soll auch allweg der man oder sein erben die zwen theil inziehen
und nemen, und die frau oder ire erben den trittheil*[26]). Dieselbe
Art der Theilung der Errungenschaft findet sich auch in dem
badischen Dorfrecht v. Schöllbronn v. 1485 §. 57, und zwar wie
in dem Landr. v. Wattwil (Anm. 25) mit der Ausdehnung auf die
während der Ehe crerbten Güter: *Aber das guot, so sie bi einander
hererbt oder sust herobert hound, fallen die zwen teil solches guets
des manns nechsten erben, und der dritteil der frowen nechsten
erben. das ist ouch von alter also herkomen, und herkennt ein gericht
das zu recht*[27]). Das W. v. Pfronten im baierischen Schwaben v.
J. 1459 ordnet Halbtheilung an[28], lässt es aber dahingestellt, ob
dieselbe schon bei dem Tode des einen Ehegatten oder erst nach
dem Abgange des Ueberlebenden eintreten solle. Letzteres ist
nach dem eben angeführten Dorfr. v. Schöllbronn und nach dem
W. v. Säckingen v. 1428 der Fall, welches dem Ueberlebenden
Eigenthum an der einen, Leibzucht an der andern Hälfte zugesteht[29]): *Kofent aber zwei chliche gemecht güter mit einander . . .,
stirbt aber eins, und si nit kind hant, so het ez daz ander ze end
siner wil. und wenn daz nachgend abgat, so vallen si in der frowen
und des mannes geschlecht glich, der frowen nechsten erben halb
und dez mannes erben halb.*

(Gr. 5, 197). Landr. v. Wattwil §. 3: *Hettend si aber ützit in dem zit,
und si in eelichem stat bei ainanderen gewesen, von gelegnem guot bi ainanderen gewunnen, erkouft ald ererbt, das alles sol ouch des lebendigen
aigen guot sin mit dem varenden ungevarlich* (Gr. 5, 199). Landr. v. Thur-
tbal v. 1487: *Und ob si beide üzit bi ainandern von gelegnem gut gewünend
ald erkouft hetten, das alles sol des läbentigen aigen gut sin ungefarlich.*

[26]) Vgl. Anm. 12.

[27]) Gr. 5, 231. In derselben Weise wird man in Schöllbronn wol auch
die fahrende Habe getheilt haben.

[28]) §. 18: *So . . . zwai eemenschen mit uinander kaufen, so sol iet-
weder nechster und rechter erb halben tail haben, und sullen dasselb guet,
das die zwai eemenschen mit ainander kauft haben, mit ainander gleich
tailn.* Maurer, Markenverfassung 452.

[29]) Gr. 4, 451. Vgl. Anm. 40.

c. Zu den eingebrachten Liegenschaften werden in der Regel nicht nur die während der Ehe ererbten[30]), sondern auch diejenigen Grundstücke gerechnet, welche die Ehegatten durch Verkauf der eingebrachten erwerben: *Und ob ain man sin aigen gelegen gut verkoufte und das an ander gelegen gut laite, so soll doch das selbig erkauft gut ligen und geerbt werden, glich wie sin erst gelegen gut, das aigen ist gesin, glegen und geerpt worden weri*[31]). Fahrende Habe gewinnt erst durch Widerlegung die Rechte der Liegenschaften[32]), doch sollen Heimsteuerkapitalien, so lange sie nicht bar ausgezahlt sind, stets als Immobilien behandelt werden: *Wo ain man oder ain frou óne man ain tochter zue der ee git und im ain haimstür zue ir verhaisset, gat da die tochter ab, e das dem man die haimstür bezalt wirt, so soll dieselb haimstür (für) gelegen guet geschätzt werden und gehalten*[33]).

Das Warterecht der Erben hatte ursprünglich die Wirkung, dass bei dem Tode eines der Ehegatten die von ihm eingebrachten Liegenschaften sofort an seine Erben fielen; sollte ein anderes verabredet werden, so bedurfte es ihrer Zustimmung. Diesen älteren Standpunkt finden wir in dem W. v. Stäfa[34]) und dem W. v. Holderbank v. 1424[35]), aber auch in dem W. v. Küssnacht[36]), das in Betreff der fahrenden Habe den Standpunkt der

---

[30]) Eine Ausnahme bildet das eben angeführte Dorfrecht von Schöllbronn und das Landr. v. Wattwil.

[31]) Landr. v. Thurthal v. 1487.

[32]) Vgl. S. 77—79.

[33]) Erbrecht v. Altstetten §. 12 (Gr. 5, 205).

[34]) §. 15: *Das ligend guot fallet an ir erben.* Vgl. Anm. 9 und 17.

[35]) §. 23: *Es ist ouch recht, wär, dass zwei zuosamen kämen, und ir ietweders vorhin hofguot ketti von im selber, oder eintweders vorhin hofguot hetti und das ander nit, wie es dann das hofguot ankommen wer, welicher dann under inen án liberben abgat, desselben hofguot soll fallen an sin rechten und nechsten erben, und nit an das ander, so dannocht in leben ist; es wäre denn ime oder sust ieman anders vormalen libdingswis vermachet, der soll es niessen zuo end siner wil, und sol dann aber wiederumb fallen an des abgegangenen rechte erben ze glicher wis als des tags so er abgieng* (Gr. 5, 72).

[36]) §. 2: *Waz denn ist von zimer oder ligende guoter, do mag man nit in ee rechten, oder an gült do man nit hat ze zwingen abzelösen, do sol man och nit in ee rechten.* Vgl. Anm. 14 und 22

Gütergemeinschaft vertritt. Das Landrecht v. Ragatz, das bei
der fahrenden Habe wie bei der Errungenschaft Drittelstheilung
hat [37]), gehört gleichfalls hierher: *Wass dan ietweders von ligendtem
guot zuo dem andern bringt oder pracht hat, dass sol im oder
seinen erben bleiben und verlangen,* und nicht minder das Stadtr.
v. Winterthur III §. 19, das doch die ganze Fahrhabe und die
ganze Errungenschaft dem überlebenden Ehegatten überlässt:
*Swaz ir ietweders aigens ze dem andern bringz, belibent sü âne
lip erben, machent sü daz aigen nit en anderen nach Swaben reht,
das wirt ledig iro ietweders erben nach iro tode. machent aber sü
es einen andern nach Swaben reht, so het ir ietweders daz aigen,
daz ime gemachet ist, ze liplinge unz an sinen tod, und vallet
denne wider an die rehten erben* [38]).

Das den Ehegatten hier eingeräumte Recht, einander ohne
Zuziehung der Erben ein Leibgedinge zu bestellen, wurde, wie
wir früher gesehen haben, in der Praxis ungemein häufig ausge-
übt [39]), und diese Gewohnheit wird den Anstoss dazu gegeben haben,
dass bei weitem die meisten Quellen dem überlebenden Ehegatten
auch ohne eine dahin gehende Verabredung die Leibzucht an den Liegenschaften des verstorbenen zugestehen. W. v. Säckingen v. 1428
(Gr. 4, 481): *hand si aber nit liberben, und stirbt daz, von dem daz guot
ist darkomen, so sol es aber daz ander han ze end siner wil un-
verendert, und denn so vatt es wider hinder sich in daz geschlecht,
da es har ist komen* [40]).

---

[37]) Siehe Anm. 12. 26.

[38]) Siehe S. 170. 175. Ebenso das Stadtr. v. Bülach (s. S. 138).

[39]) Siehe S. 138. 140 f. 147. Schauberg 2, 111 (1437).

[40]) W. v. Tanegg u. Fischingen v. 1432 (Gr. 1, 278): *Welches vor
dem andern abgat, so erbt ains das ander in allem, ob si sonst nit ander
liberben hand, dann allein die gelegnen erbgueter gen Tannegg und
Vischingen und die aigen, ob die da sind, dieselbigen erbgueter und aigen
sind des andern widem nach widems recht, und wenn der widem ledig
würt, so soll er wiederumb fallen an den negsten erben, danen es komt
und komen ist.* Erbr. v. Altstetten §. 6 (Gr. 5, 205): *Und wo aber nit
kind sind, so soll ietweders das ander erben an dem gelegnen guet in
lipdings wis und an dem fürenden guet zue aigen.* Landr. v. Wattwil
§. 2 (Gr. 5, 195): *Hetti das abgangen gelegen guot zuo dem lebentigen
gebracht, das sol es erben und niessen in liblings wise, und das varend
guot für aigen.* Ebenso §. 3. Landr. v. Thurthal v. 1437: *Dann so sol*

So haben wir gesehen, dass man, während bei der fahrenden Habe und bei der ehelichen Errungenschaft die Gütergemeinschaft bereits allgemeine Verbreitung erlangt hatte, in Betreff der eingebrachten Liegenschaften das System der Gütertrennung noch festhielt, höchstens sich dazu verstand, die während der Ehe bestehende Gütereinheit bis zu dem Tode des längstlebenden Ehegatten fortbestehen zu lassen, indem man diesem die Leibzucht an den Gütern des verstorbenen einräumte. Verschiedene Quellen gehen nun aber weiter, indem sie das gesamte eheliche Vermögen mit Einschluss der Liegenschaften als eine einheitliche Masse behandeln, die nach dem Tode eines Ehegatten dem überlebenden ganz oder zu einer gewissen Quote überlassen wird. Ersteres gilt u. a. nach einem Ulmer Statut v. 1423[41]) und, wenigstens wenn die Geburt eines Kindes voraufgegangen ist, nach einigen würtembergischen Quellen und nach dem Dorfrecht v. Schöllbronn[42]); auch sonst fehlt es nicht an Quellenaussprüchen, welche ein ausschliessliches Erbrecht des über-

---

dem lebentigen gevallen sin des abgangen gelegen gut für sin libding und das varend gut für aigen, und darzu des lebendigen gelegen gut und das varend. W. v. Gryfenberg §. 13 (s. Anm. 9). W. v. Rheinau §. 12 (Schauberg 1, 158): *Item, wo mai ehalten sind, gond die ab ön liberben, wenn denn das letscht abgaut, nimpt das gotzhus die farenden hab, und die fründ das ligend guet.* W. v. Pfronten v. 1459 (Maurer, Markenverfassung 452) §. 17: *Weder dann vor abgat mit tod, so sol es das ander niessen sein leblag, und sol kain sein erb nütz domit ze schaffen han, und sol dann furbas vallen an seinen rechten erben, da es von herkomen ist, ob sie nit leiberben hetten.* W. v. Brütten (Gr. 1, 146): *Wer aber . ., das ir der man abgieng ön liberben, hat er eigen oder erbgut, das soll si niessen ze end ir wil, und sol das weder bekümeren noch versetzen; und wenn die frou abgat, so soll das eigen oder erbgut widerumb falen an sine erben. wer ouch . ., das die frou dem mann abgieng ön liberben, hett si eigen oder erbgut zu im bracht von iren fründen, das sol der man niessen bis ze end siner wile.* Dorfr. v. Schöllbronn v. 1455 §. 57 (Gr. 5, 231). Das W. v. Oberuzwil §. 42 (Gr. 5, 197) erkennt, wie es scheint, ein Leibzuchtsrecht nur an der Hälfte an: *Weder under inen abgieng ön liberben, so sol das erben ligend und varend guot halb durchenweg, varend guot für aigen, und glegen guot zum libding.* Ebenso das W. v. Altorf §. 37f. (Gr. 1, 14). Vgl. Wächter 1, 225.

[41]) Jäger, Ulm 333. Siehe ferner Wächter, würtemb. Privatr. 1, 198. 202. 210. 758. 774.

[42]) Siehe S. 155 Anm. 16 (vgl. Anm. 40). Wächter 1, 224.

lebenden Ehegatten anzuerkennen scheinen [43]), man muss aber
in der Benutzung derselben vorsichtig sein, da einzelne Stellen
lehren, dass es mit derartigen allgemeinen Aussprüchen häufig
nicht so genau zu nehmen ist [44]). Zuverlässiger sind die Belege,
aus welchen sich eine Theilung zwischen dem überlebenden
Ehegatten und den Verwandten des verstorbenen ergibt. In
Basel nimmt der Mann oder sein Erbe zwei, die Frau oder ihr
Erbe ein Drittel des gesamten Mobiliar- wie Immobiliarvermögens [45]). Nach dem W. v. Engelberg (Gr. 1, 3) wird nach
Hälften getheilt: *Wenne ouch ein man stirbet, der ein elich
frowen lat, und nit kinden, da erbt das gotzhus den halb teil*

---

[43]) W. v. Basserstorf §. 21 (Gr. 4, 283): *Wo ouch ein man vor sinem
wip oder das wip vor dem man abgat âne elich liberben, da sol eins daz
ander erben, ligentz und varends.* W. v. Greggenhofen (s. S. 97 Anm. 13).
W. v. Wettingen v. 1488 (Gr. 5, 99): *daz zwei eliche gemachel . . . einandren erben mögent an allen ligenden und farenden gütren.* Erbrecht
zu Schlieren v. 1464 (Gr. 5, 106): *dieselben zwei ehlichen menschen ieclichs
nach des andern abwesen genoss sin zuo erben alles das si haben, es si
ligend oder farend guot, nütz hindangesetzt.* W. v. Laufen (Gr. 1, 102):
*so sind si morndes, so si ufstond, ain ander geerb und genoss über alles
das güt das si iendert hand, es sie ligend oder varend gut.* W. v. Em-
brach §. 14 (Gr. 4, 342). Erbr. v. Gebistorf (Argovia 4, 203).

[44]) Dies ergibt sich daraus, dass auch das W. v. Tannegg und Fischingen
(Gr. 1, 278), das W. v. Brütten (Gr. 1, 146) und ein W. v. Rheinau (Gr. 1,
287) sich in diesem Sinne aussprechen, obwol sie dem Ueberlebenden an
Grundstücken nur die Leibzucht einräumen. Siehe Anm. 40.

[45]) Siehe S. 142. Rechtsqu. v. Basel No. 40 v. 1386: eine Witwe klagt
gegen ihren Stiefsohn, *das er si usrichte alles des guotes und erbes, so
der selb ir man selig verlassen hette und ir zum dritten teil zuo gehorte
nach unser stat recht und gewoonheit.* Er erwiedert: *das er ir allewegen
gehorsam were ze teilen und ze geben iren drittenteil alles des guotes so
sin vatter selig verlassen hette, in den si recht hette nach unser stette gewoonheit und recht, usgenomen siner muoter seligen erbe, daz ime ouch vorus
volgen solte und werden von rechts wegen.* Vgl. ebd. 54 v. 1396. 105 v.
1419. Etwas modificiert wurde diese Regel durch ein Statut v. 1408
(ebd. 87): *das aller husrat, so zwei eliche gemechede ze sammen braht
und den darnach bi einander verenderet hant, geteilt sol werden in erbes
wise, dem manne der zweiteil und dem wibe der dritteil, als der stat
Basel recht und gewoonheit iewelten gewesen ist. aber der husrat, der nüt
verenderet ist, der sol dem teil volgen und werden von des stammen der
dar kommen ist.* Dasselbe sollte dann auch von dem Silbergeschirr der
Ehegatten gelten.

alles des quotes so si mit enander hatten untz an sinen tod, und
sol ouch die frowe den andren halb teil erben . . ., dü frou sol
ouch ir vorus behaben, daz best bette und alles versnitens gwand
das er lat [46]). Vortheilhafter für den überlebenden Ehegatten ist
das Landr. v. Wildenhaus §. 2 (Gr. 5, 202), denn es überlässt
ihm drei Viertel zu Eigenthum und verpflichtet ihn nur ein
Viertel an die Erben des verstorbenen herauszugeben: *so soll*
alsdan das überbliben schuldig sein, des abgestorbnen nächsten
erben den vierten theil von allem dem hab und quot, so si beide
bei einandern gehept hand, ligents und fahrends, gült und widergült,
doch allein ausserhalb dem haus, zuo ze stellen und ze geben un-
gevahrlich, und solle danethin das übrig des lebendigen und über-
blibnen eigenthümblich quot sein. Wieder einen andern Weg finden
wir in dem Erbrecht von Aarburg (Argovia 4, 215), das dem
Ueberlebenden ein Drittel zu Eigenthum, das Uebrige zu Leibzucht zuerkennt: *So si keine kind hand, so erbt das überlebend*
das andere in allem liegenden und farenden, zu ende siner wil ze
nutzen und ze niessen, und einen dritteil als frei und eigen.

Dass die gesetzlichen Folgen des unbeerbten Todes eines
der Ehegatten durch Heiratsverträge und Ehegemächte abgeändert werden können, haben wir schon im §. 19 gesehen. Die
Bestellung von Morgengabe, Widerlegung oder Leibgedinge hat
übrigens immer nur eine partielle Bedeutung, d. h. sie schliesst
nicht wie die Witthumsbestellung im fränkischen Recht die gesetzlichen Folgen gänzlich aus [47]), sondern begründet für die Witwe
neben den gesetzlichen Ansprüchen einen vertragsmässigen Voraus, der ihr bald Eigenthum, bald blosse Leibzucht gewährt [48]).

---

[46]) Vgl. Anm. 15. Ebenso nach dem Landb. v. Glarus, wenn nicht
der Ueberlebende es vorzieht einfach sein Vermögen zurückzunehmen.
Siehe Blumer 1, 495.

[47]) Dagegen wird umgekehrt die Morgengabe durch Ehegemächte ohne
weiteres beseitigt. W. v. Küssnacht §. 5 (Gr. 4, 357): *Wo zwei ein andern*
machen, do ist denn die morgengab und eerecht hin und enweg. Vgl.
§. 24 Anm. 12.

[48]) Siehe S. 36 f. S. 86 Anm. 16 und 17. S. 154. Leibzucht der Frau
an der Widerlegung findet sich auch Schauberg 2, 110 (1437). Der Umstand, dass die Frau bei Auflösung der Gemeinschaft zuweilen schlechter
gestellt ist als der Mann, mag sich von diesem Voraus herschreiben.

Stirbt die Frau vor dem Manne, so wird die zu Eigenthum bestellte Morgengabe in der Regel als zu ihrem Vermögen gehörig behandelt, so dass der Mann an Morgengabegrundstücken nur etwa wie an den zur Heimsteuer gehörigen Leibzucht beanspruchen kann. [49])

II. Bei beerbter Ehe bleibt in der Regel der überlebende Elterntheil mit den Kindern in ungetheilten Gütern (Beisitz). Ihm steht, wie während der Ehe dem Manne, der Besitz, die Verwaltung und der Niessbrauch an dem gemeinschaftlichen Vermögen zu, den Kindern ist er nur den nötigen Unterhalt und u. U. eine angemessene Aussteuer zu geben verbunden [50]). Freie Verfügung hat er aber nur über die fahrende Habe, über Liegenschaften kann er, ausser in Notfällen, nur mit Zustimmung der Kinder oder ihrer Freunde verfügen [51]). Dorfr. v. Schöllbronn §. 60 (Gr. 5, 231f.): *Ein einige hand, die ein verfangen guot haut, wann die not angeet, oder hunger oder mangel haut, so mag (sie) dasselb angrifen, verkoufen, und soll nit me dann 10 β ₰ nemen mit kuntschaft; und wann es die 10 β ₰ verluot, so mag es aber 10 β ₰ nemen mit kuntschaft, bis es nit me haut, so mag es aber*

---

[49]) Siehe S. 35. Landr. v. Wattwil §. 6 (Gr. 5, 199): *Wenn dann dasselbig, dem die margengab geben ist, mit tod abgat öne eelich übererben, dann so sol die margengab desselben abgangnen rechten nächsten erben werden und zuogehören, wer ie die sind, ob die margengab nach unverbrucht und unvertan ist.* Vgl. aber auch Blumer 1, 488.

[50]) Landr. v. Thurthal v. 1487: *Wenn auch dann zwai ementschen eliche kind bi ainandern gewünnend, und dann aintweders mit tod abgat, so söl dennocht das lebentig nüzit dester minder gewaltige hand sin über alles ir gut, wie vorstat, dwil es sich nit verendert, und unwuostlichen und orlichen hushaltet.* Die Hinweisung bezieht sich auf einen früheren Artikel, der mit dem oben (S. 129) mitgetheilten aus dem Landr. v. Wildenhaus übereinstimmt.

[51]) W. v. Säckingen v. 1428 (Gr. 4, 461): *Gewinnent si kind bi einander, und si die güter behebent, stirbt denn eins under inen, so sol es daz ander han ze end siner wil, und valt denn an die kint.* Dorfr. v. Schöllbronn §. 64 (Gr. 5, 232): *Lüt die zuosamenkomen in die ee und kind mit ainander gewinen, und das ein eegemechit abget von todes wegen, und das ander die kind darnach ouch überlept, und die kind ledig beliben sin, so ist es denn des sinen mechtig.* Vgl. Wächter, würtemb. Privatr. 1, 203f. 210. 225. 761. Arnold, Gesch. d. Eigenthums 373 (1293).

verkaufen umb ein pfund oder zwei . . . §. 61. Item ein einige
hand, die ein verfangen guot haut, wann die verkouft haut und
wern will, die soll vor schultheissen und gericht sten und soll ire
kind bi ir haben, die sœllen dreuzehen jaur alt sin; sin aber die
kind nit alt gnuog, so soellen si bi in haben der kind nechsten
fründ. Unter der „einigen Hand" ist sowol der Witwer wie die
Witwe verstanden, und ebenso ist es auf beide gleichmässig zu
beziehen, wenn die Rechtsmitth. v. Kaufbeuern v. 1323 §. 4 von dem
Witwer sagt, dass er *besitzt und nieset liegends und fahrends gut,*
dieweil und als lang er lebet, doch mag er das liegend gut nicht
ohn werden ohn der kinder willen; ihn gieng dann gebrechen an,
so sollen ihm die kinder den gebrechen büssen, oder er soll das gut
angreifen und ihm selber hungers not büssen [51a]).

Statt des gemeinsamen Wirkens beider Ehegatten (gesamte
Hand) kommt jetzt bei Veräusserungen das gemeinsame Wirken
des überlebenden Elterntheils und der Kinder in Betracht, die
Güter sind den Kindern verfangen [52]). Aber nicht bloss bei Veräusserungen äussert die Verfangenschaft ihre Wirkungen, sondern
vornehmlich auch darin, dass die verfangenen Güter durch
eine zweite Ehe des Vaters oder der Mutter den Kindern erster
Ehe nicht entzogen werden dürfen, diese vielmehr ein ausschliessliches Anrecht auf dieselben haben [53]). Erbrecht im Siggenthal
(Argovia 4, 205): *Ob aber dieselb person sich anderwerd verändert*
und aber kind überkommend, so sollend doch die nachfolgenden kind
an dem vorererbten liegenden guot nützit erben, sunder dasselb
ligend guot si dann den ersten kinden, so geteilt worden, vervangen.
Erbrecht v. Rordorf (Argovia 4, 206): *Were sach, dass zwei mit*
einandren liegende gueter überkommen, und der mann abgieng . . .,
so vallet es an die liberben, so von inen beden geboren sind.

Der Verfangenschaft nach beiden Richtungen hin sind gewöhnlich nur Liegenschaften unterworfen [54]), und zwar sowol

---

[51a]) Hoermannus de Guttenberg, de Kauffburae privilegiis (Erlang. 1763)
S. 44.

[52]) Ueber diesen Ausdruck vgl. S. 147.

[53]) Vgl. Wächter, a. a. O. 1, 206.

[54]) Eine Ausnahme s. Anm. 62.

die eingebrachten wie die zur Errungenschaft gehörenden[55]). Dies gilt aber in der Regel nur von den schon während der Ehe vorhandenen, nicht von den nach Auflösung der Ehe, also während des Beisitzes durch Erbschaft oder auf eine andere Weise hinzuerworbenen Gütern: *Ein einige hand, die einiy gewint oder hererbt, dasselb guot may es einiy vertuon und wern* [56]). Zuweilen unterliegt der Verfangenschaft nur eine bestimmte Quote des Immobiliarvermögens [57]). Nach dem W. v. Weitnau v. 1344 ist dies der Fall, wenn das Vermögen von beiden Ehegatten herrührt; dagegen gilt allgemeine Verfangenschaft bei Eingehung einer dritten Ehe [58]), oder wenn der überlebende Elterntheil nichts beigebracht hat, es sich also nur um Güter des verstorbenen handelt. W. v. Weitnau §. 78: *Stirbt aber der vater ald dü muter, so ist dien kinden der halb teil des guts gevallen, und dem vater ald der muter, weders denne lebet, öch der halb teil des guts, es sie ligends ald varends gut. wil der vater ein ander frowun nen, der mag er mit anders gen, denne sin halben teil halben, der im gevallen ist, und tut das wol an der erren kinden willen. und überlebend denne die nagand frowe der vorganden kinden vater, so erbt sie des mans teil zend ir lip. gewunt aber die nagand frowe liberben, die erbent denne des vaters teil halben[59]). . . . . Nimpt aber der vorgenden kinden vater das dritt wip, der mag er nüt gemachen, wan mit der ersten kinder willen. Diz ist öch recht umb die frowen, grift si zur andern und zur drittun e. Nimt ein man ein wip dü ligends und varends gut het, und het er nüt guts, stirbt dü frowe, so erbt*

---

[55]) Erbr. v. Säckingen (s. Anm. 51): *Kofent aber zwei ehliche gemecht güter mit einander . . ., gewinnent oder habent si kind, die erbentz nach ir beder tod.*

[56]) Dorfrecht v. Schöllbronn §. 59 (vgl. S. 182). Damit stimmen die meisten altwürtembergischen Statutarrechte überein, von denen aber einige den entgegengesetzten Standpunkt vertreten. Vgl. Wächter 1, 206 Anm. 36.

[57]) Vgl. Wächter 1, 200.

[58]) Nämlich weil die freie Quote schon durch die zweite Ehe verbraucht wurde.

[59]) Desshalb sind auch die Kinder erster Ehe durch den verfangenen Theil noch nicht ganz abgefunden: *Gewunt der erron kinden vater und dü nagand frowe gut mit einander, das gewonnen gut sol man glich teilen den erron kinden und dien naganden, so vater und mutter ersterbent.*

der man das gut ligends und varends zend sim lib. wil er aber
ein ander wib nemmen, der mag er nüt gemachen, wan des varends
guts, wann er enkein ligends gut bracht zu dem wib. diz ist auch
recht umb ein frowen dü âne gut zur e kumpt [60]).

Das Stadtr. v. Winterthur erstreckt die Verfangenschaft nur
auf die eheliche Errungenschaft und das von dem verstorbenen
Elterntheil herrührende Vermögen [61]) und bildet insofern den Uebergang zu den allerdings wenig zahlreichen Rechten, welche nur
das letztere als verfangen anerkennen, so dass der überlebende
Elterntheil über sein Eingebrachtes und über die Errungenschaft
frei verfügen kann [62]).

---

[60]) Burckhardt, Hofrödel 250. Weniger gut Gr. 1, 313.

[61]) III. §. 17: *Swas dekainer unser burger bi sinem elichen wip cins-*
aigens oder ledigs aigens gekofs, habent sü mit (ain)anderen kint, der
aigen ist es, und iro beder liptinge. §. 21. *Swas och dekainem unsern*
burgen aigens von sinem vatter oder von dekainen sinen vordern an ge-
valls, het er bi swain elichen vrowen kint, und het er das aigen enkainem
sinem wibe gemachet, stirbz er, so valls es sinü kint, dü er lat, gemain-
lichen an. §. 22. *Sweler aber siner kind muoter er das aigen gemachs*
hat, dü kint valls das aigen an, dü der muoter sint, der das aigen gemachet
ist. Der letzte Satz, der in dem Stadtr. v. Bülach §. 13 übrigens wesentlich beschränkt ist, bezieht sich nur auf Zuwendungen des Mannes an die
Frau, es versteht sich aber von selbst, dass von dem Eingebrachten der
Frau dasselbe gilt. Der §. 17 ist von Bluntschli 1, 286 nicht ganz richtig
aufgefasst.

[62]) Nach der oben (Anm. 45) angeführten Urk. v. 1386 war dies in
Basel der Fall. Der in jener Urkunde erwähnte Rechtsstreit wird zu
Gunsten des Sohnes erster Ehe dahin entschieden, dass ihm *siner muoter*
erbe billich vor us volgen solte und werden, und der egen. frowen irn
dritteteil in dem übrigen guote, da zuo si recht hette nach unser stette
recht und gewonheit, teilen und geben, und das man hinnanthin dis ouch
also . . ., es si von vater oder muoter erbe, von menglichem halten sol.
Wichtig ist noch was die Stiefmutter für sich anführt: *Si hette iren man*
seligen in gewer der selben gütern ungesumet funden, und si ouch in der
selben gewer vervaren, dar umb si zuo den gütern recht hette, und dem
egen. H. nützit von siner muoter seligen wegen vor us werden solte. Aehnlich war es in zwei würtembergischen Orten, wo übrigens auch die Fahrhabe des Verstorbenen zu dem verfangenen Gute gehörte. Vgl. Wächter
1, 207. In Ulm galt nach dem Statut v. 1423 für die Witwe allgemeine,
für den Witwer nur Verfangenschaft des Frauengutes. Vgl. Jäger, Ulm
333 f. Roth i. d. Jahrb. d. gem. deutsch. R. 3, 338 Anm. 95. Ebenso war
es wol nach dem W. v. Tannegg und Fischingen (Gr. 1, 279). Vgl. Anm. 64,

Der Beisitz ist häufig unauflöslich, so dass er bis zum Tode des Beisitzers dauert und selbst durch seine Wiederverheiratung nicht aufgehoben wird. In diesem Falle spricht man vom Verfangenschaftsrecht [63]). Noch gewöhnlicher aber ist das Theilrecht, nach welchem unter Umständen (Wunsch des Beisitzers, schlechte Wirtschaft, Wiederverheiratung des Beisitzers oder doch der beisitzenden Witwe) eine Auseinandersetzung zwischen dem Beisitzer und den Kindern einzutreten hat [64]).

Bei der Theilung begegnet vielfach ein in fahrender Habe bestehender Voraus für die Witwe oder die Töchter, der sich der sächsischen Gerade vergleichen lässt [65]), und ein ähnlicher Voraus

---

[63]) Vgl. Wächter 1, 199—208. Roth, a. a. O. 3, 337—340. Nach dem W. v. Wettingen v. 1488 (Gr. 5, 99) gilt Verfangenschaftsrecht.

[64]) Vgl. Wächter 1, 208—222. 774. Roth an der oben (Anm. 63) angeführten Stelle. Jäger, schwäb. Städtewesen 1, 334. Siehe Anm. 50 und S. 145. Stadtr. v. Memmingen, Zusatz zu §. 42: *Wenn och ain muoter iren witwenstuol verruket oder sust von iren kinden gesundersasset wirt.* Rechtsmittheil. v. Kaufbeuren (s. Anm. 51a) §. 2: *Und wenn ein burger stirbt der weib und kinder verlässt, die erben sein gut, liegends und fahrends.* §. 3. *Verkehrt dann die frau ihren wittibenstand, die muss mit den kindern . . . theilen . . .* §. 4. *Wo aber eine frau vor ihrem ehelichen mann todes vergeht, und greift dan der mann wieder zu der ehe, so ist er mit den kindern nicht schuldig zu theilen.* W. v. Oberuzwil §. 44 (Gr. 5, 197): *Doch sond die kind weder vater noch muoter, weders lebet, zum tail nit nöten, alldieweil es sich nit verändert, es wär denn sach, das si wüestlich hus hettint.* Aehnlich Landr. v. Wattwil §. 8 (s. Anm. 72), Landr. v. Thurthal und Landr. v. Wildenhaus §. 4 (Gr. 5, 203). Das letztere bestimmt §. 5: *Bescheche auch, dass vater oder muoter . . . gern mit iren kindern welten theilen, lieber dan mit inen haushalten, das mogend si wol thuon.* W. v. Brütten (Gr. 1, 146): *Ists, das inen kind werdent bi einanderen, stirpt iren da der man ab, und wil si den bi den kinden nit sin, so nimpt si den dritten theil in varnder hab, ôn alle geltschuld, und welchen weg si will, daran sol si niemen sumen noch iren. wer aber, das si bi den kinden sin wil, so sond si si nit uzstosen noch vertriben, alle dieweil so si bi inen sin will.* W. v. Tannegg und Fischingen (Gr. 1, 279): *Kind sollen den vater nit zwingen, wann er muss denen nüt gen bi sinem leben, er wolle denn gern. aber ob die kind von der mueter tailen wellten, da soll die mueter halbs nemen an varendem und ligendem, und die kind den andern halbtail, und mögent die kind die mueter wol nöten, und soll vnd muss die mueter tailen* (s. auch Anm. 72). W. v. Mülheim (s. Anm. 76). Ehevertrag v. 1429 (s. Anm. 69).

[65]) Stadtr. v. Memmingen v. 1396 §. 42 (Freyberg 5, 306): *Daz ainer*

für den Witwer oder die Söhne, in dem man deutlich das Heergewäte erkennt [66]).

Im übrigen lassen sich nach den Theilungsgrundsätzen zwei
Hauptgruppen unterscheiden, jenachdem der überlebende Elterntheil das halbe Gut oder nur Kindestheil empfängt. Die Halbtheilung wird vorzugsweise in schweizerischen Quellen vertreten [67]),

*ieglicher fröwen ir morgengaub vor uss werden sol und ir zerschnitten
gewand, houbttücher und klainat, was zu irem lib gehört ungevärlich.*
Nach dem Ulmer Statut v. 1423 erhielt die Witwe „Kleinode, Gewand und
Gebinde, das zu ihrem Leib gehörte", voraus. Jäger, schwäb. Städtewesen
1, 334. Statut v. Isny v. 1434 (Anz. f. K. d. Vorz. 1859 S. 134): *So sol
der frowen ir morgengaub, alles ir gewand und frawenklainat, das zuo
irem lib gehöret, und das best bett und was darzuo gehöret von einem
pfulwen, küssi, lilachen und allain einem decklach oder golter oder aber
ainem dekpett, weders si wil, voruss volgen und werden.* W. v. St. Blasien
v. 1383 §. 51 (Gr. 4, 492): *Wenne ouch ein gotzhusman sin wip stirbet,
so sol das gotzhus nemen ir gewant, darinne si zuo den vier hochziten ze
kilchen gieng, und das bette . . .; lat aber si ein tohter die unberaten
ist, der sol das bette beliben.* Ganz ähnlich W. v. Appenzell (Gr. 1, 190),
Bubikon (Gr. 1, 69), Kyburg (Gr. 1, 20), Langenerchingen (Gr. 1, 267),
Laufen (Gr. 1, 107), Wiesendangen (Gr. 1, 140), Dornheim (Gr. 1, 376),
Würenlos §. 4 (Gr. 5, 104), Klingenberg (Gr. 5, 107 f.) und das Erbr. v.
Wettingen v. 1488 (Gr. 5, 98). Vgl. Wächter, a. a. O. 1, 761. Hoermannus
de Guttenberg, de Kauffburae privilegiis 46. Siehe auch oben S. 159 f.

[66]) Stadtr. v. Memmingen §. 42 (s. Anm. 65): *Was manlehen sint, die
sölnt den knaben vor uss werden, und ouch der harnasch. wä aber nit knaben
siht, so sol den töchtran der harnasch vor uss werden.* In Ulm erhielt der
Mann Harnisch, Kleider und Bett vorweg (Jäger, schwäb. Städtewesen 1, 334),
in Esslingen sein Geschoss, seinen Harnisch und was zu seiner Wehr gehörig (Wächter 1, 761). In Kaufbeuern hatten die Söhne einen vorzüglichen
Anspruch auf Waffen, Kleider und andere für den persönlichen Gebrauch
des Vaters bestimmte Sachen (Hoermann, a. a. O. 46). W. v. St. Blasien
v. 1383 §. 50 (Gr. 4, 492): *Ist, daz ein gotzhusman abstirbet, so sol das
gotzhus nemen ain gewonlichen ral, und rat und waffen, ob er enheinen
sun lat. were ouch, ob sin ewirtinne trüge ein kint under dannan, so soll
man rat und waffen behalten mit eins amptmans wissen, unts daz si ge-
niset; ist es denne ein knab, so het das gotzhus denn zemal nüt damit ze
schaffen; ist es aber ein tohter, so het das gotzhus reht zuo in allem.*
Siehe auch die Fassung dieses Weisthums v. J. 1467 §. 14 (Gr. 5, 224).
Ferner Gr. 1, 106. 190. 267. 303. 5, 107.

[67]) W. v. Weitnau §. 78 (s. S. 184). W. v. Oberuzwil §. 44 (Gr. 5, 197):
So ist den kinden ligend und varend guot halbs gevallen. W. v. Magdenau
(ebd Anm. 1): *So ist dem lebenden halbs gevallen was si bedi habent gehept, ligentz und varentz, wannen joch das guot komen ist, und den kinden*

während in dem eigentlichen Schwaben die Theilung nach Köpfen
überwiegt[66]).   Das Erbrecht von Gebistorf (Argovia 4, 205) kennt

der ander tail. Landr. v. Wattwil §. 7 (Gr. 5, 198): *Dann so sol den
kinden halbs gevallen sin güll und guot, was si habent, ligentz und varentz.*
Ebd. §. 8 (s. Anm. 72). Landr. v. Wildenhaus §. 2 (Gr. 5, 202): *So solle
das überbliben ehegemächt verbunden und schuldig sein des abgestorbnen
ehelichen kindern (das) halb guot, ligents und fahrends, güll und widergüll,
in und ausserhalb dem haus, wie si das beide bei einandern gehept haben
möchten, zuo überantwurten und ze geben, und dan so soll das überig des
lebendigen eigen sein.* Aehnlich §. 5. Altes Erbrecht der Grafschaft Baden
im Aargau (Argovia 4, 203): *So ein frau vor irem emann mit tode abgangen und etliche kinder hinder ira verlassen habe, der vater sin ligend
und varend guot, was er von sinen vorderen ererbt oder überkommen, mit
den kinden teilen müssen und den halben teil söliches guots fri hinus geben.*
W. v. Tannegg und Fischingen (s. Anm. 64 u. 72). Das W. v. Holderbank
§. 22 (Gr. 5, 72) spricht nur von der Errungenschaft: *Wer, das zwei bi
einanderen kouften oder gewunnen, und die denn sament kind überkämen,
eins oder mer, und aber eintweders, vater oder muoter, abgieng, so sol das
ander, so dannocht in leben ist, dasselb hofguot halber erben, und die kind
den andren halbteil.*

[66]) Vgl. Wächter 1, 212. 774. Ueber das Ulmer Stadtrecht vgl Jäger,
schwäb. Städtewesen 1, 334. Rechtsmitth. v. Kaufbeuern §. 3 (s. Anm. 64):
*Verkehrt dann die frau ihren wittibenstand, die muss [mit den kindern
liegends und fahrends gleich theilen, und steht die frau in der erbschaft
an eines kindes statt.* Stadtr. v. Memmingen §. 42: *Wenn ain man ab
gaut von tod, so sol sin husfröu an dem erb und guot, das ir und iren
kinden zuo gehört, ain kind sin ze gelichem tail än gevärd.* Statut v.
Isny v. 1434 (s. Anm. 65): *Und was des ubrigen gutz ist, das der man
nach tode verlassen hat, da sol dü muoter ain kind zuo haissen und sin
und allü dü recht darzuo haben als andrü irü kind ains darzuo hat und
haben sol, und das mit andern iren elichen kinden gelich erben und tailen.*
Wegen der Mannlehen sollen Mutter und Tochter aus dem übrigen Vermögen entschädigt werden. W. v. Wyler (Gr. 1, 302): *Wenn der ersten
menschen, die zu einander komen, eins abgat, hett dann das lebende kind,
so ist ieclichem sin teil gevallen, wenn es will, und dem vatter oder der
muter ouch sin teil, welles dann lebend were. und sond die kind dem vatter
oder muter nit weren, si geben iren teil war si wöllen, die wil si riten und
gon mögen, noch keins dem andern sinen teil weren, es geb es wol war
es wil, ôn das hus, das sol beliben dem vatter oder der muter, welles
lebend blipt, unts an sinen tod.* Von schweizerischen Quellen gehört hierher das Erbrecht v. Altstetten §. 6: *So soll das ander, das dannocht in
leben ist, in dem gelegnen guet, das das abgestorben gelassen hat, kinds-
tail zue ainem lipding haben und niessen, und an dem furenden guot soll
es kindestail sue aigen haben und nemen* (Gr. 5, 204). Ferner W. v. Wald
(Bluntschli, zürch. RG. 1, 290): *Sol die muoter eins kindes theil nemen*

beide Theilungsarten neben einander: *Sind aber eliche kinder da von inen beden geporen, wann die dann von vater und muoter teilen, ir sige joch vil oder wenig, so soll das guot in zwen teil geteilt werden und ietwederem teil ein halber teil gelangen, ligends und vàrends. ist aber sach, daz sich vater oder muoter endren, vor und e geteilt wird, so sollte dann demselben nit me guots werden, dann so vil und ieglichem kind, wie vil der were, werden möcht.* Das Erbrecht im Siggenthal (Argovia 4, 205) lässt uns darüber, ob nach Hälften oder Köpfen getheilt wird, im unklaren, indem es nach Art des Schwsp. (s. S. 158) „gleiche" Theilung anordnet: *Des erbvalls halb wird gebrucht, wann eins vor dem andren abgat, so teilt man ligend und varend hab glich von einandren.* Uebrigens sind die bisher besprochenen Theilungsarten keineswegs die einzigen, namentlich begegnet gar nicht selten die auch bei unbeerbter Ehe häufige Drittelstheilung, nach welcher die Frau ein Drittel, der Mann in der Regel zwei Drittel erhält. So in dem Erbrecht des Amtes Aarburg (Argovia 4, 215): *Wenn zwei ehemenschen im elichen stand bi einander wohnend, und der mann von dannen mit tod abgat, so erbt die frau oder muoter in allem den dritten teil, es sie in der varenden hab oder in liegenden güteren.... So aber die frau zuerst von dannen mit tod abgat, so soll der mann die zwei dritteil und die kinder den anderen nehmen* [69]).

und sich des lassen benuegen, si habind vil kind oder lützel. darzuo sol si ir morgengab vor us nemen, ob si von den kinden wil. Eigenthümlich ist das W. v. Mülheim (Anm. 76) und noch merkwürdiger das von Wellhausen §. 20 (Gr. 1, 256), das Halbtheilung der Fahrhabe und Kopftheilung des Ganzen nach einander kennt: *Ob ihr den der mann von tod abgieng, wolte den die frau in jahrsfrist von den kinderen, so soll sie des fahrenden guts einen halb theil nemen und ohn gült ausziehen. bleibt sie aber über das jahr, so mag sie an des einen kinds stat stahn.* Wörtlich gleichlautend das W. v. Langenerchingen (Gr. 1, 272). Vgl. das Landb. v. Glarus bei Blumer 1, 495.

**) W. v. Pfeffingen im Oberelsass §. 15 (Gr. 5, 374): *Stirbet ein biderman, so soll sin wib den dritten (teil nemen des, so) si mit einander uberkumen hand, ône iedermans irrung.* W. v. Basserstorf §. 21 (Gr. 4, 293): *Lat aber der man liberben, so sol die frou ein dritteil in dem varenden guot nemen* (vgl. S 171). W. v. Brütten (s. Anm. 64). Ehevertrag v. 1429 (Schauberg 2, 107): *Gefügte sich sach, das sich die frou endern und von*

Die Folge der Auseinandersetzung ist in der Regel die Aufhebung der Verfangenschaft, so dass der betreffende Elterntheil nunmehr freie Verfügung über seinen Antheil erhält [70]) und ihn auch in eine zweite Ehe hinüber nehmen kann [70a]), wobei zuweilen die Kinder aus dieser Ehe ein ausschliessliches Erbrecht auf jenen Antheil erlangen, die erstehelichen Kinder also durch die Auseinandersetzung völlig abgefunden werden [71]). Es kommt aber auch vor, dass die wirkliche Theilung nur die fahrende Habe und allenfalls die eheliche Errungenschaft umfasst, im übrigen aber das Immobiliarvermögen nach wie vor den Kindern verfangen bleibt [72]).

ir kind sünderen oder schidgen wöllte, und nit mainte füro bi im se bliben, wie sich das den gefügte, so soll ir verlangen und gevolgen ir haimstür, morgengab und widerlegung und der drittail der varenden hab so ir man nach tod verlüssen hät. Das Landb. d. March. §. 7 räumt selbst dem Manne nur ein Drittel der fahrenden Habe ein: *Wen ein frou stirbt vor ir man ân liberben, so ist eim man gefallen als ir farend guot das si hat, und ir verschrotten gewand. hat si aber liberben, so erbt der man den tritteil des fahrenden guotz und ir verschrotten gewand.* Nach einer schweizerischen Urk. v. 1285 (Geschichtsfr. 20, 309) kommt die ganze Fahrhabe des Vaters an die Kinder: *Gewinnet er ouch kint bi siner elichen wirtin, du sullen erben sin varnde guot allez.*

[70]) Vergl. Erbr. v. Baden und Landr. v. Wildenhaus (Anm. 67), ferner W. v. Wyler (Anm. 68).

[70a]) W. v. Tannegg und Fischingen (Gr. 1, 278): *Danethin* (d. h. nach Ablauf des Trauerjahrs) *so mag sich die frou hengken an ain andern nagel, und mag danethin das ir gen nach frowen recht, als vorgeschriben ist* (s. Anm. 64. 72.)

[71]) W. v. Wald (s. Anm. 68): *Nimbt die selb frou darnach ein andren man ... und gewünt bi dem ouch kind, dieselben kind sönd ouch die frowen nach ir tod erben, und nit die vordren kind bi dem ersten man, wen* (d. i. denn) *si die muoter vorhin geerbt hand an den theilen.*

[72]) W. v. Tannegg und Fischingen (Gr. 1, 278): *Ob zwei gotzhus menschen zusamen komen und als lang bi ainanderen sind, dass si an varendter hab als mechtig sind und werden, dass si mit varendter hab glegen gut koufent, welcher dann vor dem anderen abgat, und ob si kind hetent, so erbt iegkliches durch den bank halb tail, wann allein erbgüeter, und die kind den anderen halbtail. doch so muss der vater nit mit den kindern tailen, als hienach stat. wann allein erbgüeter, die sind des anderen widem nach widems recht ..., und die sollen dann widerumb fallen an den stamen danen sie kommen sind, oder da sie recht von erbschaft hin gehörent.* Landr. v. Wattwil §. 8 (s. Anm. 67): *Wenn es sich dann füegt,*

Handelt es sich also überhaupt um Gütergemeinschaft, so ist diese zwar in der Regel eine allgemeine, zuweilen aber auch nur eine particuläre, bloss die fahrende Habe und die Errungenschaft oder gar nur die erstere umfassend. Aber gerade jene Hauptfrage, ob wir es mit der Gütergemeinschaft oder nur mit einer erbrechtlichen (sogen. statutarischen) Portion zu thun haben, muss noch genauer untersucht werden. Der Wortlaut wie der Sinn derjenigen Quellen, welche Halbtheilung anordnen, lässt keinen Zweifel darüber, dass hier wirkliche Gütergemeinschaft vorhanden ist. Zweifelhafter möchte es erscheinen, ob dies auch da der Fall ist, wo dem überlebenden Ehegatten nur ein Kindestheil zufällt. Ganz klar tritt die Gütergemeinschaft in der sogenannten Banktheilung („durch die Bank") der altwürtembergischen Rechte hervor [73]), und ebenso wenig lässt sich der gleiche Standpunkt in dem W. v. Wald verkennen [74]). Aber auch die Statuten

---

das sich das lebentig verendret mit wiben oder mit mannen, oder sunst unordenlich und unerlich hushielti, danne so sol es den kinden des tails zuo geben schuldig sin, wenn si des dannethin begerend, und sol man inen dann geben halb gült und guot, ligentz und varentz, wie vorstat. und heti das abgangen gelegen guot zuo dem lebendigen gebracht, wievil dann dem lebentigen desselben guots zuo tail wirt, das alles sol es erben und niessen in libdings wis ungevarlich. In dem Landr. v. Thurthal lautet der letzte Satz so: Und was dann das abgangen von gelegnem gut zu dem lebentigen gebracht hat, das söll des lebentigen libding sin, und das varend sin aigen. Siehe auch Erbr. v. Altstetten (Anm. 68) und v. Siggenthal (s. S. 183). Nach dem W. v. Weitnau (S. 184) ist der halbe Antheil verfangen, der halbe freies Eigenthum, so dass die zweitehelichen Kinder auf diesen ein ausschliessliches Erbrecht haben, während die Errungenschaft gleichmässig unter die Kinder erster und zweiter Ehe vertheilt wird (s. Anm. 59). Bloss von Errungenschaftsgemeinschaft handelt das W. v. Holderbank (Anm. 67) und das W. v. Pfeffingen (Anm. 69), die übrigen Anm. 69 angeführten Stellen reden einzig von der Theilung der fahrenden Habe. In dem W. v. Wellhausen §. 20 (vgl. Anm. 68) findet sich folgende Bestimmung: Nimmt sie aber einen anderen mann . . ., stirbt sie den vor dem mann, so erbt der mann sollich gut, so sie von dem ersten mann hat gehebt, zu end ihr (l. siner) wil. und so den derselb mann abgaht, so fallt sollichs an des ersten manns kind. Die Stelle entscheidet nicht, ob der Antheil der Mutter den Kindern erster Ehe verfangen ist, da die zweite Ehe als kinderlos vorausgesetzt zu sein scheint.

[73]) Vgl. Wächter 1, 211 f. 774. Siehe auch W. v. Tannegg und Fischingen (Anm. 72).

[74]) Siehe Anm. 71. Vgl. Bluntschli 1, 290. Blumer 1, 499. Argovia 4, 211.

von Isny, Memmingen und Ulm geben durch den der Witwe gewährten Voraus [75]) zu verstehen, dass ihr übriges Vermögen mit
zur Theilung kommt. Besonders charakteristisch ist das W. v.
Mülheim von 1475, welches verschiedene Theilungsgrundsätze
kennt, jenachdem der Beisitz Jahr und Tag überdauert hat oder
nicht; in ersterem Falle gilt Gütergemeinschaft, in letzterem
nicht [76]). Hiernach werden wir, obgleich die übrigen Quellen,
welche Kopf- oder Dreitheilung haben, nach ihrem Wortlaute
beide Deutungen zulassen [77]), mit Entschiedenheit behaupten können, dass im schwäbisch-alemannischen Recht die Gütergemeinschaft die Regel bildet, die statutarische Portion dagegen, wie
sie u. a. in dem Erbr. v. Altstetten begegnet [78]), überall als Ausnahme erscheint [79]).

Die Verhältnisse bei beerbter Ehe dürfen nach den meisten
Quellen nur durch das Gesetz geregelt werden, jede Privatwillkür
ist ausgeschlossen, denn Kinderzeugen bricht Ehestiftung [80]). Zuweilen wird dieser Satz mit einer solchen Strenge angewendet,
dass selbst ganz beschränkte Eheberedungen, z. B. über Bestellung einer Morgengabe, durch die Geburt eines Kindes hinfällig
werden [81]). Dem gegenüber fehlt es freilich nicht an Beispielen,
wonach die Mutter bei der Auseinandersetzung mit ihren Kindern

---

[75]) Siehe Anm. 65.

[76]) Gr. 1, 262: *Wann ein hofjünger abgat der kind verlat, wil den
die mueter bei iren kinden in witwenstant beleiben, so sol man si von den
kindern nit triben. und wen si jar und tag bei den kindern beliben ist, so
mag si an ains kinds theil stan; ob sie sich aber endert und in dem jar
und tag ainen anderen man nimpt und nit bei den kinden belibet, so soll
ir werden ir morgengab und das, so si zue irem man bracht hat.* Vgl.
S. 169 und das W. v. Wellhausen (Anm. 68).

[77]) Dass nach dem laxen Sprachgebrauche des MA. unter der „Erbschaft“ des Mannes auch Güter der Frau mitverstanden sein können, haben
wir schon früher (S. 174) gesehen.

[78]) Siehe Anm. 68.

[79]) Vgl. die guten Ausführungen von Welti, Argovia 4, 203 ff. Den
umgekehrten Standpunkt nehmen noch Bluntschli und Blumer ein.

[80]) Vgl. S. 138.

[81]) Vgl. S. 155 und Anm. 76.

die Morgengabe vorwegnimmt [82]).   Theilt der Vater, so bekommen
die Kinder dieselbe als Voraus [83]).

III.   Ueber die Verhältnisse bei der Ehescheidung sind wir nur
durch zwei Stellen höchst unvollkommen unterrichtet.   Die eine
ist Landb. der March §. 37: *Man hat uf genomen für ein lands-*
recht: wen elüt von einander lüffen oder sus sich nit redlich hielti
mit hus heim, und das kuntlich mag werden, so hat ein amman
und die nün gewalt was eins von andren erben süli, lützel oder
vil, nach dem und die sach ein gestalt hat.   Die zweite Stelle ist
eine Constanzer Urk. v. 1450, nach welcher Ehegatten vor Gericht
erscheinen und der Mann die Erklärung abgibt: *wie bisher zwi-*
schent derselben siner elichen frowen und im ettlich zwitracht und
misshelligung gewesen wären, darumb si ouch ainander mit gaist-
lichem gericht fürgenommen gehept hetten, ie dass si der eh zu bett
und tisch geschaiden und inen nun in derselben schaidung tailung
des guts nach lut der urtail zwischent inen ergangenen behalten
were. und wann nun die ehe gottes grösser wäre dann das natür-
lich gut, und doch durch gaistlich gericht in demselben weren ge-
sündert, . . ., so weren si baider site von des zitlichen guts wegen
mit ainander gütlich überkommen und hetten iedes dem andern ain
ganz vollkommen begnügen geton.   Er verzichtet darauf eidlich für
sich und seine Erben *alles des ligenden und varenden guts so si ietz ze*
mal hette, hernach gewonne und nach tod verliesse (Schauberg 2, 113).

§. 24. Das bairische Recht.   I. Unbeerbte Ehe.   In einer
um 1200 abgefassten Urkunde (Tr. Ranshof. 167) verschenkt ein
Mann mit Genehmigung seiner Frau und in Gegenwart ihrer
Brüder ein *predium quod habebant in H., quod ipsa eidem viro*
suo tradiderat in donationem propter nuptias.   Da die Schenkung
erst nach dem Tode der Frau ins Leben treten soll, so lehrt die
Urkunde, dass der Mann sich auch für jene Zeit keine freie Verfügung über die Heimsteuer beimisst.   Dagegen veräussert in

---

[82]) So nach der Ofnung von Wald (Anm. 68) und den Statuten von
Memmingen und Isny (Anm. 65). Siehe auch Anm. 69. Mone 14, 360.
Mon. August. I No. 412.

[83]) Vgl. S. 35 f.

Schroeder, Gesch. des ehel. Güterrechts. II. 1.   13

einer Urk. v. 1305 (Dipl. Polling. 37) ein Mann ein Patronats-
und Vogteirecht *eo quoque iure quo in personam meam ex dote..
uxoris mee libere sine quorumlibet impeticionibus sunt dilapsa,....
quoad me ex dote prelibatae uxoris mee devoluta a pluribus co-
gnoscuntur.* Die freie Verfügungsgewalt des Mannes über die
Heimsteuer nach dem Tode der Frau hat sich hiernach erst im
Laufe des 13. Jahrh. ausgebildet.

Beide Standpunkte finden sich in dem Bair. Landr. v. 1346
neben einander. Den älteren, wonach der überlebende Ehegatte
an dem „Heiratsgute" des verstorbenen nur Leibzuchtsrechte hat [1]),
vertritt Art. 106 (11, 13. Freis. Stadtr. S. 188): *Swo ain man
oder ain frau heirat guot inne habent und daz du wellent werden,
und aintweders tot ist du erben, so mag daz ander daz heirat
guot, daz von dem toten herchomen ist, nicht lenger verchaufen,
dann zuo sein ains leib, und swann ez dann nimer ist, so sol ez
her wider gen auf die nœchsten erben.* Dagegen heisst es Art.
107 (11, 14. Freis. St. 188): *Ain iglich man, der zuo eleichem
heirat greift, waz dem haimstewer geben wirt, ez sei aigen oder
lechen oder varendeu hab, der hat gewalt damit ze schaffen und ze
tuon was er will; es sei dann, das im die haimsteur [2]) mit besunderm geding geben werd, dez süllen si pedenthalben brief haben;
habent aber si nicht brief, so sol die haimstewer ewiklich dem manne
volgen und seinen erben, ob ain frau vor dem man stirbt und nicht
chint lat [3]).*

Dass der Verfasser des Bair. Landr. nicht immer kritisch zu

---

[1]) Vgl. Bd. 1, 164 Anm. 19. Im Jahre 1160 veräussert eine Witwe
ein *predium apud M., scilicet quartam partem tan in agris quam in
vineis vel pratis, quod fuit suum libgedinge* (MB. 2, 333). Beachtenswert
ist Tr. Weihensteph. S. 467 (s. S. 119). Pfalzgraf Otto von Baiern setzte
i. J. 1291 dem Gemahl seiner unehelichen Schwester eine Heimsteuer aus
mit der Abrede: *Si vero matrimonio consummato predicta P. uxor sua
absque heredibus prior decederet ex hac vita, idem O. maritus eiusdem
prenotatam advocaciam ... pacifice possidebit pro tempore vite sue ..
ita, quod eo decedente .. ad nos .. reverteretur* (Tr. Met. 22). Vgl.
Dipl. Baumb. 1 (S. 143 Anm. 22).

[2]) Die Worte *geben* bis *haimsteur* fehlen in einigen Handschriften.

[3]) Vgl S. 114 Anm. 13.

Werke gieng, sondern zuweilen altes und neues Recht unverar-
beitet neben einander stehen liess, ist auch sonst bekannt [4]). Die
Bestimmungen des Art. 106 waren im 14. Jahrh. bereits veraltet,
eine neuere Rechtsentwickelung wies bei unbeerbter Ehe dem
überlebenden Ehegatten das Heiratsgut des verstorbenen zu Eigenthum zu [5]). Dies ist auch der Standpunkt des Stadtrechtsbuches
von 1347; zwar findet sich an einer Stelle noch ein Nachklang
des älteren Rechts [6]), aber in der Hauptsache stimmt Art. 107
des Landrechtsbuches mit einem Münchener Ratsbeschlusse,
Stadtr. 307, durchaus überein: *Ez sind die gesworen ze rat worden, ob ainer frauen ir wirt stirbet, und lat auch der selben frauen
chain chint daz sie bei im gewunnen hat, swaz dann diu selb frau
guotes hat daz ir von irem wirt ist worden oder daz sie selb gewunnen hat, damit mag und sol sie tuon nach irer beschaidenhait
swaz sie wil, und chainer irs wirts freunt süllen chains erbes darauf
warten; und swaz sie mit lebentiger zungen mit irm guot tuot,
daran mag sie chain ir freunt nicht irren, ez sein freunt ir halben
oder von ires wirts wegen. doch stürb ain sogetaneu witub ân
geschæft und ân chind, so süllen die næchsten freunt ir guot
erben, als der stat ze Münichen recht ist, doch sol der sele ir tail
gevallen. und diu recht sol auch ain man haben, ob im sein hausfrau stirbet und er auch dann hinnach stirbet ân chint.*
  Mit den Worten „*daz ir von irem wirt ist worden*" ist nicht
die Morgengabe und Widerlegung, sondern das Eingebrachte, das

---

[4]) Vgl. Zeitschr. f. deutsch. Alterth. 13, 166 Anm. 7.
  [5]) Vgl. Mon. Wittelsb. No. 369 (1390). Ehaftr. v. Peitingau §. 21:
*Wenn ein mann oder frau erblehen hiet von einer herschaft, und ir ains
abgieng von tods wegen, und nicht leiblich erben liessen, so mag ains das
andere wol erben* (Gr. 3, 649). Dagegen gewährt das Paramtrecht zu
Mauken und Kletheim nur Leibzucht für die Dauer des Witwenstands
(Gr. 3, 663).
  [6]) München. Stadtr. 193: *Was ain man und ain frau vederwat an ir
præutpet pringent, sweders dann stirbt ân erben, so sol daz ander die
vederwat haben und niezzen unz an seinen tot, und dann die næchsten
erben die dem ersten aller næchst gesippet sein.* Also an dem von dem
Verstorbenen herrührenden Brautbett hat der Ueberlebende nur das lebens-
längliche Gebrauchsrecht. Die Stelle ist wol dem Art. 106 des Landr.
nachgebildet.

Heiratsgut des Mannes gemeint [1]). Die Praxis dehnte die Bestimmung des Art. 307 aber auch auf die eheliche Errungenschaft und, unter der Voraussetzung dass die Ehe Jahr und Tag
gedauert habe, auf das während der Ehe Ererbte aus, so dass
nunmehr das ausschliessliche Erbrecht des überlebenden Ehegatten feststand [8]). Eine ausdrückliche Anerkennung wurde dieser

---

[1]) Vgl. S. 20.

[8]) Diese Praxis findet sich zunächst in einer Entscheidung des kaiser-
lichen Kammergerichts v. 1467 (s. S. 154 Anm. 14), dann aber besonders
in einer höchst interessanten Münchener Urk. v. 1484 (Mon. Monacens. 282).
Ein Münchener Bürger hatte während seines letzten Lebensjahres in Gemeinschaft mit unmündigen Verwandten eine Erbschaft gemacht. Von
den Vormündern der Miterben wurde nach seinem unbeerbten Tode gegen
seine Witwe Anspruch auf den ihm damals zugefallenen Erbtheil erhoben:
So seien die kind die nägsten erben des guts so si mit einander ererbt
haben, und noch nit ain jar vergangen sei, das si dasselb gut mit ainander
ererbt haben. Die Witwe erwiederte mit ausdrücklicher Berufung auf
Art. 307 des Stadtrechtsbuches: *Alle irs mannes verlassen hab und gut,*
es sei ererbt oder daz er selbs gehabt und gewunnen hab, das sei ir und söll
auch bei ir und iren erben beleiben .... Die weil ir heirat ain statheirat sei und
nach der stat recht gemacht, so sölle si auch bei der stat recht nach des
verlesen artickels sag durch recht bei irs manns verlassen gut gehalten
werden. Die Kläger wenden gegen diese Interpretation ein, der fragliche
Artikel *sag nindert, das daz lebentig des toten gut alles söll erben; er*
sag wol, was ir von irem wirt worden wäre, das sei das heiratgut das er
zu ir verheirat hab, oder das gut das si mit einander gewunnen haben,
damit möcht si thun nach irer beschaidenheit was si wolt. Der Richter
entscheidet zu Gunsten der Beklagten: *da der Mann kinderlos gestorben*
sei, und zusamen geheirat haben nach der stat ·recht, auch bei einander
gesessen lenger dann jar und tag als burger und burgerin, sprich ich zu
recht auf meinen eid, das der frawen irs manns säligen verlassen hab
und gut söll nachvolgen und zusten, als der stat recht ist, laut des ge-
prauchten artickels. Auf' eingelegte Appellation wird dies Urtheil durch
das herzogliche Hofgericht dahin umgeändert: *das der artickel in der*
urtail angerürt auf sölhs zuvallends erb wider gemaine recht nicht ver-
standen söll werden, es well oder müg dann die frau peipringen, des zu
recht genug ist, das es in der stat München zuvallends erbs halben, so
nach den heiraten zufallend, also herkomen und gehalten sei. Diesen
Beweis führt die Witwe durch das Zeugniss der Bürgermeister und Räte
von München, welche aussagen: *Nach herkomen des rechtens und auf*
inhaltung der hofurtail müg er der frawen des rechtens wol helfen, das
es hie zu München stat recht sei umb das zufallend gut gleich als umb
anders gut. Ganz in derselben Richtung bewegt sich Dipl. Undersdorf.
I No. 64 (1504). Vgl. Auer S. LXXIX ff.

Entwickelung durch das Privilegium Albertinum v. 1500 (Auer S. 195) zu Theil: *Sei alhie zu München ie und ie herkomen und stäter gebrauch bisher gewesen, wo zwo personen, man und frau die unser vorgemelter stat München burger und burgerin sind, eelich und heuslich bei einander wonen, und ain person aus inen ön eelich leiberben vor der andern tods abgee, und kain tail den heirat* [9]*), so der in recht gekriegt wurde, das er mit sonderm geding abgeredt und geschehen sei, zu recht gnug fürbringen mag, so solle alsdann die lebendig person aus inen des abgestorben verlassen hab und gut, nichts ausgenomen, ön alles mitel in craft des statrechtens alhie erben und des vor allen andern habhaft sein und beleiben.*

Einen ähnlichen Standpunkt nimmt das Landshuter Erbrechtsprivileg v. 1423 ein. Dasselbe behandelt das gesamte eingebrachte wie später hinzuerworbene Vermögen beider Ehegatten als éine Masse, die, wenn die Ehe Jahr und Tag überdauert hat und mit einem Kinde gesegnet gewesen ist, bei unbeerbtem Tode des einen Ehegatten dem überlebenden ausschliesslich zufällt; tritt der Todesfall früher ein, so erhält der überlebende Ehegatte die eine, die Erben des verstorbenen die andere Hälfte [10]).

Diese Entwickelung des Landshuter Stadtrechts kann auf das bairische Stadtrechtsbuch von 1347 nicht direct zurückgeführt werden, da das letztere nur in Oberbaiern Gesetzeskraft hatte. Dagegen ist es fraglich, ob die Münchener Interpretation des Art. 307 auch in den übrigen oberbairischen Städten heimisch war [11]). Auf dem Lande hielt man, wie das Hofgerichtsurtheil

---

[9]) Unter *heirat* ist hier der Heiratsbrief oder Ehevertrag zu verstehen.

[10]) Siehe S. 97 und 155. Das Privileg hält es für nothwendig, diesen Grundsatz noch ausdrücklich für die Erbgüter festzustellen: *Item, wer auch, dass aintweder taile im jarc oder nach jarsfriste icht guet ererbt, und dass ains vor dem andern in jarsfrist abgieng, so soll dann desselben ererbts guet auch halbes bleiben dem lebendigen, und halbs hinwied gehen der freundschaft davon es herkommen ist. vergieng sich das jahr, und dannoch beide lebten, und dass dann ains vor dem andern abgieng, so soll dem lebendtigen desselb (l. dasselb) ererbts guet auch gentzlich volgen und beleiben, gleich als umb das heuratguet.*

[11]) In Landsberg galt nach einem Privileg des Herzogs Stephan fol-

von 1484 (Anm. 8) andeutet, an den betreffenden Bestimmungen des
Landrechts fest, nach welchen das Heiratsgut des verstorbenen Ehegatten, vielleicht auch die eheliche Errungenschaft, nicht aber
das während der Ehe Ererbte dem überlebenden zu Eigenthum
überlassen wurde.

Alles dies gilt aber nur, wenn keine Eheverträge abgeschlossen sind, denn Willkür bricht Landrecht[12]). Dem schwäbischen Recht gegenüber zeigt sich hier insofern eine Abweichung,
als schon die Bestellung von Morgengabe und Widerlegung die
Anwendung des Landrechts ausschliesst. Die Frau, der solche
Gaben vom Manne ausgesetzt sind, muss sich an diesen genügen
lassen, den Rest der Hinterlassenschaft erhalten die Verwandten
des Mannes[13]). Ebenso muss aber auch entschieden werden,
wenn dem Manne ausdrücklich eine von dem übrigen Eingebrachten unterschiedene Heimsteuer bestellt worden ist; dann hat er
nur Anspruch auf diese, das übrige Eingebrachte fällt an die Familie der Frau zurück[14]).

II. Beerbte Ehe[15]). Ueber den auch in zweiter Ehe fort-
gesetzten Beisitz des Vaters oder der Mutter enthält das Bair.

gendes: *Alsbald die wirtleit die dork begreifet und zusammen gefallen ist,
so soll ir baider guet, das sie zusammen bracht haben, ain guet haissen
und sein, es sei liegende oder farende haab, nichts ausgenommen, und
soll ie ains auf das andere erben. und welches der wirtleit zuelest von
tods wegen abget, desselben erben sollen dann die hab besizen, und der
soll nichts wieder haim gehen an den stam von dennen die hab herkommen ist.* Ich führe die Stelle nach Mittermaier (Zeitschr. f. gesch. RW.
2, 328) an, da mir Loris Gesch. d. Lechrains (S. 89 No. 95) nicht zur
Hand ist. Hier stand die Sache ebenso wie in München, ausdrücklich erwähnt wurde bloss das Eingebrachte, es unterliegt aber keinem Zweifel,
dass überhaupt das ganze Vermögen des einen Ehegatten nach seinem
Tode auf den andern übergieng. Dasselbe galt auch in Ingolstadt nach
einem Privileg v. 1496. Siehe Mittermaier a. a. O. 329.

[12]) Vgl. das *besundere geding* Art. 107 (S. 194). Der Schluss von
Art. 106 lautet: *Ez sein dann besunder tœding da geschehen, die bringen
auz mit briefen oder mit den lœuten die ez getœdingt habent.*

[13]) Bair. Lndr. 110 (s. S. 84 Anm. 9 und S. 86 Anm. 16 a. E.). Vgl.
S. 181. Die Morgengabe allein scheint diese Wirkung nicht gehabt zu
haben. Vgl. das Anm. 11 angeführte Privileg für Ingolstadt.

[14]) Vgl. S. 24. Kraut 2, 481.

[15]) Vgl. Roth i. d. Jahrb. d. gem. deutsch. Rechts 3, 340f.

Landr. folgende zwei Bestimmungen, die nur, wenn man sie als Parallelstellen auffasst, richtig verstanden werden können.

113 (11, 20):	101 (11, 8):
Wir haben auch erfunden, ob ein man zwaierlai kinde hiet oder mer, so sol ietweder kind irr mueter gut voraus erben, und soll ir vater icht gelten, so sullen sie von irem väterlichen erbe geleich gelten; und wär des geltz dannoch mer, dann irs vaterlichen erbs wär, daz sullen si von irem muterlichen gut geleich gelten.	*Wär, ob ein frau zwen wirt gehabt hiet oder mer, und dapei zwaierlei kint hiet oder mer, und soll die frau icht gelten, so sol man von ungetaillen guet gelten. umb ir müterlich erbe so sol es sten in allem den rechten, als von dem vater geschriben stet.*

In beiden Fällen, mag der gemeinsame Vater oder die gemeinsame Mutter gestorben sein, wird zwischen dem ungetheilten Vermögen und dem Sondergute unterschieden.

Auf das erstere haben sämtliche Kinder einen gleichmässigen Anspruch; es besteht, wenn der gemeinsame Vater gestorben ist, aus dem „väterlichen Erbe", und zwar in seinen Activis wie Passivis, auch wenn die letzteren die ersteren übersteigen; dem gegenüber erscheint als Sondergut das von den verschiedenen Frauen herrührende Vermögen, auf das die mit ihnen erzeugten Kinder einen ausschliesslichen Anspruch haben. Hiernach ist den Kindern erster Ehe das von ihrer Mutter herrührende Vermögen (Heimsteuer, Morgengabe, Erbgut) verfangen, während das von dem Vater herrührende, gleichviel ob vor oder nach dem Tode der ersten Frau erworben, als gemeinschaftlich behandelt wird [16]). Dieselben Grundsätze kommen bei dem Tode

---

[16]) Roth a. a. O. sieht das ganze erstehliche Vermögen als verfangen an. Allein dem widerspricht der Gegensatz zwischen dem väterlichen Erbe und dem Muttergute, auch wäre es offenbar eine Benachtheiligung der zweitehelichen Kinder, wenn sie ihr väterliches Erbe mit den Stiefgeschwistern theilen müssten, auf das frühere Vermögen ihres Vaters aber keinen Anspruch hätten. Auch der Umstand, dass Schwsp. 287 (s. S. 156) in Ruprechts Rechtsbuch aufgenommen ist, kann bei der Unselbständigkeit, mit der Ruprecht gearbeitet hat. nicht ins Gewicht fallen. Aehnliches ist uns ja bei dem Wiener Weichbildrecht begegnet.

der gemeinsamen Mutter in Anwendung, ihre Passiva gehören zu dem „ungetheilten Gute" und im übrigen verweist Art. 101 wegen des „mütterlichen Erbes" auf Art. 113.

Durch Vertrag kann auch ein anderes bestimmt werden, denn die Schlussworte des Art. 113 lauten: *Es wär dann voraus geteidingt mit briefen, so sol darumb geschehn was recht ist.* Auf diese Weise konnte also auch eine Einkindschaft geschlossen werden, in Landshut trat diese aber von Rechts wegen ein, wenn beide Ehegatten schon aus einer früheren Ehe Kinder besassen mit denen sie nicht abgetheilt hatten. Landshuter Erbrechtsprivil. v. 1423 S. 322: *Ob ein mann und ein frau mit heurat zu einander kœmen und zwaierlei künd zusammen brœchten die vor nicht von inen gethaill waren, als oben benennt ist, und dass dann der vater abgieng, so sollen seine künd, sein hausfrau und ihr künd ihr beider hab und guet gleich mit ainander erben und thailen. hielten oder gewunen dann mann und frau laibliche erben mit ainander, so sollen dieselben ihr baider laiblichen erben und die zwaierlai künd, die sie zu einander bracht haben, und die muetter auch gleich mit einander erben und thailen. dessgleichen ob die muetter abgieng, so soll es umb den vater und umb die zwaierlei künd und auch umb ihr baider leibliche erben besteen und vorgeschriebener masse* [17]).

Ausgedehnter als nach dem Landrecht war die Verfangenschaft nach dem ursprünglichen Stadtrechtsbuche, welches sämtliche erstehelichen Immobilien für verfangen erklärte und dem Manne, von Notfällen abgesehen [18]), freie Verfügung nur in Be-

---

[17]) d. h. wie vorgeschriebenermassen. Ueber die ganze Stelle vgl. Mittermaier, Zeitschr. f. gesch. RW. 2, 343 f.

[18]) Münchener Stadtr. 123 lauten die oben (S. 84 Anm. 9) ausgelassenen Worte: *doch seiner ehaften not unverzigen,* und: *und sol auch das aigen daz lest guot sein daz er durch sein notturft an wirt.* Eigenthümlich ist es, dass auch der Fall, wenn der Mann nicht genug freies Vermögen besitzt um seiner zweiten Frau eine Widerlegung zu bestellen, als echte Not hingestellt wird. Nach der Beschränkung der Verfangenschaft auf Erbgüter der Frau hörte das Verfügungsrecht des Mannes in Notfällen ganz auf. Siehe Anm. 20. — Veräusserung mit Zustimmung der Kinder war natürlich jederzeit gestattet. Vgl. Dipl. Raitenhasel. 83 (1302).

treff der fahrenden Habe und der seit dem Tode der ersten Frau
erworbenen Immobilien einräumte [19]). Dagegen näherte sich das
spätere Münchener Stadtrecht wieder dem Landrecht, ja gieng
noch hinter dasselbe zurück, indem es nur die während der Ehe
von der Frau ererbten Güter, nicht aber ihre Heimsteuer der Verfangenschaft unterwarf [20]).

Der Mann hat das Verfangenschaftsrecht, d h. er braucht
sich unter keinen Umständen mit den Kindern auseinanderzu-
setzen, wenn er nicht will [21]). Der Witwe gegenüber gilt aber
Theilrecht; zwar hat sie im Beisitze dieselben Rechte, welche
früher dem Vater zustanden [22]), entstehen dabei aber Unzuträg-
lichkeiten, so kann die Obervormundschaft besondere „Pfleger"
für die Kinder ernennen oder auch Theilung anordnen [23]). Als
sonstige Gründe der Theilung werden erwähnt: Wunsch der
Mutter, Wunsch der Kinder und vor allem Wiederverheiratung

---

[19]) Münchener Stadtr. 123 (s. S. 84 Anm. 9).

[20]) Münchener Stadtr. 449 (späterer Zusatz): *Swo zwai gemechel eleich
gesamet werden, waz denn der frauen zu irem wirt geben wirt, ez sei varent oder unvarent guot, ze haimsteur, wie daz genant ist, stirbt dann die
selb frau und lat chint hie, wil dann der man ain andreu frauen nemen,
der selben frauen mag und sol er widerlegen auf der ersten frauen haimsteur, und nit auf dem erb daz diu frau geerbet hat bei irem wirt; daz
sol der chind sein die diu frauen hie hat lazzen, und niemant anders, und
mag der vater den selben chinden, daz selb nit verkümern noch än werden
umb chain sein durft.*

[21]) Freiwillige Theilung ist natürlich nicht ausgeschlossen. Vgl. RB.
9, 255 (1371). In Ingolstadt galt auch für den Mann Theilrecht
(s. Anm. 24),

[22]) Vgl. Häberlin, Bearb. der Hist. Fris. 225 und die folgende Anmerkung.

[23]) Münch. Stadtr. 124: *Stirbt ain man än geschaeft und lat hie hausfrawn und chint, so sol den witub der chint und des guots gewaltich sein;
ez wer dann, daz den frau den chinten anders mit gefüer, dann redleich
wer, und die chint der frauen auch anders mit gefüeren, dann redleich
wer, und davon si pajdenthalben möchten ze schaden chömen; so süllen
si ir sach für den rat pringen, swie si dann der rat nach ir paider fürgab
haizz gevarn und mit ainander leben, daz süllen si stet behalten mit tail
oder mit pflegern, und süllen da wider nicht reden.*

der Mutter [24]), doch kann selbst in diesem Falle seitens der Kinder auf die Theilung verzichtet werden [25]).

Die Theilungsgrundsätze sind sehr verschieden. Nach dem Landrecht erhält die Witwe ausser der Heimsteuer und Morgengabe (und wol auch der Widerlegung) die gesamte Fahrhabe ; besteht das Vermögen aber nur aus Mobilien, so werden diese nach Recht und Billigkeit unter die Mutter und die Kinder vertheilt [26]. Ebenso nimmt nach dem Münchener Stadtrecht die Witwe Heimsteuer, Morgengabe und Widerlegung, die fahrende Habe muss sie aber mit Ausnahme einzelner Gegenstände, die sich der Gerade vergleichen lassen, an die Kinder herausgeben [27]). Während hier-

---

[24]) Stadtr. v. Freising S. 185 (vgl. Bair. Lndr. 96): *Ist aber, das lœut zuo einander heiratent die weder aigen noch lehen habent, und stirbt der man und lœt chint pei der frawen, und wolt die frau ainen andern man nemen, oder wolt sich sonst von den chinden schaiden, oder die chind von ir, so süllen si ze peden seiten irer nœchsten freunt vier nemen, und die süllen sie von einander schaiden und verrichten nach iren trewen.* Landshuter Erbr. v. 1423 S. 320: *Gieng auch ain mann ab vor seinem weib, und liess leiplich eriben bei ir, wollt dann die frau bei den kündteren beleiben und ihren wittibstuel nit verkern, die mag das wol thuen.* Privil. f. Ingolstadt v. 1496 (Zeitschr. f. gesch. RW. 2, 329): *Wo aber eelich leibserben gelassen wurden, dass die alsdann desselben toten guet, als vaterlich oder müterlich erb, erben, und wann darnach derselben kinder vater oder muter heiraten, oder die kind, so sie zu iren tagen kommen, ir erb haben wollten, dass sie und solch erb nach eines rates daselbst und der nœchsten fründ rate darumb entschaiden werden.*

[25]) Vgl. oben S. 199f.

[26]) Bair. Lndr. 96 (11, 3): *Ob ain man sturb und ain eleich weip hie liezz und pei der selben chind hiet, so sol der frawen mit ir hain volgen ir haimsteiver und ir morgengab. wœr aber, ob der man hinder im ze gelten liezz daz er gelten solt, wil dann die frau an daz gelt sten, so sol si auch erben die varenten hab. ist aber, daz lœut zuo einander heiratent die weder aigen noch lehen habent, und stirbt der man und lœt chint pei der frawen, so süllen si ze peden seiten u. s. w.* (wie im Freis. Stadtr., Anm. 24). Dipl. Rot. 257 (1433): den Kindern erster Ehe wird ihr „väterliches Gut', und ein Bett nebst Zubehör überlassen.

[27]) Münch. Stadtr. 216: *Swenn ain man gestirbet der nach der stat recht geheurat hat, und der chinder hinder im gelazzen hat, daz die selben seineu chind . . haben süllen alleu seineu varendeu hab; und sol sein hausfrau nichts damit ze schaffen haben, ez wœr dann, ob ir ir wirt u. s. w.* (s. oben S. 2). Am Schluss heisst es: *des soll sie geniezzen, und auch un-*

nach Landrecht wie Stadtrecht den Gedanken der Gütergemeinschaft nicht consequent festgehalten haben, findet sich derselbe
in dem Landshuter Erbrechtsprivileg S. 321 streng durchgeführt:
Wær auch, dass ain mueller ihren wittibstuel verkeren wolti,
so soll sie mit ihren kündern nach freinds rat, ehe dass sie heurat,
thailen auf einen glichen thail, dass die mueller und iedes künd
eins als viel als das andere haben sollt, ausgenommen der mueller
morgengabe, die soll sie empfor haben, und das soll dann verbrieft
werden. Dass auch der Mann, wenn er aus freien Stücken theilt,
nur einen Kindestheil erhält, lässt sich aus einer andern Stelle
des Privilegs schliessen [28]).

Eine Abänderung der gesetzlichen Erbfolge durch Eheverträge ist unzulässig, da jede Ehestiftung durch Kinderzeugen
gebrochen wird [29]). Aber während bei unbeerbter Ehe schon die
Bestellung von Morgengabe oder Widerlegung die Wirkung eines
vollständigen Ehevertrags hat [30]), ist dies bei beerbter Ehe nicht
der Fall, vielmehr bleiben derartige Dispositionen ohne Rücksicht
auf das Vorhandensein von Kindern nach wie vor in Kraft.
Deshalb nimmt nach Landshuter Recht die Mutter vor der Theilung die Morgengabe vorweg, während sich nach dem Landrecht
und dem Münchener Stadtrecht ihre Ansprüche überhaupt auf
derartige Zuwendungen des Mannes beschränken [31]).

Die Auseinandersetzung kann nach dem Landrecht wie nach
dem Stadtrechtsbuche nur eine Abfindung der Kinder in Betreff
der väterlichen, nicht auch der mütterlichen Erbschaft bewirken [32]),
wenn nicht durch Erbverzicht die Theilung zu einer völligen

---

verzigen mit chlainot die ir pilleich volgen süllen, als daz in der stat rech-
ten und anderthalben ist geschriben. Vgl. S. 160. In einer Auseinandersetzung v. J. 1430 (Mon. Monac. 226) wurde dem erstehelichen Kinde ein
Haus, ferner *ain pettgbant und ain kastel* überlassen.

[28]) Siehe S. 200.

[29]) Siehe S. 139.

[30]) Siehe S. 198.

[31]) Ob in Ermangelung solcher Zuwendungen nach andern Grundsätzen getheilt wird, lässt sich bei der Lückenhaftigkeit der Quellen nicht
beurtheilen.

[32]) Dipl. Rot. 257 (s. Anm. 26): *unverzichen seins mutterlichen erbs.*

Abschichtung wird [33]). Nach dem Landshuter Recht ist dies wol
immer der Fall, denn die Verfangenschaft hört auf und die
Mutter kann ihren Theil nun frei in eine zweite Ehe hinüber-
nehmen [34]).

III. Ehescheidung. Ausser einer dem Schwsp. entnommenen
Bestimmung des Bair. Lndr. [35]) ist nur eine Urk. von 1452 zu
erwähnen, die sich allerdings nur auf einen Fall böslicher Ver-
lassung und nicht auf eine Ehescheidung bezieht [36]).

§. 25. Das österreichische Recht*). I. Unbeerbte
Ehe. Im Jahre 1420 erliess Herzog Albrecht für die Stadt Wien
folgende Verordnung [1]): *Als in unser stat ze Wien langezeit her
ze recht gehalten und gesprochen ist: wenn ein man zu einer fraun
erbguter bracht hat die ledikleich sind sein gewesen, von wem die
an in komen sind, und darumb er und sein erben in briefen und
gruntpuechern sind gestanden, was er derselben gueter unverschafft,
unverkumert und unvermacht hinder im lassen hat, daz die alle
seinr hausfraun, ob die nach im in leben beliben ist, zu leibgeding
gesprochen sein, si hab haimsteur und morgengab gehabt oder nicht,*

---

[33]) In dem oben (Anm. 27) erwähnten Theilungsvertrage v. 1430 wird
das Kind wegen aller Ansprüche gegen beide Eltern abgefunden, während
die Mutter sich ihre etwaigen Erbansprüche gegen das Kind vorbehält:
*Wann ez daz also von uns ausgericht ist, so sol ez zu uns von dhainerlei
vaterlichs oder muterlichs erbs wegen auf kain unser hab nichtz mer ze
sprechen haben . . .; dez gleich sullen wir zu im noch auf kain sein obg.
erbgut auch nichtz zu reden haben, dann unverzigen zbischen unser rechti
erbschaft, ob sich die von todez wegen ergen möcht angevar.*

[34]) Landsh. Erbr. S. 321: *So mag sich dann die frau und muetter mit
ihrem thail und guet wol verheuraten nach ihrem willen.*

[35]) Bair. Lndr. 105 (11, 12. Freis. St. 188): *Swo ain frau geschaiden
wirt von irem wirte mit dem rechten, also daz er ir nicht gepflegen mag,
noch gewinnen: waz er ir ze morgengab geben hat, und swaz si irer hab
zuo im pracht hat, daz sol mit ir haimvolgen, und sol fürbaz mit seiner
hab nicht ze schaffen haben.* Vgl. S. 161.

[36]) Siehe S. 80.

*) Die Artikel 83--55 des Wiener Weichbildrechts (Rauch 3, 203 f.)
müssen hier unberücksichtigt bleiben, da sie nichts als gedankenlose Wie-
derholungen von Schwsp. 5a. 25 und 24 sind. Vgl. S. 52. 59.

[1]) Notizenblatt 1853 S. 380.

und ob der man kinder hinder im lassen hab oder nicht; zu geleicher
weis, ob ein frau zu irem mann erbguter bracht hat die ledikleich ir sind
gewesen, von wem die an si komen sind u. s. w. (wie oben), daz
die alle ierm mann, ob er si uberlebt hat, gesprochen sein zu leibgeding, er hab von desselben seins weibs wegen haimsteur und morgengab ingehabt oder nicht[2]), si hab kinder hinder ir lassen oder
nicht; und wan wier kundleich underweiset sein, daz dasselb recht
und die gewonhait der egen. unserer stat nicht gemainen nucz,
sunder abnemen bracht hat, und das damit der burger kinder daselbs
iers vaterleichen und mueterleichen erbs oft enterbt sind warden
und solh ier erb, das in rechtleich hiet zuogepueret, wider unsers
landes recht zu fromder leuet handen kœmen ist, das zu underkomen
und durch aufnemens und gemains nucz willen unserer vorg. stat
haben wir die egen. gewonhait abgenomen . . . und mainen und
wellen, das all sachen von erbschaft wegen die man oder weib
hinder in lassent, wenn sich die in unserer egen. stat begebent so
vor gemeldt ist, nicht mit den vorg. rechten und gewonhaiten, sunder
nach solhen gewonhaiten und rechten, als anderswo in unserm land
umb erbgueter, die in briefen und gruntpuechern geschriben steend,
recht und gewonhait ist, gerichtet und entschaiden sullen werden än
gevar. Sehen wir für jetzt von der durch diese Verordnung her-
beigeführten Rechtsänderung ab, so ergibt sich aus ihr doch für
das ältere Wiener Recht, dass der überlebende Ehegatte, ohne
Rücksicht darauf ob er selbst etwas eingebracht hatte oder ganz
vermögenslos war, die Leibzucht an den eingebrachten Immobilien
des verstorbenen hatte. Dies wird von allen übrigen Zeugnissen
des Wiener Stadtrechts bestätigt[3]) und schon in den ältesten

---

²) Vgl. S. 67.

³) Wiener Weichbildr. 74 (Rauch 3, 191): Ist aber, das sich ir (d. h.
von mehreren Geschwistern) ains zwaiet, und stirbt darnach än erben, so
wehaltet sein gemächel das erbguet wol mit recht uncz an seinen tod unverseczt und unverkauft, es wär dann ain guet das mit furczicht kauft
wär, so peleibt es der frawen wol . . ., oder ob das guet mit morgengab
dar komen wär . . .; sunst gehort es nach irem tod irs wirts gesuistreid
wider an. bringt die frau dasselb leibgeding zu andern handen, und das
des die erben inne werden die desselben guets wartund sein . . ., so hat

Privilegien wenigstens angedeutet [4]). Offen bleibt noch die Frage
wegen der fahrenden Habe, die jedenfalls Eigenthum des überlebenden Theils wird, ferner wegen der ehelichen Errungenschaft und
der dem Verstorbenen während der Ehe zugefallenen Erbgüter.
Die letzteren dürfen wir wol nach dem Vorgange anderer Rechte
auf dieselbe Stufe mit dem Eingebrachten stellen [5]). Aber während das Wiener Recht hier den Standpunkt des altbairischen
Rechts festgehalten hat [6]), ist es in Betreff der Errungenschaft zu
der Entwickelung wahrer Gütergemeinschaft vorgeschritten, indem
es dieselbe dem überlebenden Ehegatten zu Eigenthum überlässt,
nach seinem Tode aber, soweit er nicht darüber verfügt hat, die
eine Hälfte seinen Erben, die andere den Verwandten des erst-
verstorbenen zuweist; hatte er sich wieder verheiratet, so schliesst
der zweite Ehegatte die beiderseitigen Verwandten aus [7]).

die frau als ir recht an demselben ort verloren, und seczt man . . irs
wiertes geswistreid mit recht an die gwer. Vgl. ebd. 72 (3, 188). 73 (3, 189).
Urk. B. des Schottenklosters Nr. 238 (1350). Ueber Veräusserungen in
echter Not ist zu vergleichen Rauch 3, 12. 155. Siehe S. 163 Anm. 2 und
unten Anm. 22 und 24.

[4]) Stadtr. v. 1221 §. 61 (43): *Statuimus etiam, quod quicunque civium
moriatur, si uxorem habeat vel liberos, iudex se non intromittat de bonis
vel de domo ipsius, sed sint in potestate uxoris et liberorum.* §. 64 (44):
*Si autem is, qui moritur, non habet uxorem vel liberos, in ordinatione ipsius
consistant bona sua* (Gengler, Stadtr. 530. Gaupp, Stadtr. 2, 238. Archiv
f. österr. Gesch. 10, 105). Aehnlich das Stadtr. v. 1340 (Rauch 3, 50) und
das von Wiener-Neustadt (Arch. f. österr. Gesch. 10, 119). Vgl. §. 26
Anm. 7 und 9.

[5]) Dies geht auch aus Wiener Wchb. 78 (Rauch 3, 199) hervor.

[6]) Vgl. S. 194.]

[7]) Wiener Wchb. 72 (Rauch 3, 187): ein Mann stirbt und hinterlässt
erworbene Güter, aber kein eingebrachtes Vermögen; seine Geschwister
verlangen von der Witwe: *si sull zu recht irs brueder guet mit in tailen,
wann alles das guet, das er ir lassen hat, das sei nur ir leibgeding.* Es
wird entschieden: *So sol die frau das pringen . . ., das si dasselb guet
mit irem wirt erarbuit und auch gechauft hab, und wenn si das also bringet,
so ist das guet in (l. ir) ledig zu geben und zu verkaufen, nach irem tod
oder vor, wem si wil.* Es heisst dann weiter: *Ist aber, das dieselb frau
das guet pesiczt und auch an man beleibt und darnach an geschaft stirbt,
und was si dann desselben guets erspart er uncz an ir ende, das gehoret
halbs irn freunten und halbs irs wirtz nachst freund an. stirbt si aber mit
geschaft, wem si denn das guet schaffet an iren lesten cxeiten, des ist auch das
guet lediglich.* Bei Widerverheiratung der Witwe gilt folgendes: *Das kaufte guet*

Mit diesen Grundsätzen des Wiener Stadtrechts stimmt nun auch das sonstige österreichische Recht durchweg überein, denn das Leibzuchtsrecht des überlebenden Ehegatten an den eingebrachten oder ererbten Liegenschaften des verstorbenen ist allgemein anerkannt[8]), und auch die oben beschriebene Behandlung

beleibt alles sambt dem lesten manne, nur was si sein von ir schaffet mit des mannes willen, das mues der mann stät halten. verfert si auch än geschaft, so ist [es] alles ir kaufguet des lesten mannes und thut er dar mit alles das er wil. Bei der Theilung der Errungenschaft concurrieren übrigens von Seiten der Frau nur die Verwandten bis zur dritten Sippe. Wiener Wchb. 78 (Rauch 3, 199). — Urk.-B. d. Schottenklosters Nr. 66 (1258): eine Witwe verschenkt zwei Grundstücke _per providenciam . . mariti mei et meam libere et rationabiliter empta;_ ihr Recht zur Veräusserung begründet sie dadurch: _cum iam dicta bona propriis laboribus et pecunia unacum marito meo . . . conquisiverimus._ Ebd. Nr. 296 (1372): eine Witwe wird von dem Bruder ihres Mannes wegen eines Grundstücks belangt, das ihr Mann für sich und seine Erben gekauft haben soll; sie entgegnet, dass sie und ihr Mann dasselbe _mit einander baide mit gesampter hant umb ir baider wol gebunnens gut gechauft hieten._ Da sie dies beweist, so entscheidet das Gericht, sie solle das Grundstück _fürbas unverchumert und ungergert inn haben, als leibgedings recht wer, untz an irn tod, und dann nach irn tod so solt derselbig hof . . . geleich halber erben und gevallen auf des egen. Petreins des Grabner (ihres Mannes) nasten erben, und halber auf derselben vroun Annen nasten erben nach des landes recht ze Oesterreich._

[8]) Stadtr. v. Ofen 2ᵒᵒ2 (s. S. 67). Pantaid. v. Haselbach 72 (Kaltenbäck 1, 345): _So sich begibt, dass under zwaien chonleuten ains stirbt, so ist dann das ander schuldig zu geben von dem gelassen guet ainem obersten kellner für die gwör die gewönliche gerechtigkait._ Urk. B. ob der Enns II Nr. 178 (1154): _prediorum viri sui usum fructuarium tenens._ MB. 2, 189 (1165): Markgraf Engelbert von Istrien wird nach dem Tode seiner Frau von seinem Schwager aufgefordert, _ut in omnibus, que sororis sue fuerant, ius hereditarium sibi recognosceret._ Dann heisst es: _Marchio ius hereditarium in uxoris sue possessionibus publica voce comiti, ut postulaverat, recognovit et, ne quid remaneret ambigui, ipsas possessiones eidem comiti, usufructu dumtaxat sibi retento, propria manu delegavit._ Urk. v. 1279 und 1307 s. S. 68. Notizenbl. 1853 S. 9 (1314): _Wer ouch, daz mein tohter sturbe än chinde, . . . so suln die vorg. 400_ ₰. (ihre Heimsteuer) _nach Wycharts (ihres Mannes) tot her wider ouf main erben gevallen, als heiratguets reht ist in dem lande ze Osterrich._ Ebd. 1854 S. 340 (1359): _So sol er daz obg. gut . . . in nutz und in gewer inne haben unverchumert unts an seinen tode, als haimsteur recht ist und des landes recht ze Oesterreich, und nach seinem tode so sol denne das vorg. gut alles her wider erben und gevallen auf mein nachst erben._ Vgl. ebd. 1851 S. 334 (1332). 1854 S. 129 (1348). S. 531 (1371). S. 533 (1373). S. 594 (1385). Heiratsver-

der Errungenschaft wird als österreichisches Landesrecht bezeichnet[9]). Die Verordnung Albrechts v. 1420, nach welcher das Wiener Stadtrecht fortan mit dem Landrecht in Einklang gesetzt werden sollte, kann sich daher nur auf die Verhältnisse bei beerbter Ehe bezogen haben.

Eigenthümliche Grundsätze finden sich nur im Prager Stadtrecht[10]) und in dem Recht der Zipser Sachsen[11]), was bei den Beziehungen beider zum sächsischen Recht nicht auffallen kann. Im übrigen kommen Abweichungen auf Grund von Eheverträgen[12])

---

trag zwischen Albrecht von Oesterreich und Johanna von Baiern v. 1381 (Mon. Witt. Nr. 365): *Geschäh aber, daz derselben gemähel eines vor dem andern abgienge, und nicht kinder mit dem andern hinder im liessen, so sol das ander desselben heiratgut zu seinen lebtägen innhaben und niessen, und nach des tod sol es hinwider gevallen an die stat von dannen es komen ist.* Hasenöhrl 105. Urk.-B. v. Heiligenkreuz I Nr. 126 (1254). Nr. 244 (s. S. 130 Anm. 14). Arch. f. österr. Gesch. 2, 198 (s. S. 146). Urk.-B. d. Familie Teufenbach Nr. 239 (1423) 262 (1429). Ebd. Nr. 38 (1356) wird dem Manne an der Heimsteuer seiner Frau neben der Leibzucht ausdrücklich auch das Recht der Veräusserung in Notfällen zugestanden. Dagegen erscheint in einer Urk. v. 1311 ein Mann als Eigenthümer der Heimsteuer. Fund. Zwetl. S. 586 (s. S. 68).

⁹) Siehe den Schluss von Anm. 7.

¹⁰) Prager Statutarrecht 103: *Gieng er aber ab án geschefte und liess ein hausfrawe, und nicht kinder, so sol haben an seinem gut di frau ein dritteil, und die andern zwei teil sullen gevallen auf desselben nechsten frund swertes halben. und der frawen sol stetiklichen folgen ir freulich hausrat, als der im statpuch geschriben stet.* Die Verweisung am Schluss bezieht sich auf Art. 60. (s. Anm. 42 und 43). Stirbt die Frau vor dem Manne, so nimmt dieser die ganze Fahrhabe, vielleicht sogar den ganzen Nachlass, denn Art. 59 bestimmt über das vorbehaltene Frauengut (vgl. S. 145 Anm. 29): *Sturbe sie aber án geschefte, oder daz sie daz selbe gut nicht vorgewen hat, so schol es gevallen an iren virt mit vollem rechten.* — Prager Rechtsb. 159 und 159 hat keinen selbständigen Wert.

¹¹) Zipser Sachsenr. 4: *Ab das were, das frau ader mann mit einander leben án kinder, und gott über den mann ader über die frau gebóte, so sollen die nechsten freunde mit dem manne ader mit der frauen die helfte teilen.* Dies gilt aber nur, wenn die Ehe Jahr und Tag gedauert hat und keine Morgengabe verabredet ist. Vgl. Art. 13 (s. S. 56, S. 63 u. S. 154). Siehe noch Art. 2 (S. 104) und 16 (Anm. 46).

¹²) Vgl. Notizenbl. 1856 S. 345 (1292). Wenn der Mann seiner Frau eine Morgengabe bestellt, so kann dies nur den Sinn haben, dass die

und letztwilligen Verfügungen vor, und es fragt sich bei den letzteren nur, inwieweit ein Ehegatte dadurch den andern ohne seine Einwilligung beeinträchtigen darf [13]).

II. Beerbte Ehe. Nach dem Wiener Stadtr. v. 1340 galt Verfangenschaftsrecht, es blieb dem überlebenden Ehegatten anheimgestellt, ob er mit den Kindern theilen wollte oder nicht, diese konnten ihn aber unter keinen Umständen zur Theilung zwingen: *Ez mag ouch ein igleich witib oder witiber durch ehaft not mit seinen chinden wol getailen, ee ez heiraet, ez sei danne, daz im die chint oder die vreunt ehaft not erleichen verziehen untz an seinen tet. aber die chind mugen weder vater noch mueter dhainer tailung genoten* [14]). Ausnahmsweise hatten die Kinder das Theilrecht, wenn die Mutter eine ihrem Stande oder den guten Sitten widersprechende Ehe eingieng, eine Ausnahme, die sich schon in dem sogen. rudolfinischen Stadtrecht v. 1278 findet [15]), während das Stadtr. v. 1221 noch auf dem Boden des reinen Verfangenschaftsrechts steht [16]). Ob das ganze Immobiliarvermögen, oder nur das von dem verstorbenen hinterlassene als verfangen angesehen wird, lässt sich nicht entscheiden, jedenfalls durfte das letztere nur in bestimmten Fällen echter Not veräussert und namentlich keinem neuen Ehegatten zugewendet werden [17]).

Frau auf sein übriges Vermögen, aber wol abgesehen von der Errungenschaft, keine Ansprüche mehr machen darf. Vgl. die vorige Anmerkung.

[13]) Ueber die eheliche Errungenschaft kann der Mann nach Wiener Wchb. 72 (Rauch 3, 187) nur zur Hälfte letztwillig verfügen. Die älteren Stadtrechtsprivilegien lassen ihn nur über die fahrende Habe, nicht aber über die Immobilien testieren. Siehe Anm. 4. u. S. 111. Altprager Stadtr. 76 (Rössler XX). Wegen der Frau vgl. S. 103 f. 107.

[14]) Rauch 3, 50.

[15]) Siehe S. 57.

[16]) Es enthält nur das Verbot der Zuwendungen an den neuen Ehegatten. §. 59 (41): *Inhibemus etiam, ne qua vidua bona puerorum suorum, que hereditarie eos contingunt, velit conferre alteri viro quem postea duxerit.* Das Stadtr. v. Wiener-Neustadt fügt hinzu: *Idem vero ius, quod de muliere diximus, de viro statuimus e converso.* Vgl. Anm. 4.

[17]) Rauch 3, 50: *Wir wellen ouch und setzen: ob ein witiber ob (l. oder) ein witib in dem ersten jar seines witentuems vor dem rat mag bewern mit swain erbern mannen, daz ez daz ander gemechait hab lazzen in ehaften not gult, so mag ez wol des erbes verchoufen daz im daz ander gemeicheit*

Sehr eingehend ist unsere Lehre in dem sogenannten Wiener Weichbildrecht behandelt. Verfangen ist das ganze erstehliche Immobiliarvermögen ohne Rücksicht auf Erwerbstitel und Herkunft [18]). Veräusserungen und Verpfändungen bedürfen der Zustimmung der Kinder oder ihrer Freunde und können, wenn diese fehlt, binnen Jahr und Tag von ihnen angefochten werden [19]). Geht der überlebende Elterntheil eine neue Ehe ein, so bleibt doch den erstehlichen Kindern der ausschliessliche Anspruch auf das verfangene Gut [20]). — Eine Auseinandersetzung des Vaters mit

----

lazzen hat, daz es dasselb gelt vergelt, und nicht mer; und furbas noch dem ersten jar sol man der bewerung nicht mer horen. Vgl. ebd. 3, 12. Ebd. 3, 49: Wir wellen ouch und verbieten, daz dhain witib irr chind guet, daz seu anerbt, geben sulle noch enmug einem andern manne den si nimt, oder witiber. Siehe Anm. 16.

[18]) Siehe Anm. 19 und 20.

[19]) Art. 70 (Rauch 3, 183 f.): Nimbt ain man ain hausfrawen, und habent nicht erb noch aigen, und chaufent dar nach erb und aigen mit ain ander, und gewinnent kind mit ainander, und dar nach si stirbt, die frau, und wiert dem manne des durft, ee das er sich zu . . . . (erg. einer neuen Ehe begebe), ains erbes hin zu geben, do irrent in seine kind wol an, es sei dann das er mit in tailt . . . . Wil aber der vater witiber beleiben, und wil nicht mit seinen kinden tailen, so behaltet er sein erb wol mit recht unverseczt und unverkauft alles zu ainander, und sol auch es nicht eer gebn, die weil und er lebt, wann es nach seinem tod alles seiner kinder ist . . . . Ist aber, das der vater ain hausfraun nimbt, alles das guet, das er vor gehabt hat, es sei kaufguet oder erbguet, wie es dann genant ist, das mag er weder verseczn noch verkaufen, wann es der ersten kind ist, bei der mueter und er es erarbait und erkauft hat Art. 73 (3, 189): Leit aber die mueter todt, und nimbt der vater ain anders weib, und tailt mit den kindern nicht mit seinem varenden guet, da mit er das erb gar behub uncz an sein tod, das thuet er wol. er mag aber das erbe weder verseczen noch verkaufen, all die weil er lebt. Art. 76 (3, 193): Was aber sein mueter hinnach (d. h. nach dem Tode des Vaters) gewannet hat mit dem erb das sein vater lassen hat, mit verseczn oder mit verkaufen und mit geben ainem andern manne, das hat alles kain kraft, wann ir sun, der aus fremden landen chomen ist, bringt es alles mit recht wider her. Die Verjährung der Anfechtung beginnt bei Söhnen mit der Kenntnissnahme nach erreichter Mündigkeit, bei Töchtern erst mit der Verheiratung zu laufen. Siehe Rauch 3, 194 f. Stirbt ein Kind vor dem Vater oder der Mutter, so gehen seine Rechte aus der Verfangenschaft auf die von ihm hinterlassenen Enkel über. Art. 77 (3, 196).

[20]) Art. 73 (3, 189): Und wenn er dar nach stirbet, er hab kind bei

den Kindern [21]) kann auf zwiefache Weise geschehen, mit Verzicht oder ohne Verzicht. Die Theilung mit Verzicht ist eine vollständige Abschichtung, der Vater erhält seinen Theil zu freier Verfügung und hinterlässt ihn den in zweiter Ehe erzeugten Kindern, die erstehelichen Kinder sind durch die Theilung abgefunden: *Tailt er aber mit seinen kinden mit furczicht, welherlai (l. welher tail) dann den vater angefellet auf dem erbe, den geit er dar nach wol lediyclich zu verseczen und zu verkaufen wem er wil, vor seinem tod oder hinnach. stirbt er aber dn erben und verfert dn geschaft, was dann seine kind des selben erbs vinden in seiner gewalt unverseczt und unverkumert, da gehort sich (l. das gehort sie) wider an dn allen krieg [22])*. Leider erfahren wir nicht, nach welchen Grundsätzen hier getheilt wird, und dies ist um so mehr zu bedauern, als wir auch von der Theilung ohne Verzicht nur so viel wissen, dass der Vater hier einen grössern Antheil als bei der mit Verzicht erhält [23]): *Tailt er aber mit in dn furc-*

---

seiner lesten hausfrau oder nicht, so gehoret alles das erb, das er gehabt und erkauft hat bei seiner ersten kind mueter, die ersten kind an, und die lesten kind gehoret nicht an, denn das er gekauft und erarbuit hat, bei irer muter, seiner lesten hausfrauen. Art. 71 (S. 186): Der man stirbt, darnach nimbt die frau ain andern man und gewinnt auch kind dabei....; und dar nach und si den andern man genomen hat, so stirbt ir vater, der kind een: alles das guet, das dieselben frawen an stirbet von irem vater bei irem andern wierte, das geit si wol ledigclich wem si wil....; stirbt aber si dn geschaft, dannoch ist das guet niemantz anders, dann der lesten kinder, und habent die ersten kinder nicht tails dar an...; wann alles das, das der een seiner tochter der kind mueter, hat gegeben zu irem ersten manne, und alles das derselb man die weil geschaft und gearbait hat dar zu, ist alles der ersten kinder, und habent die lesten kinder auch nicht tail daran.

[21]) Die Ausstattung eines einzelnen Kindes bei seiner Verheiratung kommt hier nicht in Betracht. Vgl. Art. 70 (3, 184).

[22]) Art 70 (3, 184). Vgl. ebd. 3, 185: *Aber der tail, der dem vater da gevellet, daz geit er wol mit recht seiner hausfrawn ledigclich, die er im genomen hat zu ainer kanen, nach seinem tod und vor. gewinnet si kind pei im, der ist das guet nach des vaters tod, ob er es versparen mag, und niemant anders nicht.* Bleibt die zweite Ehe kinderlos, so hat die Frau nur Leibzucht, kann aber in Notfällen veräussern, wenn sie den erstehelichen Kindern den Vorkauf anbietet. Vgl. Anm. 3.

[23]) Das Wesen dieser Theilung ohne Verzicht kann nur auf dem Wege

14 *

zicht, auf die rede das im zu seinem taile dester mer beleib, aller der tail, der im also gesellet, den geit er wol ainem andern weib zu iren legen, und ist auch ir und sein unversaczt und unverkauft uncz auf ir baider tod [24]). In der Wirkung unterscheidet sich die Theilung ohne Verzicht von der mit Verzicht dadurch, dass bei der ersteren die Verfangenschaft an dem Antheil des Vaters fortdauert, jedoch mit der Beschränkung, dass er ihn seiner zweiten Ehegattin als Leibgedinge zuwenden kann; in Notfällen kann er seinen Antheil auch veräussern, nachdem er den Kindern den Vorkauf angeboten hat, es steht aber dahin, ob dies gleichfalls eine Folge der Theilung ist, oder ob dasselbe von vornherein bei jeder Verfangenschaft gilt [25]). Die Theilung mit Verzicht erfordert stets die Einwilligung des Vaters, zur Theilung ohne Verzicht dagegen können die Kinder ihn zwingen, wenn er eine neue Ehe eingehen will: *Wellent aber die kind oder der kind freund nicht empern, der vater mues mit in tailen, als er ain ander weib genimbt; der tailung wägert der vater wol auf furczicht mit recht, wann er es erarbait hat und die kind nicht, und hat es auch noch in gwer und in gewalt* [26]). Ausser dem Falle der Wiederverheiratung findet das Theilrecht Anwendung, wenn der überlebende Elterntheil eine rechtswidrige Veräusserung verfangener Güter vorgenommen hat: *Hat sein mueter dar uber* [27]) *dann icht des erbes, das sein vater gelassen hat, in gewer und in gewalt, das mües si mit dem sun tailen, ob er des nicht empern wil. und was der muter da mit gesellet zu irem tail, das mag si weder verkaufen noch verseczen än des suns willen, und durch notturft allain; des mag si der sun nicht geirren, ob si notturft bewaret, als si zu recht sol, er welle ir dann ehaft not vercziehen. und wil ir sun das thuen, so mag si alles, das si hat in gewer (und) in irer*

---

der Kombination erkannt oder doch wahrscheinlich gemacht werden. Vgl. Anm. 29.

[24]) Ebd. 3, 184. Man kann wol sagen, dass die Kinder erst durch die Theilung zur Ausübung ihres Vorkaufsrechts in den Stand gesetzt werden.

[25]) Vgl. Anm. 22.

[26]) Art. 70 (3, 185).

[27]) d. h. ausser den veräusserten Gütern.

*gwalt, weder verseczn, noch verkaufen, dar umb das si emalen dem
sun sein erb án seinem willen verkauft hat, und das si dasselb
guet verczert hat* [26]). Aus dem Umstande, dass der Antheil der
Mutter verfangen bleiben soll, geht vielleicht hervor, dass es sich
hier wie bei der Wiederverheiratung um eine Theilung ohne Verzicht handelt, die Beibehaltung der Verfangenschaft kann hier
aber auch als Strafe für die verbotene Veräusserung aufgefasst
werden. Und dies ist das wahrscheinlichere, da in unserer Stelle
von einer Theilung des „Erbes", d. h. der Grundstücke, die Rede
ist, während verschiedene Gründe dafür sprechen, dass die sogenannte Theilung ohne Verzicht sich bloss auf die fahrende
Habe erstreckt, die Immobilien aber einstweilen unberührt lässt [29]).
Nur auf diesem Wege lassen die Bestimmungen des Wiener
Weichbildrechts sich mit der oben (S. 204) mitgetheilten Verordnung v. 1420 in Einklang setzen; wenn die durch dieselbe her-
beigeführte Aenderung sich auf die unbeerbte Ehe nicht bezogen
haben kann [30]), so lässt sie sich nur dahin verstehen, dass in
Wien bisher Verfangenschaftsrecht gegolten hatte [31]), nun aber,

---

[26]) Art. 76 (3, 194). Die Stelle schliesst sich an die oben (Anm. 19)
mitgetheilte an.

[29]) Der Bestimmung, dass der Vater bei Eingehung einer neuen Ehe
zur Theilung ohne Verzicht gezwungen werden kann (s. S. 208), widerspricht die vorliegende Lesart des Art. 73 (s. Anm. 19), welcher es dem
Vater überlässt, ob er theilen will oder nicht. Dieser Widerspruch wird
gehoben, wenn man das *nicht* streicht und liest: *und tailt mit den kindern
mit seinem varenden guet, da mit er das erb gar behab uncz an sein tod,
das thuet er wol.* Nun erscheint die Theilung der fahrenden Habe als
Vorbedingung, um trotz der Wiederverheiratung die verfangenen Güter auf
Lebenszeit zu behalten, und die Theilung ohne Verzicht erklärt sich so auf
die einfachste Weise. Vgl. Anm. 23.

[30]) Vgl. S. 212.

[31]) Dafür spricht auch eine Wiener Urk. v. 1392 (Urk. B. v. Heiligenkreuz II, Anhang Nr. 20). Eine Frau klagt nach dem Tode ihrer Mutter
gegen ihren Stiefvater: *Wie der egenant ir vater Michel der munzzer irer
muter, der vorg. Elzbeten, geschafft hiet sein haus . . und seinen weingarten . . .; nu wern die egenanten zwai erbgüter auz irer muter handen
gestorben, und wolt auch, daz si die von derselben irer muter wegen erben
solt, nach des geschäftbriefs lautung der ir vater darumb hinder im lassen
hiet. Der Beklagte wendet ein: Sind er und sein hausfrawe an einander*

um die Kinder gegen schädliche Massregeln ihrer Eltern besser
zu schützen, das in dem übrigen Oesterreich geltende Theilrecht
eingeführt wurde. Das Wiener Weichbildrecht ist spätestens 1429
entstanden [31a]), es muss aber, wenn unsere Auffassung der Theilung ohne Verzicht die richtige ist, auch vor 1420 gesetzt werden,
da es das in diesem Jahre eingeführte reine Theilrecht noch nicht
kennt. Wäre in der Theilung ohne Verzicht schon eine Theilung
des Immobiliarvermögens enthalten, so sollte man in dem alsdann
zwischen 1420 und 1429 abgefassten Rechtsbuche doch wenigstens
eine Bezugnahme auf den früheren Zustand und die eingetretene
Rechtsänderung vermuten; es fehlt aber jede derartige Andeutung
und so findet unsere Auffassung auch hierin eine Bestätigung.

Also in Wien galt bis zum Jahre 1420 im wesentlichen Ver-
fangenschafts-, von da an Theilrecht; in dem übrigen Oesterreich
muss das letztere schon früher gegolten haben, die Quellen lassen
aber nicht erkennen, seit wann dies der Fall war. Nach dem
österreichischen Landrecht §. 26 erhielt der überlebende Ehegatte
die fahrende Habe zu freiem Eigenthum, das ganze eheliche Immobiliarvermögen dagegen war den Kindern verfangen [32]): *Wer
ain konen nimpt und kind bei ir gewinnet, was der bei der frawen*

---

*nichts gemacht hieten, so solten die egen. guter pilleich sein leibgeding sein,
und gevielen denne nach seinem tod da si zu recht hin gevallen solten, vor
aller irrung.* Der Stadtrat entscheidet auf Grund des Stadtrechts v. 1340
(Rauch 3, 51) zu Gunsten der Klägerin, da von ihr kein gültiger Erbverzicht vorliege.

[31a]) Vgl. Sandhaas in den Wiener SB. 1863 S. 12. Derselbe setzt das
Rechtsbuch gegen Ende des 14. oder Anfang des 15. Jh. Man könnte geneigt sein, als Abfassungszeit die Jahre 1392—1420 anzunehmen, da der
Wiener Stadtrat in der oben (Anm. 31) angeführten Urkunde eine Bestimmung des Stadtrechts von 1340 zu Grunde legte, den entsprechenden Artikel 17 des Weichbildrechts (Rauch 3, 154) also noch nicht gekannt zu
haben scheint. Allein dieser Schluss würde, worauf Herr Professor Siegel
mich aufmerksam zu machen die Güte hatte, nicht ganz gerechtfertigt sein,
da das Stadtr. v. 1340 einen offiziellen Charakter hatte, während das Weichbildrecht nur Privatarbeit war.

[32]) Vgl. Hasenöhrl, österr. Landesr. 133. Roth i. d. Jahrb. d. gem.
deutsch. R. 3, 342.

hat [33]) *oder gewinnet* [34]), *das ist der kind, so der vater nicht enist.
ist aber, daz die muoter tod geleit und der vater ain ander konen
nimpt und bei der auch kind gewinnet, dieselben kind sullen nicht
erben auf das guot, das er ee gewunnen hat, das der vordern kind
ist, es sei aigen oder lehen, er mache es dann den andern kinden* [35]).
*was er auch guotes gewinnet bei der andern konen, das sol erben
auf derselben frawen kind, es sei aigen oder lehen, und nicht auf
die vordern kind, er mache es dann den vordern kinden .... Und
ist, daz er da stirbet an gescheft, was er varundes guotes lat, da
sol niemant dhain recht zu haben, wann sein hausfrau.* Auch urkundlich lässt sich die Verfangenschaft hinreichend nachweisen [36]).
namentlich kommen mehrfach Beispiele vor, dass der überlebende
Ehegatte sich vom Richter die echte Not bescheinigen lässt, um
die Befugniss zur Veräusserung verfangener Güter zu erlangen [37]).

---

[33]) d. h. sein Eingebrachtes.

[34]) d. h. das Eingebrachte seiner Frau und was sie beide während der
Ehe gewinnen.

[35]) Ein solches Gemächt bedarf natürlich der Genehmigung der be-
rechtigten Kinder.

[36]) Urk. B. v. Klosterneuburg I No. 274 v. 1335 (Font. rer. Austr. 10,
267): eine Witwe streitet mit ihrer verheirateten Tochter *umb alles daz eribe
das ich und mein .. wirt R. mit einander gehabt haben;* es wird entschieden, dass sie *daz egenant eribe .. in nucze und in gewer mit zeitlichem
pau unverchumberts zu rechten leipgedinge haben sol*, nach ihrem Tode
kommt alles an die Tochter oder deren Erben. Urk.-B. v. Heiligenkreuz I
Nr. 236 (1279). Siehe auch Notizenblatt 1851 S. 334. 1854 S. 129. 340. 533.
535. 594. Urk.-B. d. Schottenklosters Nr. 238. 419. Urk. v. 1307 (oben S. 68).
— Die erste Spur eines Einkindschaftsvertrags begegnet schon 1275, indem
Graf Albrecht von Görz bei seiner zweiten Verheiratung ausmachte, dass
sein Sohn erster Ehe und die zweiehelichen Kinder *equalem habeant por-
cionem in feudis, allodiis . . . et iuribus quibuscunque.* Arch. f. österr.
Gesch. 2, 198.

[37]) Font. rer. Austr. I S. 219 (1286): eine Witwe verkauft ein Haus
*onere debitorum et insuper paupertatis incomodis pregravata ..., requisita
prius per ipsam coram nobis dataque a nobis sentencia, quod eandem domum
causa necessitatis predicte libere posset vendere, consensu liberorum suorum
minime requisito.* Urk.-B. v. Klosterneuburg I Nr. 125 v. 1309 (Font. rer.
Austr. 10, 116): *Do wart im ertailet mit frage und mit urtail: mocht er mit
den geltern und mit seinen erbern umbsaezzen erzeln und bringen ehaft notdurft, daz er gelten sol die vorg. gulte, er verchauft oder versaezt wol
an alle irrunge das vorg. sein haus.* Vgl. Hasenöhrl a. a. O. 143.

Auch dafür fehlt es nicht an Beispielen, dass der Beisitzer das
Recht hat, durch Theilung die Aufhebung des Beisitzes herbei-
zuführen [38]), während sich für das Theilrecht der Kinder verhält-
nissmässig wenig Belege finden [39]).

Am wichtigsten sind in dieser Beziehung die Stadtrechte [40]),

---

[38]) Vgl. S. 145. Notizenbl. 1856 S. 344 (1290): *Ob mich mein lieben
housfrou . . . uber lebt, dass si meinen chint ziehen schol . . . und inne
haben schol laeut unt guet, untzen meinen chint gewahsen. swenn ez aver
dar zue chumt, dass sich meinen chint zu in saelben rihten wellent, oder
ob seu meiner housfrowen ungehorsam wolden sein, so ist deu wal an meiner housfrowen, daz sie seu von ir geschaiden mach. so sol man ir geben
24 mensch reitermaezziger laeut unt 100 march gaeltes meines rehten aegens,
und ain hous.* Font. rer. Austr. XXIII Nr. 13 (1262): Wok von Rosenberg
vermacht seiner Frau sein ganzes Vermögen, *ut utatur eis et habeat una
cum pueris meis libere, sicut velit, tam diu ut caste in sede viduali cura-
verit residere. si voluntarie a pueris suis separari et dividi voluerit et caste
absque marito vixerit,* alsdann soll sie sich nach bestimmten Grundsätzen
mit den Kindern theilen.

[39]) Die beiden in der vorigen Anm. angeführten Urk. v. 1262 und 1290
ordnen die Theilung auch für den Fall der Wiederverheiratung an. Auch
ein Tiroler Schiedsspruch v. 1351, die Auseinandersetzung zwischen einer
Witwe, die sich wieder verheiratet hat, und ihren Kindern erster Ehe betreffend, dürfte hierhergehören. Interessant ist, dass die Mutter ausser der
Morgengabe und einem von ihrem ersten Manne bestellten Leibgedinge
noch eine Art Gerade erhält: *Auch habent si gesprochen, dass der frawen
mit sol volgen ir perle und perlegewant das si in das haus hat bracht,
und darzu das beste bette und perlegewant das die kind habent. ir soll auch
mit volgen ir laden und ir bamschrein, das si in das haus hat bracht oder
das ir Hainrich der Velser* (ihr erster Mann) *geben hat.* Oberbayer. Archiv 8, 137. Wenzels Kirchenrecht von 1416 bestimmte: *Würde es aber
sache, das sich die menschen in der ehe vererbeten und kinder hätten, viel
oder wenig, stürbe eins unter den eltern, so soll die helfte des guts bleiben
bei deme das da lebend ist, wenn es von der vererbunge wegen ein gemein
gut ist worden; und die andere helfte des guts solle gefallen an die kinder,
wi· vil der ist.* Michnay und Lichner, Ofner Stadtrecht S. 170. W. v.
Tschernowitz in Böhmen (Rössler S. XXXI ff. §. 37: *Auch rugen wir, so
ein wirt stirbt, was er nach sich last, hat die mutter iren dritten theil
darinnen, so viel der guter sein.* §. 38: *Auch rugen wir, so eine witwe
ihren witwenstuhl nicht verruckt, und die guter erhalten kunt der gemein
und den herrn ohne schaden, soll sie unverdrung sein.*

[40]) Die oben Anm. 4 angeführte Bestimmung des Wiener Stadtr. v. 1221
§. 61 findet sich schon in dem Stadtr. v. Ens v. 1212 §. 14 (Gaupp, Stadtr.
2, 220. Arch. f. österr. Gesch. 10, 95), dem Stadtr. v. Iglau §. 1 (s. Anm. 41)

von denen das Iglauer und das Ofeqer durchaus den Standpunkt
des Theilrechts vertreten [41]). Besonders ausführlich sind die Bestimmungen des Prager Stadtrechts, die sich theils an die des
Iglauer anschliessen, theils auf die Verwandtschaft mit dem sächsischen Recht hinweisen. Letzteres zeigt sich in der Bekannt-
schaft mit der Gerade: *Auch wen ain man stirbet der ain eleiche
hausfraun let, der schol nachvolgen ir freuleicher hausrat. und das
ist ir freuleicher hausrat: des ersten ir gepent, als vil als sein do
ist noch seim tod, dornach alle ire claider, und auch die truhen
dorinnen si hat gehapt ire claider, und ain mehel fengerl daz er
ir hat gegewen, ob ers nicht vertan hat, und ir petgewant dorauf
sie mit sampt im gelegen ist. daz schol ir nachfolgen, sie habs zu
im procht oder nicht, daz mag er ir nicht vorschaffen* [42]). Alles
übrige theilt sie mit den Kindern nach Köpfen., doch kann ihr
nie mehr als ein Drittel zufallen [43]).

---

und verschiedenen andern. Sie deutet die Berechtigung der Witwe zum
Beisitz an.

[41]) Stadtr. v. Iglau §. 1: *Quicumque nostrum moritur et uxorem reliquerit et heredes, iudex sive advocatus nec aliquis alius de bonis suis se
aliquatenus intromittat, sed sint in potestate uxoris et heredum.* §. 2: *Si
autem uxor statum suum mutare voluerit, de consilio faciet amicorum. quod
si non fecerit, de bonis illis minus habebit.* Statt der letzten fünf Worte
hat die Hs. B.: *de bonis quartam obtinebit partem, cum de iure terciam deberet
obtinere.* Also die Witwe darf nur nach geschehener Theilung (*consilio
amicorum*) zur zweiten Ehe schreiten, und zwar bekommt sie ein, die Kinder zwei Drittel (des ganzen Vermögens oder bloss des Nachlasses); hat
sie die Theilung unterlassen, so erhält sie zur Strafe nur ein Viertel. Diese
Unterscheidung erinnert an die Bestimmungen des Wiener Weichbildrechts.
Vgl. Tomaschek, deutsch. R. in Oesterreich 167. 203. — Stadtr. v. Ofen 313:
*Stirbt ein man án geschefte, und hat weib und chinder, alle sein hab und
guter sol man tailen in gleich tail dem weib und den chindern, itzlichem
also vil also dem andern. ap si denne pei enander ungetailt pliben, welches
denn unter in zum ersten stürb, des selben tail erbte aber auf die muter
und die chinder in gleichen tail. hetten si aber getailet unter enander, so
stürb es allein von einem geschwister auf das ander . . . Hin wider, ap
di frau ehe stürb wen der man, gleicher weis hat der vater und di chinder
recht durch und durch alz die fraü.*

[42]) Statutarrecht 60.

[43]) Die eben angeführte Stelle fährt fort: *Und was anders hausras da ist,
anvam (von wem?)*Vgl.S. 224 Anm. 21. *das sei, er sterb án gescheft, so pleibt ir ain
dritteil des ubrigen hausras, mit sulcher unterschaide: hat er nicht kinder, so*

Nach dem Recht der Zipser Sachsen scheint freies Verfügungsrecht des Beisitzers gegolten zu haben[44]: schritt er aber
zur zweiten Ehe, so fand Halbtheilung statt[45]. Abänderung

---

*gevallen zwaitail des hausras wohin ers schicket, sturbe er aber ân gescheft, so
gevallen die selben zwaitail auf sein nechsten frunt swershalben; wer obir,
er lis ain kint oder zwai, dorauf gefilen die zwai tail des hausras. wern
aber der kinder mer den zwai, so schol ir nachvolgen gleichertail als der
hinder aim an dem uberigen hausrat.* Statutarr. 103: *Gieng aber derselbe
ab ân gescheft und lies ein hausfrau und ein kint, so sal die frau an
seinem gute haben ein dritteil und das kinde zwei teil; liess aber derselbe
mer kinder den ains, und ein hausfrau, und ginge ab ân geschefte, so sol
die frau haben an dem gute mit dem kind ein gleichteil, als vil als der
kinder eins.* Rechtsb. 157: *Nimt ein man ein weip di kinder hat, und hat
er kein gut noch erb, noch sie, und hat der man einen sun bei seinem ersten
weibe, und erarbeiten si gut und legen is an erb oder an aigen oder an
kaufschas, und stirbt der man nach der zeit ân geschefte, die frowe behaldet ir dritteil an dem gut, ob ir nicht mer gegeben ist, und hat di
frawe kind ân den man, des mannes sun behaldet das erb mit rechten bas
dan der frawen kint.* Alle übrigen Bestimmungen des Rechtsbuches sind
ohne eigenen Wert. Hat die Frau eine Morgengabe erhalten, so muss sie
sich laut Statut v. 1342 mit dieser begnügen. Statutarr. 98.

[44] Art. 6. Durch das Vorkaufsrecht der Verwandten wurde den Kindern wenigstens einiger Schutz gewährt.

[45] Art. 12: *Ab das queme, das mann und weib mit einander lebten
und sie ire kinder alle sampt ausgeben und sie nach irer macht beriten,
und gott über die frau ader über den mann gebôte, welches denne under
den zweien pliebe und sich vorenderte, und sein kinder mit im teilen wolden
irer mutter ader ires vaters teil, als es wol billig ist, so spricht unser recht,
das die kinder wider einlegen was in von iren elderen worden ist, und
oftens die helft nemen.* 65: *Wir haben auch das zu einem rechten: ab
frau ader mann mit einander leben und kinder haben, und der zweier
eeleute eines stirbet, so sollen die kinder kein erbteil zu in haben, ee sie
nicht vorenderen. und welches sich under den zweien vorendert, das soll
die helft mit seinen kinderen teilen, ir seint viel ader wenig.* 17: *Welcher
frauen weisen von irem manne pleiben, ader dem mann von seiner frauen
weisen pleiben, und er ader sie vorendert sich wider, und die weisen also
jung weren und unvornunftig sint, das sie iren anfall nicht vorwesen mögen,
wir wellen, dass die nechsten freund der weisen den mann ader die frau
manen und dorzu zwingen in jar und tag, das der mann ader die frau
den weisen ein ausrichtung gebe mit der freund wissen. Ist die Theilung
unterblieben, so tritt Einkindschaft ein: so sollen die lezten kinder als gut
recht zu der teilung haben, als die ersten kinder haben.*

durch Eheverträge war unwirksam, selbst die Morgengabe wich,
sobald Kinder geboren waren, den gesetzlichen Vorschriften [46]).

III. Ehescheidung. Nach Wiener Wchb. 81 (Rauch 3, 202)
tritt vollständige Auseinandersetzung zwischen Eltern und Kinder
nach den Grundsätzen der Gütergemeinschaft ein, indem jeder
der Theilenden einen Kopftheil (bei kinderloser Ehe also jeder
Ehegatte die Hälfte) erhält: *Wirt man des innen, das si baide von
rechter sippt so nachent gefreunt sein, das man si schaiden mues,
also das erb, das si baide habent, das sol man geleich enczwai
tailen, dem wiert halbs und der frawen halbs. ist aber der kinder
nu ains, so sol man das guet in dreu tail tailen, und wenn (wem?)
das geschiecht zu behalten, der wehelt auch den dritten tail des guets.
ist aber der kinder dreu oder mer, so sol man das guet in funf
tail tailen, oder als mangen tail als der kinder uber dreu ist, so
das ieglichem kind so vil gefellet als dem vater zu seinem tail ....
Es geit auch der vater oder die mueter den tail, der in gefellet,
lediglich wem sie wellent, ob in beschiecht baidenthalben an der
stund zu heiraten .... Ist aber, das der kind vater nimbt ain ander
weib, und die müter ainen man, was si da bei gewinnen und erarbeiten, das ist nach irem tod alles derselben mit dem si an der
stund geheirat haben, und haben die andern kinder nichts tails
daran.* Was wir sonst an Nachrichten über die Verhältnisse bei
Ehescheidungen besitzen, ist unbedeutend [47]).

------

[46]) Siehe S. 63.

[47]) Die unschuldig geschiedene Frau behält ihre Morgengabe. Siehe
S. 56. Wenn in einer Urk. v. 1384 eine zu Wien wohnhafte Frau gegen
ihren in Presburg ansässigen Mann auf Rückgabe ihrer Morgengabe klagt,
diese ihr aber wegen angeblicher Forderungen des Mannes gegen sie vor-
enthalten wird, so haben wir es wol mit der Morgengabe im Sinne des §. 9
d. h. mit der Heimsteuer zu thun. Siehe Michnay u. Lichner, Ofner Stadtr.
S. 189. Wird die Ehe wegen Bigamie des Mannes getrennt, so soll nach
dem Recht der Zipser Sachsen §. 16 die Frau ausser ihrem Vermögen
noch die Hälfte von dem seinigen bekommen, die andere Hälfte aber con-
fisciert werden: *Wir wollen, dass er sein haupt verloren habe, und wollen,
das die frau vor ir schand, was er gutes zu ir procht hat, die helft neme,
und die ander helft soll nemen der ungerisch grofe und unser land-
grofe. und was die frau vor guts hat, das soll ir niemant nemen.* Vgl.
Anm. 11.

§. 26. Das Brünner Recht. I. Unbeerbte Ehe. Eine
Brünner Schöffensatzung bestimmt: *Noch dez weibes tot so gevelt
ier guet auf ieren eleichen man, wi wol si in arm hat genumen* [1]).
Dies gilt aber nur von dem vorbehaltlos seiner eheherrlichen Gewalt übergebenen Vermögen. Hatte die Frau während der Ehe
durch Erbschaft oder Schenkung Güter erworben, welche durch
ausdrücklichen Vorbehalt dem Manne entzogen wurden, so hat
sie nicht bloss freie Verfügung über dieselben bei ihren Lebzeiten,
sondern vererbt sie auch bei ihrem Tode auf ihre Verwandten und
nicht auf den Mann [2]). Aus demselben Grunde muss der Mann,
wenn bei der Heirat das ihm anvertraute Frauengut als Heimsteuer (Morgengabe, dotalicium) von der Frau vertragsmässig
festgestellt ist, sich wol hiermit begnügen; was die Frau ausser
der Heimsteuer hinterlässt, ist vorbehaltenes Gut und fällt an
ihre Verwandten [3]). Ganz ähnlich ist die Frau gestellt. Auch
sie ist bei dem Tode des Mannes die alleinige Erbin [4]), hat aber,
wenn ihr eine Morgengabe (dos, dotalicium) ausgesetzt ist, nur
diese zu beanspruchen, der Ueberschuss kommt den Verwandten
des Mannes zu gute [5]).

Das dotalicium ist regelmässig freies Eigenthum des überlebenden Theils [6]), und ebenso hat er als Universalerbe des vor-
storbenen freie Verfügung über das ganze Vermögen [7]); nach

---

[1]) Rössler, Rechtsdenkm. 2, 390. Dem widerspricht SchB. 350 in keiner
Weise, während SchB. 504 die Regel sogar für den Fall, dass die Frau
aus einer früheren Ehe Kinder hatte, bestätigt. *Sententiatum est in iudicio
civitatis: si vidua res habens et pueros maritum duxerit et, postquam ab
eo carnaliter cognita fuerit, decesserit, portio bonorum, quae eam contin-
gebat, ad maritum etiam pueris reclamantibus devolvetur.*

[2]) SchB. 509 (s. S. 105 Anm. 13).

[3]) Vgl. S. 106.

[4]) Siehe Anm. 7.

[5]) SchB. 201 (s. S. 63). So erledigt sich die von Weiske gestellte
Frage, was das dotalicium denn für eine Bedeutung habe, wenn die Frau
bei unbeerbter Ehe das Ganze, bei beerbter Ehe ein Drittel nehme, auf
die einfachste Weise. Vgl. Zeitschr. f. deutsch. Recht 14, 150.

[6]) SchB. 199 (s. S. 62). 200 (s. S. 63). 203 (s. S. 66 Anm. 18).

[7]) SchB. 354: ein Mann war kinderlos und ohne letzten Willen ge-

seinem Tode fällt aber, was er übrig gelassen hat, an die Verwandten des Mannes, neben denen die Verwandten der Frau nur
auf die derselben zugefallenen Erbgüter Anspruch haben[8]).

II. Beerbte Ehe. Den Beisitz der Witwe deuten schon die
Jura originalia §. 29 an[9]), und unter ausdrücklicher Bezugnahme

---

storben, seine Frau hatte das Vermögen an sich genommen und war, nachdem sie es durch Vergabung von Todes wegen ihren Eltern übertragen
hatte, gleichfalls mit Tode abgegangen. Nun wurden ihre Eltern von dem
Bruder des Mannes mit der Behauptung belangt: *bona praescripta ea de
causa, quod frater suus et uxor eiusdem decesserint absque heredibus, ad
eum esse devoluta.* Der Beklagte erwiederte: *utrum bona per filiam suam,
ad quam transiverunt iusto successionis titulo, et quae sacerdos* (der Kläger)
*ea vivente rationisque compote existente non impetivit, sibi et uxori suae
donata possint sibi per quempiam decertari?* Das Gericht entschied *secundum privatum ius et locale civitatis Brunnensis* zu Gunsten der Beklagten:
*In iuribus enim originalibus civitatis scribitur sic: „Si autem is, qui mo-
ritur, non habuit uxorem vel liberos, et sine testamento et ordinatione rerum
suarum decedit, bona, quae reliquit, proximo haeredi suo cedant." ergo per
contrarium, si uxorem habuerit vel liberos, illis tamquam haeredi proximo
bona cedant. et sicut maritus res legare potuit cum vixit, sic uxor, cum
dominium rerum ad eam transivit, res disponere potuit, ut decrevit.* Die
hier angezogene Stelle ist Art. 30 der *iura originalia* v. J. 1243 (Rössler,
Rechtsdenkm. 2, 353). Vgl. §. 25 Anm. 4. — SchB. 507: *Vidua . . de
portione eam contingente disponere et testamentum potest facere, sicut placet.*
Vgl. 487. 500.

[8]) 359: *Sententiatum est, quod marito et uxore pueris carentibus et in-
testatis morientibus bona, quae relinquunt, potius ad fratrem mariti sicut
ad haeredem propinquiorem transeunt, quam ad fratrem uxoris. et eodem
modo intelligitur de fratrum haeredibus eorumdem seu aliis de patris pro-
genie existentibus quibuscumque. de bonis tamen maternis lege sententiam
sequentem.* 360: *Quidam viduus propria bona habens quandam
duxit viduam etiam propria bona habentem. qui transactis aliquot
annis, postquam matrimonialiter simul vixissent, accidit, quod eodem
die in pestilentia ambo sine pueris intestati decesserunt. querunt ergo consanguinei mariti, utrum bona per eosdem relicta ad ipsos tumquam ad
haeredes propinquiores non debeant iustitialiter pertinere? consanguinei
vero mulieris ex alia querunt parte: cum eorum cognata, antequam maritum
suum duceret, et tempore quo sibi commansit, quaedam possederit bona
quae a propria sua parentela sibi pervenerunt et nunquam ad antecessores
mariti spectaverunt: utrum saltem bona talia non sint ad ipsos ex morte
dictae cognatae suae ex successione haereditaria devoluta.* Diese Frage
wird vom Gericht bejaht. Vgl. 354 (Anm. 7) und 504.

[9]) Rössler, Rechtsdenkm. 2, 353. Die Stelle ist gleichlautend mit §. 61
des Wiener Stadtr. v. 1221 (s. §. 25. Anm. 4).

auf diese Stelle bestimmt SchB. 502: *Mulieres tamen viduae curam
filiorum et bonorum, quamdiu statum viduitatis non mutant, licite
regunt.* Als Rechtsgrund für den Beisitz erscheint hier die Vormundschaft der Mutter über die Kinder [10], das Verhältniss selbst
aber wird als eine communio aufgefasst, und daraus ergibt sich,
dass die Mutter nur über ihren Antheil, nicht über den der Kinder frei zu verfügen hat [11]). Der Antheil der Mutter beträgt ein
Drittel des ganzen Vermögens, zwei Drittel stehen den Kindern
zu [12]). Zur Theilung wird geschritten, wenn die Kinder mündig
werden oder die Mutter sich wieder verheiraten will [13]), doch

---

[10]) Vgl. 199: *Uxor illis septimanis, quibus in viduitate vixit, non tamquam vera domina, sed potius tamquam tutrix bona tenuit per maritum
dimissa.*

[11]) Dies ergiebt sich u. a. aus 355: Eine Witwe hatte ihrem erstge-
borenen Sohne ein Ackerstück geschenkt und darauf mit ihm und ihrer
Tochter abgetheilt: *Mulier vidua filiam habens et filium, quem tamquam
primogenitum plus amans de substantia, quam communem habebat cum
pueris, agrum sibi salvat, nihilominus in bonis aliis portione sua debita
(l. portionem suam debitam) specialiter deputavit.* Darauf stirbt der Sohn,
Mutter und Schwester machen gleichmässig Erbansprüche auf jenes Ackerstück geltend; es wird entschieden: *Ex quo filia, quando mater vidua
agrum dedit filio, prohibendo non impetivit, sufficit secundum ius civitatis,
sicut consuevit fieri de bonis quae pater intestatus decedens uxori reliquit et
pueris, quod agri tertia pars matri, duae vero filiae cedant.* Vgl. 507
(Anm. 7).

[12]) Brünner Schöffensatzung (Rössler, Rechtsdenkm. 2, 390): *Stirbet
ein man in gescheft und let weib und chind, an allem dem guet, daz er
let, da hat daz weip ein drittail an, und die chinder, ier sein aines oder
mer, di habent czwai tail.* Ebenso SchB. 623. Vgl. 355 (Anm. 11) u. 364. Vgl.
S. 216 f. Bei der Theilung sucht man die Mutter, wenn sie sich wieder verheiraten
will, wo möglich mit fahrender Habe abzufinden, um den Grundbesitz der
Familie zu erhalten. 344: *Alberto sub pestilentia mortuo, cum uxor eius
Johannem in maritum duceret sententiatum fuit: si propter secundas nuptias mater de bonis communibus suam tertiam voluerit excipere partem,
illa in bonis mobilibus, si sunt, est sibi danda.* Dass die Theilung das
ganze Vermögen und nicht bloss das von dem Manne herrührende umfasst,
folgt aus der Allgewalt des Mannes während der Ehe, die ja selbst nach
dem Tode beider Ehegatten noch in der Bevorzugen seiner Verwandten
vor denen der Frau nachwirkt. Vgl. S. 96. 113. 221.

[13]) 356: *Quamdiu in sede viduitatis sederit, propriis cum eorum bonis
pueros regit . . . ., transactis autem annis discretionis pueri cum eorum
bonis disponendi liberam habent facultatem.* 344 (s. Anm. 12).

kann die Theilung auch unterbleiben und das alte Verhältniss beibehalten werden [14]), der Stiefvater kann aber über den Antheil der Kinder nur mit ihrer Zustimmung verfügen: *De bonis vero puerorum talis mulieris idem vir, eorum vitricus, nisi consentiant, nullam solutionem potest facere debitorum* (SchB. 160). Der Antheil der Frau dagegen wird ganz der Verfügungsgewalt des Mannes unterworfen, und verbleibt ihm, wenn sie vor ihm mit Tode abgeht [15]); die Witwe kann aber auch, indem sie zur zweiten Ehe schreitet, ihrem Manne aus ihrem Antheil eine Heimsteuer (Morgengabe, dotalicium) bestellen [16]).

Stirbt die Frau vor dem Manne, so ist von einer Theilung mit den Kindern keine Rede, man wird also annehmen müssen, dass die von dem Manne während der Ehe geübte Alleinherrschaft bis zu seinem Tode fortdauert [17]). Auch eine neue Ehe ändert darin nichts, vielmehr kann er seiner zweiten Frau ohne Rücksicht auf die Kinder eine Morgengabe bestellen, mit der sich diese

---

[14]) 361: *Quidam homo fuit occisus, relinquens uxorem et filium, cuius mater postea alium superduxit maritum, qui ex eadem quatuor pueros generavit. modo duo patrui primi pueri videntes plures pueros generatos volebant scire partem primi pueri, fratris ipsorum. repetebant ergo iure puerum et partem substantiae ad ipsum puerum pertinentem, quem puerum una cum substantia sua iure obtinuerunt, et sic puer ille cum substantia sua fuit totaliter ab aliis pueris separatus.*

[15]) Siehe Anm. 1.

[16]) 203. Eine Witwe hatte sich wieder verheiratet und mit ihren Kindern erster Ehe auseinandergesetzt: *Tandem marito mortuo mulier eadem de villa quemdam alium virum duxit, qui dictos pueros, datis eis pro parte sua quibusdam agris, a se alienavit.* Ein zu dem gemeinschaftlichen Vermögen gehöriges Haus behielt sie für sich, nach ihrem Tode aber klagten die erstehelichen Kinder gegen den Stiefvater, der das Haus verkauft hatte: *quod ipse domum ex labore patris nostri comparatam et ad nos iure hereditario pertinentem nec sibi per nos coram iudicio resignatam sine nostro scitu et voluntate ad manus vendidit alienas* Sie berufen sich auf ihre Unmündigkeit und auf den Umstand, dass ihre Mutter arm zu ihrem Vater gekommen sei, und stellen den Antrag: *Utrum dicta venditio non debeat retrocedere et ipsa domus ad nos sicut ad veros heredes redire.* Der Beklagte beruft sich darauf, dass er jenes Haus von seiner Frau als Heimsteuer erhalten habe (s. S. 66 Anm. 18), und das Gericht entscheidet zu seinen Gunsten.

[17]) Kinder desselben Vaters aus mehreren Ehen erben gleichmässig (s. Anm. 18 u. 19), es gilt also keine Verfangenschaft.

dann aber bei seinem Tode begnügen muss [18]). Ist keine Morgengabe ausgesetzt, so bekommt sie ein Drittel, gleichviel ob auch die zweite Ehe beerbt ist oder nicht [19]). So lange sie aber im Witwenstande bleibt und die Kinder unmündig sind, kann sie als Vormünderin der Kinder in ungetheilten Gütern mit ihnen bleiben [20]). Abweichungen durch Ehevertrag sind bei beerbter Ehe insofern unzulässig, als voraufgegangene Ehestiftungen durch darauf folgende Geburt eines Kindes gebrochen werden [21]). Umgekehrt dagegen stehen frühere Geburten einer später (oder auch in zweiter Ehe) errichteten Ehestiftung nicht entgegen [22]).

　　　III. Ehescheidung. Vgl. oben S. 63.

---

[18]) 199: *Vir sexagenarius, postquam de tribus uxoribus pueros generaset et ipsos, data unicuique iuxta suam facultatem dote, matrimonio tradidisset, ad quartas transiens nuptias puellam, cui nominatim promisit dotalitium, in uxorem duxit, quam tandem sine prole relinquens testamento non facto subito exspiravit. uxor vero postea, transactis aliquot hebdomadis, bona per maritum dimissa regens similiter intestata decessit. quaeritur ergo primo, utrum bona talia ad fratres uterinos eiusdem uxoris, quos reliquit, vel ad pueros, quos maritus ex primis tribus uxoribus generavit, hereditarie debeant pertinere. . . . Super quibus diffinitum fuit ad primum, quod bona huiusmodi ad pueros mariti sunt hereditarie devoluta, fratribus tamen uxoris debent ipsi pueri de bonis talibus dotalitium per patrem eorum sibi promissum integraliter expedire.* 201 (s. Anm. 18). Vgl. 510.

[19]) 201: *Vir quidam in B. res habens et heredes viduam heredibus carentem, agrum . . . nomine dotis sibi promittens, duxit in uxorem. eo itaque mortuo intestato mulier petit tertiam partem bonorum per ipsum relictorum. privigni autem sui quaerunt, cum pater eorum ex noverca ipsorum pueros non genuerit, utrum in sola dote sibi promissa non debeat contentari?* Es wird zu Gunsten der Stiefkinder entschieden. Wäre die zweite Ehe gleichfalls beerbt, so würde die Morgengabe dem gesetzlichen Drittel platzmachen, so dass die Kinder aus beiden Ehen zusammen zwei Drittel bekämen.

[20]) Siehe Anm. 10.

[21]) Auffallend ist 207b: *Sententiatum est in Gostel, quod, ex quo dotalitium aequipollet pretio corpore deservito, indilate et plenarie est persolvendum. insuper singula vestimenta et clenodia, quibus uxor in vita vivente marito usa est et in corpore gessit, obtinebit. item tertiam partem omnium supellectilium et utensilium ad ornatum et necessitatem mensc et thori pertinentium, exceptis vasis et exeniis argenteis, exclusis etiam quibuslibet armis et equis personam viri dumtaxat concernentibus, de quibus nulla portio est uxori conferenda.* Hier begegnen Heergewäte und Gerade, die letztere, wie es scheint, als eine Zugabe zur Morgengabe; die Dreitheilung scheint auf beerbte Ehe hinzudeuten. Vgl. S. 217.

[22]) Siehe S. 63f. und Anm. 16. 18.

Drittes Kapitel.

Schuldverhältnisse der Ehegatten.

§. 27. **Schuldverhältnisse während der Ehe.**
Gemeinschaftlich contrahirte Schulden sind für beide Ehegatten
verbindlich[1]). Im übrigen muss zwischen den Schulden der Frau
und denen des Mannes unterschieden werden.

I. Einseitige Schulden der Frau können während der Ehe
nicht eingeklagt werden; gegen die Frau schon aus dem Grunde
nicht, weil sie zur Prozessführung ohne den Mann unfähig ist;
gegen den Mann nicht wegen seines eheherrlichen Nutzungsrechts
und der die Dispositionsfähigkeit der Frau beschränkenden vor-
mundschaftlichen Gewalt[2]). Diese Regel erleidet eine dreifache
Ausnahme: wenn vorbehaltenes Frauengut vorhanden ist, wenn
die Schulden aus der Zeit vor der Eheschliessung herrühren,
endlich wenn die Schulden innerhalb der gesetzlichen Disposi-
tionsbefugniss der Frau entstanden sind.

---

[1]) Brünner SchB. 173: *Viro mortuo non potest pincerna obtinere iuramento debitum dictum trinkgeld super uxorem negantem, nisi fortassis uxor cum viro vivente idem debitum personaliter debuerit in taberna.* Augsb. Stadtr. Fr. 102 (W. 289 §. 2): *Werdent die gutes mit einander schuldik daz si mit einander hant verzert, unde ist niht anders gutes da davon sie gelten mugen, danne diu morgengabe, davon suln si gelten.* Statut v. Isny v. 1478 (Anz. f. K. d. Vorzeit 1859 S. 135): *Wölt sich aber ain frau mit irem mann umb ain schuld verschriben oder mit sampt dem mann ain schuld machen, das hat nicht kraft, es bescheh denn mit ains rautz vergünsten.* Vgl. Urk.-B. d. Schottenklosters zu Wien Nr. 322. MB. 19, 57. Mone 14, 114. 15, 87. Siehe auch Anm. 5.

[2]) Vgl. oben S. 95 f. 99. 107 f. Brünner SchB. 271: *Maritus, quia causam uxoris sibi non assumpserat, ad nullam emendam tenetur;* ebenso wenig ist die von der Frau verwirkte Busse aber für sie selbst verbindlich (s. S. 102 Anm. 5). Regensburg. Stadtr. S. 38: *Waz ein frau an setzt ön irs mannes willen und wissen, dez gibt der man nichts für sein hausfraun.* Münchener Stadtr. 45: *Chain andeu frau mag ön irs wirts willen nichts tuon, da mit man gelts schuldich wirt.* Zwei weitere Belege aus dem Münchener Stadtr. und eine Stelle des Augsb. Stadtr. s. S. 107 Anm. 19. Hofrecht v. Pfäffikon (Blumer 1, 479): *Es soll kein frau gewalt haben nützit zuo versprächen oder hinausgeben, viel oder wenig, ohne ihres ehelichen mannes . . wüssen und willen.* Siehe auch Anm. 6 und 9.

Vorbehaltenes Frauengut haftet unter allen Umständen [3]).
Voreheliche Schulden müssen aus dem Vermögen der Frau bezahlt werden, zuweilen aber unter der Voraussetzung rechtzeitiger
Anmeldung [4]); das Vermögen des Mannes mit Einschluss der Errungenschaft haftet nicht [5]).

Schulden, die während der Ehe entstanden sind, gleichviel
ob durch Vertrag, Delict oder auf andere Weise, unterliegen den
allgemeinen Regeln über die Handlungsfähigkeit der Ehefrauen.
Sie sind also gültig, wenn sie einen gewissen geringen Geldbe-
trag nicht übersteigen [6]), wobei es nur zweifelhaft bleibt, ob dies

---

[3]) Prager Statutarr. 125: *Ist, das ein witib wird angesprochen umb
schult, und nu hat einen man, so mag sie ir man vol vortreten. hat sie aber
sunderlichen gut oder hab an denne man, so sol sie von dem selben gut
schult bezallen die man zu ir pringen mag. hat sie aber nicht eigen gut,
so sol der schuldiger beiten also lange, biz die frawe eigen gut gewinnet
oder gewinnen mag.* Vgl. S. 103 ff.

[4]) Prager Statutarr. 105 (s. S. 109). Brünner SchB. 498 (s. S. 109
Anm. 28). Vgl. ebd. 177.

[5]) Wiener Wchb. 140 (Rauch 3, 244): *Nimbt aber ain witib ainen man
und bringt in des gewalt nichts das ir der vorder wiert lassen hab, oder
das si witib weis an erstorben ist, und chumbt also plosse in sein gewalt:
alles, das ir got geit oder (si) furbas mit ainander gewinnent oder erar-
baitn, da giltet si niemand nichts von, alles das des (l. des das) si mit
irem vodern wiert gelubt und verczert hat.* Münchener Stadtr. 121: *Wirt
ain man bechlagt von sein hausfrauen wegen von ainem vodern wirt umb
gelt, mag dann der lebentig man bereden, daz im sein frau chain guot
prächt da von er gelten süll für den vodern wirt, an waz er mit namen
læt, des sol er geniezzen, und sol fürbaz mit gerno sitzen bei seiner wirtin
an alle chlay von des vodern wirts wegen.* Hat die Frau dem Manne etwas
von ihrem Vermögen zugebracht, so haftet er mit demselben: *Hat aber
si ain andern man genomen, und hat im dasselb aigen gegeben das si
witib weis gehabt, si müessen dannoch davon gelten, wann gelub prechent
alle recht.* Wiener Wchb. 139 (Rauch 3, 244).

[6]) Siehe S. 102. Pantaiding v. Neusidl 34 (Kaltenbück, österr. Rechtsb.
des MA. 1, 348): *Kain nachbar soll ainer oder mehr nachbarin ohn vor-
wissen und willen ires mans mehr porgen als* 1/2 *tb.* A. *so er ir mehr porgt,
so ist man dem porger nichts mehr darumben schuldig zu bezalen.* Vgl.
das zweite Pant. v. Neusidl 21 (ebd. 1, 470). Pant. v. Hagenbrun u. Klein-
Engerstorf 36 (ebd. 1, 360): *borgt er ir mehr, so ist des weibes man dem
borger nichts darumb schuldig.* Pant. v. Heiligenkreuz 40 (ebd. 1, 6):
Ob ain weib hintz ainem leutgeben vertrunk rok, mantl, slair, pettywant

von der Gesamtsumme der Schulden oder bloss von jeder einzelnen Schuldpost gilt. Gültig sind ferner alle Schulden, die eine Handelsfrau innerhalb ihres Geschäftskreises macht [7]), die in Notdurft des Leibes aufgenommen sind [8]) oder die Genehmigung des Mannes erhalten haben.

In allen diesen Fällen haften beide Ehegatten gemeinsam, es gilt die Regel: *Was si schuldig wirt bei dem mann den sie genomen hat, das mües si zu recht gelten mit sambt irem wierte, die weil er lebt* [9]). Eine Ausnahme macht, wenigstens für Handelsfrauen, nur das Prager Recht [10]).

— — —

oder ander ding an ires mannes willen und wissen, sol ihr der leutgeb nichtz mer darauf porgn dann 12 $\mathcal{S}$.; *porgt er ir aber mer darauf, so mag es der man umb* 12 $\mathcal{S}$ *lösen, der leutgeb sol das übrig verlorn haben.* Aehnlich Kaltenb. 1, 14 §. 20. 58 §. 12. 341 §. 15. 483 §. 54. 535 §. 35. 548 §. 96. Pant. v. Waidhofen 46f. (Arch. f. K. österr. Gesch. 25, 62). Stadtr. v. Brixen (s. S. 103). Pant. v. Heresdorf 58 (Kaltenb. 1, 182): *Si ruegen, daz ain erbere frau, die ainen kaufman hat, mit erberen sachen nicht mer verwurchen mag dann* 72 $\mathcal{S}$.; *und ob aine vil oder wenig vertrunk, so mag si ir man damit ledigen.* Vgl. ebd. 1, 190 §. 59f. 196 §. 26. 331 §. 50. 52. Stadtr. v. Memmingen Art. 11 (s. Anm. 9).

[7]) Siehe S. 101.

[8]) Siehe S. 110.

[9]) Wiener Wchb. 140 (Rauch 3, 244). Die Stelle schliesst sich an die oben (Anm. 5) mitgetheilte an, handelt also von dem was die Frau mit ihrem Manne *gelubt und verzert hat*. Dasselbe ergibt sich aus dem Stadtr. v. Memmingen Art. 11, welches nicht bloss bestimmt, dass die Frau für alle Schulden, die sie als Handelsfrau oder mit Genehmigung ihres Mannes contrahiert hat, haftet (s. S. 101), sondern auch ausdrücklich hinzufügt: *und ouch ir man mit in, die man händ.* Im Gegensatze dazu heisst es dann: *Welch aber nit ze vailem margt sitzent, und ouch umb die gült nit versprochen haben mit irer man willen, die mugent ir man wol lösen mit* 6 *wester pfenning, alz von alter recht ist.* Vgl. Anm. 6 und Brünner SchB. 271 (s. S. 102 Anm. 5): *ad valorem trium obulorum; quos si iudex vult recipere, maritus loco uxoris ipsos sibi solvet pro emenda.* Auch der Gegensatz zu den vorehelichen Schulden (Anm. 5) ergibt für die ehelichen, soweit sie überhaupt gültig sind, Mithaftung des Mannes.

[10]) Prager Statutarr. 119 (den Anfang s. S. 101): *Hat aber das weip ir eigene guter, so sol sie die schult, der sie bekennet, gleicherweis als ein man bezallen. hat sie aber nicht eigene guter, und überlebt den man, denne von den gutern, die sie zu irem teile angepuren, sol sie di schult, der sie vormals bei mannes zeiten bekant hat, bezallen. und darumb sol ein iderman aufsehen, wie und wem er borge.*

II. Schulden des Mannes. Hier haftet unter allen Umständen
die gesamte fahrende Habe, da sie ja seiner freien Verfügung
unterworfen ist[11]). Für voreheliche Schulden können natürlich
auch die ihm gehörigen Liegenschaften in Anspruch genommen
werden. Es fragt sich also nur noch, wie weit das Prinzip der
gesamten Hand, respective das Eigenthum der Frau der Verschul-
dung während der Ehe entgegensteht. Hier gilt im allgemeinen
die Regel, dass das Immobiliarvermögen der Frau mit Einschluss
der Morgengabe, Widerlegung und sonstiger Zuwendungen des
Mannes von jeder Haftung für seine Schulden frei ist[12]). Bei
Delictsschulden ist dies immer der Fall[13]), bei andern dagegen
tritt zuweilen eine subsidiäre Haftung ein[14]), weil der Mann in
Notfällen ja auch zur Veräusserung des Frauengutes berechtigt

---

[11]) Siehe S. 111. Schwyzer Landesbeschl. v. 1294 (s. S. 76 Anm. 6).

[12]) Landshuter Stadtr. v. 1279 §. 8 (s. S. 45). Dasselbe ergibt sich für
die Widerlegung, vermöge des arg. e contrario, aus dem Schwyzer Landesbeschl. v. 1294 (S. 78 Anm. 6). Die Verbürgung der Frau für den Mann
würde auch keinen Sinn haben, wenn sie ohne weiteres mithaften müsste.
Vgl. Statut v. Isny (Anm. 1). Blumer 1, 482 f.

[13]) Schwsp. 21 (Dsp. 24). Rechtsqu. v. Basel I Nr. 15 (1362). Brixener
Stadtr. S. 219: *Ob der man unzucht tet, da mit er leib oder guet verwirchte,
das sol der frau an irem guet unschedleich sein.* Pantaid. v. Heiligenkreuz 41
(Kaltenb. 1, 6): *Es mag kain gesessner man seinem weib oder seinen kindern ir guet nicht verfechten noch verdieben, wirt er aber begriffen, so sol
ers mit dem leib pussen.* Kaltenb. 1, 15 §. 21. 480 §. 10. 527 §. 44. 535
§. 36. 548 §. 89.

[14]) Münch. Stadtr. 192 u. Regensb. Stadtr. S. 37 (s. S. 45). Prager
Statutarr. 57 (s. S. 233 Anm. 9). Vgl. Wächter 1, 774. Stat. v. Ingolstadt
v. 1358 (Zeitschr. f. gesch. RW. 2, 347 Anm. 37). Lndr. v. Wattwil §. 18
(Gr. 5, 201). Vgl. Zipser Sachsenr. 18: *Welch mann dem anderen
gelt schuldig ist, und er von seiner frauen hinweg zeucht . . . ., durch
des willen das er seine schuldiger ader gelder nicht gelden will, und
er in wol gelden mag, und er seiner frauen so viel wol lest, das er
seinen schuldiger wol bezalen mag, und er ein halb jar ader ain ader
zwei jar ausplicho, wenn der erbar mann seines geldes nicht entperen
will, er mag die frau vor ein recht laden, das sie iren mann in
dreien vierzehentagen vor ein recht stelle . . . . Und ab ir mann denn
nicht queme, so well wir, das der erbar mann sein gelt von der frauen
erfolget habe.*

sein würde. Aus dieser subsidiären Haftung geht aber zugleich hervor, dass die Immobilien des Mannes ohne weiteres für seine Schulden haften, das Princip der gesamten Hand hier also keine Anwendung findet.

Das Brünner Recht vertritt das Prinzip der Alleinherschaft des Mannes, wofern ein Ehevertrag überhaupt nicht abgeschlossen oder doch durch nachfolgende Geburt von Kindern vernichtet ist. Aus diesem Grunde haften die Güter der Frau, wenigstens subsidiär, auch für seine Schulden [15]. Hat er aber seiner Frau durch Ehevertrag eine Morgengabe bestellt, so ist diese seiner Willkür entzogen und haftet demgemäss für seine Schulden nur dann, wenn die Frau denselben zugestimmt hat [16]; doch können wolerworbene Rechte dritter durch eine spätere Morgengabebestellung natürlich nicht beeinträchtigt werden [17].

§. 28. Schuldverhältnisse nach Auflösung der Ehe. Die Witwe haftet zunächst für ihre eigenen Schulden, soweit dieselben schon während der Ehe Anspruch auf Anerkennung hatten [1]. Von ihren übrigen Schulden kommen höchstens die Delictsschulden in Betracht; die durch Vertrag entstandenen sind auch jetzt noch unverbindlich, da die Frau ohne Zustimmung ihres Vormunds (des Mannes) sich nicht gültig verpflichten konnte [2].

------

[15] Siehe S. 113.

[16] Siehe S. 61. 65. Vgl. S. 231 Anm. 6.

[17] SchB. 177: *Si debitum est prius contractum quam dotalitium promissum, tunc actor debiti potius admittitur ad probandum intentum suum. si autem sit econverso, tunc, si dotalitium promissum per heredes subsequentes legitimos non fuerit extinctum, omne debitum postea contractum rationabiliter antecedit.* Subject des letzten Satzes ist dotalitium. Vgl. SchB. 341.

[1] Also auch die mit dem Manne gemeinsam contrahierten. Vgl. Wiener Wchb. 139 (Rauch 3, 244). Augsb. Stadtr. W. 255. Landr. v. Wattwil §. 4 (Gr. 5, 199). Sind voreheliche Schulden während der Ehe bloss darum nicht zur Geltung gekommen, weil sie nicht rechtzeitig angemeldet wurden, so müssen sie doch jetzt bezahlt werden. Siehe S. 226. Dasselbe muss auch gelten, wenn die Zahlung während der Ehe nur darum unterblieb, weil die Frau kein eigenes Vermögen hatte (s. §. 27 Anm. 5); allein nach Wiener Wchb. 140 ist es nun ein- für allemal vorbei eine Nachforderung findet nicht statt.

[2] Dies ergibt sich aus den in dem vorigen Paragraphen angeführten

Sind Kinder vorhanden, so gelten für die älteren Schulden dieselben Grundsätze, die nach dem Tode des Mannes entstehenden
aber können den Kindern an den verfangenen Gütern nichts
schaden [3]).

Für einseitige Schulden des Mannes haftet die Witwe im
allgemeinen nur, wenn sie sich ausdrücklich dazu verpflichtet
hat [4]). Diese Regel findet natürlich da, wo die Frau bei unbe-

_____

Belegstellen. Die Sache verhält sich hier notwendig anders als bei Veräusserungen und bei Prozessführung ohne den Mann, denn ein selbständiges Anfechtungsrecht vollbrachter Thatsachen hat die Frau nicht. Vgl.
S. 108 ff. Anderer Meinung Kraut II §. 86.

[3]) Augsb. Stadtr. W. 255: *Und wird die frau oder der man ichts
schuldig darnach, da hant die kind nicht ze schaffen, es ensei denn als
verr, dass (das) mit der kind rechter pfleger (willen) gescheh und den
kinden ze gut. wer aber, welch gemœcht das ander überlebte, es wœr die
frau oder der mann, dass das sein ding verœndern wolt mit einem andren
gemœcht, und vallen die in gült, da haud die vordern kind nit mit ze
schaffen, es wœr denn als verr, das man hinz ihn bringen mœchte mit recht,
dass der gült etwie viel kommen wœr an ihren nuz.* Wiener Wchb. 141
(Rauch 3, 244): *hat auch das auf sich geporget witib weis und nicht bei
irem ersten manne, das mues si gelten von dem, das ir leczter man gelassen
hat, es wär dann, das si kind bei im gehabt hiet, das die dennoch lebten
und das guet versprechen.*

[4]) Vgl. Wächter, würt. Privatr. 1, 758. Wiener Wchb. 141 (Rauch
3, 245): *So sol die frau . . gelten das gelt das er bei ir schuldig wordn
ist, von dem und er ir gelassen hat, also verscheidenlich, ob es mit irem
willen und wissen geschehen ist. ist aber das nicht geschehen, so giltet
es si nit, man erczeug ir das dann, ab das si gelobt hab willigklich zu gelten
fur iren wiert.* Bair. Lndr. 98 (11, 5). D Schœnthal. 369 (1446). Mon.
Monac. 244 (1449). D. Fürstenfeld. 171 (1497). Ueber den Grundsatz,
dass Bürgschaft weder auf die Frau, noch auf die Kinder übergeht, vgl.
Priv. Rudolf v. 1294 (Auer S. LXXIII) und Münch. Stadtr. 219. Hierher
könnte man auch noch rechnen Schwsp. 8 (Dsp. 12): *Unde ist, daz
ein man gelten sol, und stirbet der, und lat nit hinder im da mit sin
wip oder ander sin erben vergelten mugen, die sulen des geltes ledic
sin . .; und nimt daz wip ein andern man, mit sogetanem guote daz ir ir
vriunde gebent und des si vor nit enhete, der man noch daz wip geltent
nicht des erren mannes gulte, wan als vil als si beidiu got ermant.* Allein
Kraut 2, 519 hat den scharfsinnigen Beweis geführt, dass die Worte *lat nit
hinder im* auf das gesamte eheliche Vermögen zu beziehen sind, dass also
die Witwe (wenn auch vielleicht nur subsidiär) für die Schulden
des Mannes mitverhaftet ist; nur das nach dem Tode des Mannes
erworbene Vermögen ist frei. Vergl. Roth, a. a. O. 320. — Beispiele für ausdrückliche Uebernahme der Schulden durch die Frau

erbter Ehe Alleinerbin des Mannes ist, keine Anwendung [5]). Auch das Brünner Recht stellt den Grundsatz auf: *Consonat etiam aequitati, quod uxor et heredes, succedentes mortuis, debita solvant eorundem* (Sch B. 198), und verpflichtet demgemäss die Witwe zur Uebernahme aller Schulden, mit Ausnahme der Wirthshausschulden [6]). Damit hängt denn auch die ziemlich allgemeine Bestimmung zusammen, dass die Frau mit ihrem gesetzlichen „Ehe-

---

finden sich Arnold, Gesch. d. Eigenthums S. 371 (1292). Tr. Weibensteph. S. 475: *Uxor autem eius fide data spopondit, se in loco Karoli in omni iudicio quod deberet responsuram.* Der ausdrücklichen Uebernahme wird es zuweilen gleichgeachtet, wenn die betreffende Summe den gemeinsamen Bedürfnissen der Ehegatten gedient hat: *Stirbt ain man, und chumt ainer dem er gelten sol, und chlagt hinz seiner hausfraun oder hinz seinen erben umb etlich gelt daz im da der man salig schuldig gewesen sei, und das sein hausfrau und ir erben mit gas und drunken haben, oder umb oder an tragen, oder wie in süst chunt oder gewissen darumb sei, und hat nicht brief oder sigel darumb, so mus di hausfrau oder di erben darumb laugen oder jehen.* Regensb. Stadtr. S. 48. Den Dienstboten muss die Witwe deshalb auch den verdienten Lohn auszahlen: *Dingt ain wirt ainen ehalten umb lon auf ain genannte zeit, stirbt dann der wirt, e daz dеu gedingt zeit erge, so mag die witub dem ehalten wol urlaub geben, ob si wil, und waz er verdient hab, des sol si wern.* Münch. Stadtr. 141.

[5]) Vgl. Regensb. Stadtr. S. 49: *Verpeut aber einer seins gelter gut in der frawen . . . gewalt, und hat auch nicht brief noch sigel, und spricht dann di frau . . ., si laugen nicht, si haben des manns seligen hab und gut inn, si wissen aber nicht daz er dem man nichtz schuldig sei, müg er aber ichtez hinz dez toten manns hab erweisen, alz recht ist, da mügen si nicht wider, so muss ez jener weisen über maltigen mund, alz recht ist.* Siehe auch Wächter, a. a. O. 1, 202. Dabei begegnet auch das sog. Schlüsselrecht (vgl. Anm. 9): *dass sie nach absterben ihres ehemanns, der mit schulden beladen gewesen, die schlüssel uf die bar legen und darmit von hab und guet, doch mit einer mass, was zu ihrem leib gehöret, abtreten mög, und alsdann den gläubigern von ihres mannes wegen unverbunden sei.* Wächter a. a. O. Anm. 21.

[6]) SchB. 90: *Si vir in arbitros consensit ratione debitorum, uxor, viro ante arbitrii pronunciationem mortuo, arbitros ipsos reiicere non potest, imo ad audiendum arbitrium compellitur ipso iure, et similiter heredes.* Vgl. 500. 173 (s. §. 27 Anm. 1). Ist der Frau eine Morgengabe ausgesetzt, so wird sie nicht Erbin, sondern muss sich mit ihrer Morgengabe begnügen; mit dieser haftet sie nur für solche Schulden, die schon vor dem Ehevertrage vorhanden waren; ist die Morgengabe nicht durch Vertrag, sondern nur durch letztwillige Verfügung ausgesetzt, so nimmt die Frau nur was nach Abzug sämtlicher Schulden übrig bleibt. Siehe S. 229 und besonders SchB. 525 (Rössler S. 243).

recht", gleichviel worin dies besteht, an den Schulden des Mannes
theilnimmt [7]). Will sie dies nicht, so kann sie auf ihr Eherecht
verzichten und sich mit der Herausgabe ihres Vermögens begnügen [8]). Dies Wahlrecht wird aber von einigen Quellen nicht

[7]) W. v. Engelberg (s. S. 180): *und sollent das gotzhus und die frou
ouch gelten, was er gelten solt gelichlich des tags da er erstarb.* W. v.
Winkel (s. S. 172 Anm. 10): *und gilt nun zins, smullon und lidlon ein
dritteil.* Stadtr. v. Bülach §. 4 (Schauberg 1, 58). — Dagegen findet sich
zuweilen die umgekehrte Bestimmung, dass die Witwe ihr Eherecht schul-
denfrei bekommen solle. W. v. Pfäffikon (s. S. 171 Anm. 9): *und sol da bi
nüt gelten, si habe es den gelopt.* W. v. Wangen (s. S. 172): *Hinwider und so vil
me hät die frou me rechtz denn der man, daz si mit geding und mit recht
än all geltschuld us sol gän lidig und los, si geb es denn gern, oder si
hab es verheissen mit mund und mit der hand.* W. v. Küssnacht §. 1
(s. S. 172 Anm. 14). W. v. Gryfenberg §. 13 (s. S. 171 Anm. 9): *Was
schuld sie aber verhiess, die selbigen soll sie bezahlen.* Das Stadtr. v.
Winterthur III §. 12 lässt nur die Witwen von Geschäftsmännern haften:
*Wir hain och ze rehte, das aines ieklichen burgers wip erben sol nach ir
mannes tode alles sine varend guot, und da von nüt gelten, es wer denne
das ir man ain kofman oder ein werbent man weri und er uffe sich guot
nemi. sturbe der man, so sol si das guot, das er uffe sich genomen hat,
von dem varnden guot gelten, und anders enkain gülte, wan die si gelöpt
hat ze geltinne.* Dasselbe Recht wie in Winterthur muss ursprünglich auch
in Basel gegolten haben. Siehe Anm. 8. 9. Ein Baseler Statut v. 1362
(Rechtsqu. v. Basel Nr. 15) bestimmt, dass auch die Witwen hingerichteter Misse-
thäter unter der Handlung ihrer Männer nicht leiden sollten. Nach Wiener
Wchb. 141 (s. Anm. 4) haftet die Witwe auch mit den ihr von dem Manne
zugefallenen Vermögensstücken nur, wenn sie die Schuld genehmigt hat.

[8]) Bair. Lndr. 96 (§. 24 Anm. 26). Rechtsqu. v. Basel I Nr. 54 (1396):
*Welher man ze B. wonhaft und sesshaft ist, kouft und verkouft durch mer-
schatzung villen, wil den sin eliche wirtin zuo irem drittenteil erben, die
sol ouch zuo irem teil gelten.* Landb. d. March 21: *Und ob ain man gelt
schuld het . . ., so mag ein frou wol ein dritteil darzuo nemen. und wa
ein man abgienge, da gutz gebrästi, das niemant zuo dem erb wölt stan,
so mag ein frou aber das ir nemen und ir morgengab, wie obstat, und
fürer kein dritteil in varender hab nemen, es wer den sach, das si lieber
zuo dem erb stan wölt, e si ir erecht verlieren wölt, das möcht si wol tuon.*
Ebd. 7. Erbr. v. Rordorf (Argovia 4, 211): *Wenn ein man abgat mit tod,
oder von schulden wegen berüft wird, so soll sin ewirtin erben, oder vom
guot getan oder geschidiget werden.* Vgl. Erbr. v. Birmenstorf (ebd. 4, 212).
W. v. Stäfa §. 14 (s. S. 171 Anm. 9): *Si sol aber dabi gelten den dritteil
aller siner schuld, doch hat si dar in die wal, sölichen dritteil also zuo
nemen oder nit.* W. v. Altorf §. 38 u. 68 (Gr. 1, 14. 17). W. v. Binzikon
§. 15 (Gr. 4, 274).

anerkannt, vielmehr muss die Witwe, mag sie etwas aus dem
Vermögen des Mannes bekommen oder nicht, die Schulden ganz
oder zu einem verhältnissmässigen Theil übernehmen, die Schul-
dengemeinschaft ist zu einer notwendigen geworden [9].

Bei beerbter Ehe lassen die würtembergischen Statutarrechte
die beisitzende Witwe gegen Ueberlassung der Fahrhabe für
sämtliche Schulden haften [10]); in den übrigen Quellen tritt die
Haftung der Kinder und der verfangenen Güter für die Schulden
des Vaters mehr in den Vordergrund [11]). Kommt es zur Theilung

---

[9]) In Basel wurde das Wahlrecht (s. Anm. 8) durch Statut v. 1419
für gewerbtreibende Eheleute aufgehoben: *Wenn zwei eliche gemechde ze-
sammen koment, die werbende sint und ir gewerbe durch merschatzung willen
mit koufen und verkoufen gehept hant und habent, si sitzent offenlich ze
laden oder nit, gat da der man von todes wegen vor sinem elichen wib ab,
so sol sin elich wip, si well iren man erben oder nit, den drittenteil aller
schulden, so die selben zwei elichen gemechde schuldig sint, gelten und bezalen. gat aber sin elich wib vor im ab von todes wegen, so sol der man
die zwentail aller schulden, so si schuldig sint, er welle sin wip ouch erben
oder nit, gelten und bezalen.* Rechtsqu. v. Basel I Nr. 105. Diese Gemeinschaft der Schulden wurde durch Statut v. 1457 auch auf andere Ehegatten ausgedehnt, nur wucherliche Geschäfte blieben ausgenommen. Ebd. I
Nr. 148 §. 29. — Auf ähnliche Weise ist Schwsp. 8 (s. Anm. 4. u S. 159) und
wol auch Augsb. Stadtr. W. 373 (Fr. 129) u. Mone 6, 373 (1383) zu erklären.
Wenn es aber Augsb. Stadtr. W. 289 §. 2 (Fr. 102) heisst: *Stirbet aber
der man, unde ist niht anders gutes da wan diu morgengabe, davon sol si
gelten, als verre als si geziuhet,* so ist diese Stelle nur auf gemeinsame
Schulden zu beziehen. Vgl. §. 27 Anm. 1. — Siehe ferner Erbr. im Siggenthal (Argovia 4, 205). Prager Statutarr. 57 (v. J. 1360): *Welcher der pur-
ger wer, der do sturbe oder entrunne, daz der guz (d. i. guts) alz vil nicht
lis, daz den purgern nicht vergolten mocht werden, und ob sein hauzvrau
icht hette an gewant oder an chleinoten, di sol leiden mit dem selben das
si hett am gewant, an chleinoten, und am wei daz wer daz si hett, mit dem
allem sol si mit irem man leiden, und sol di schult vergelten von der hab,
ausgenomen ains mantels und ains roks und ains sloiers, daz ir di gelter
selber geben, auch auzgenomen ir petgewant do si ouf tegleich gelegen ist
mit irm manne, daz sol ir noch volgen.* Siehe ebd. 60 a. E. Vgl. Anm. 5.

[10]) Vgl. Wächter 1, 200. 204. 207. 225.

[11]) Augsb. Stadtr. W. 251 §. 4 (s. S. 164 Anm. 7) findet sich folgender
Zusatz: *Es ensei denn als verr, ob errenmals ein gült dar sei kommen bei
ihr lebendigen lip, und die gwissen ist, die soll man des ersten gelten von
dem gut, wer das hat oder wer es erben will oder geerbet hat.* Wiener
Stadtr. v. 1340 (s. §. 25 Anm. 17). Wiener Wchb. 138 (Rauch 3, 244):

so übernimmt die Mutter in der Regel einen verhältnissmässigen
Antheil an den Schulden [12]).

Wenn die Frau vor dem Manne stirbt, so muss der letztere
gewöhnlich auch ihre Schulden bezahlen [13]), theils weil er schon
während der Ehe für einige derselben mithaftete, theils weil ihm
gewöhnlich die ganze Fahrhabe anheimfällt. Wo das eheliche
Vermögen nach Quoten getheilt wird, gelten von seiner Haftung
meistens dieselben Grundsätze wie bei der Witwe [14]).

---

*Stirbt ain man, und sol gelten, und let erb und aigen genüg hinder im,
ermond man sein hausfraun und seine kinde des gelts, als recht ist, so
sullen si zu recht gelten von deu und er lassen hat, es sei erb guet oder
varund guet, wann der recht gelter ist der nagst erb zu aines ieglichen
manne guet der gelten sol.* Vgl. ebd. 141. Bair. Lndr. 101 u. 113 (s. S. 199).

[12]) Wächter 1, 774. W. v. Basserstorf §. 21 (Gr. 4, 283). Erbr. v. Altstetten §. 6 (Gr. 5, 204).

[13]) Siehe Anm. 10. W. v. Wangen (s. Anm. 7). Anders nach Augsb.
Stadtr. (s. Anm. 11).

[14]) Siehe Anm. 9. Erbr. v. Altstetten §. 6 (Gr. 5, 204). Anders nach
W. v. Wangen (Anm. 7).

Druck der Hofbuchdruckerei (H. A. Pierer) in Altenburg.